에너지 전환의 정치

에너지 전환의 정치

2021년 5월 11일 초판 1쇄 인쇄
2021년 5월 27일 초판 1쇄 발행

지은이 이태동

펴낸이 윤철호·고하영
펴낸곳 (주)사회평론아카데미
편집 김천희
디자인 김진운
마케팅 최민규
등록번호 2013-000247(2013년 8월 23일)
전화 02-326-1545
팩스 02-326-1626
주소 03993 서울특별시 마포구 월드컵북로6길 56
ISBN 979-11-6707-009-8 93340

이 저서는 대한민국 교육부와 한국연구재단의 지원을 받아 수행된 연구임(NRF-2019S1A5A2
A01047251).

에너지 전환의 정치

이태동

사회평론아카데미

차례

제2부 에너지 전환의 정치 사례

제3부 에너지 전환의 효과

서론

에너지 전환의 정치:
누가, 무엇을, 왜, 어떻게 해야 하는가?

기후변화와 화석연료의 고갈은 화석연료 기반의 에너지 공급에서 재생 가능 에너지의 공급 및 에너지 효율의 개선을 중요시하는 에너지 패러다임으로의 전환을 제시하고 있다. 세계 여러 지역에서 에너지 전환을 목표로 하여 에너지 효율을 개선하고 재생에너지 보급을 진행하고 있다. 한국에서도 에너지 전환 3020 계획을 발표하고 2030년까지 에너지 믹스(energy mix)의 20%를 재생에너지에서 확보하려는 야심 찬 목표를 설정했다. 2020년 코로나 바이러스의 확산으로 인한 경제난과 기후 위기에 대한 인식을 바탕으로, 정부는 한국형 뉴딜의 주요 세 축 중 하나로 그린 뉴딜(Green New Deal) 정책을 추진하기로 결정했다. 아울러 2050년까지 장기저탄소발전전략(Long-term greenhouse gas Emission Development Strategies: LEDS)에서 탄소 중립(carbon neutral 혹은 net zero)을 선언했다. 탄소를 배출한 만큼 흡수하여 순 배출을 0(net zero)으로 만들겠다는 도전적인 계획이다. 에너지 전환은 그린 뉴딜과 탄소 중립을 달성하기 위한 가장 중요한 방안 중 하나이다.

기존의 에너지 시스템은 화석연료나 핵 발전을 기반으로 하고 발전과 사용 사이에 상당한 공간 및 심리적 거리가 있는 대규모의 중앙 집중화된 에너지 시스템이다. 기존의 에너지 시스템은 규모의 경제를 달성함으로써 그 위치를 공고히 해왔지만, 화석연료와 핵 발전을 기반으로 한 시스템은 고유한 사회적, 환경적, 그리고 경제적 문제점을 노정하면서 그 지속 가능성에 의문이 제기되었다(Byrne and Toly 2006). 이에 대한 대안으로 에너지 전환이 국가와 지역(local) 차원에서 탐구되었다(Monstadt 2007; Lee et al. 2014).

그러나 에너지 전환으로 가는 여정은 쉽지 않아 보인다. 첫째, 에너지 전환의 모델이 아직 명확하지 않다는 문제점을 지적할 수 있다.

에너지 전환이 무엇인지, 왜 필요한지, 에너지 전환을 이루기 위해 무엇이 필요한지에 대한 이론적이고 실증적인 논의가 필요하다. 특히 에너지 전환 정치의 역할에 대한 심층적 분석이 요구된다. 둘째, 기존의 에너지 시스템은 이미 이해관계자와 시스템 속에 깊게 침투되어 있기 때문에 경로 종속적 행태를 보일 것이다. 즉, 재생에너지, 분산형 스마트 그리드(grid)망, 에너지 저장장치, 에너지 프로슈머(energy prosumer), 네트워크화된 소규모 분산형 에너지 시스템의 확산과 심화로 인해 기존의 이해관계 체제 내에서 손해가 발생하는 경우에 조직적인 반발도 예상할 수 있다. 이러한 상황 속에서 에너지 전환을 추진하려는 이해관계자들 간에도 누가, 왜, 어떻게 에너지 전환을 추진해야 하는지에 대한 의견이 일치하지 않을 수 있다. 이에 에너지 전환의 정치와 거버넌스, 특히 리더십, 중간지원조직, 목적의 합치성에 대한 논의가 필요하다. 셋째, 에너지 전환의 효과는 무엇인지, 재생에너지원을 더 많이 사용하면 실제로 일자리를 창출하는 데 도움이 되는지, 에너지 전환을 위한, 대학을 위시한 지식경제의 역할은 무엇인지에 대한 논의가 필요하다. 그리고 마지막으로, 에너지 전환을 통해 남북한의 협력이 가능한지에 대한 논의도 필요하다.

　이 책은 에너지 전환이란 무엇인지, 에너지 전환을 둘러싼 정치는 무엇인지, 누가, 왜, 어떻게, 무엇을 전환하려고 하는지, 에너지 전환의 효과는 무엇인지에 대한 질문에 답하는 것을 목적으로 한다.

　에너지 전환의 정치에 대한 질문에 답하기 위해 이 책을 3부로 구성했다. 1부에서는 에너지 전환의 개념과 방향을 다룬다. 우선, 재생에너지와 재생에너지 수용의 차이에 영향을 주는 요소들을 살펴보기 위해 G-20 국가들에서 재생에너지를 얼마나 수용하고 있는지, 그 요인은 무엇인지에 대해 논의한다. 1장에서는 최근의 재생에너지 투자와 수용의 관계를 다룬다. 2장에서는 섬이라는 고립된 지역에서 벌어진 에너지 전환의 사례를 살펴봄으로써 (네트워크화된) 분산형 자급자족적 에너지 전환의 모델을 제시한다. 3장에서는 에너지 전환을 위한 한국의 노력을 비판적으로 조망한다. 한국은 핵 발전 중심 국가에서 재생에너지 중심의 에너지 정책으로 극적인 전환을 꾀하고 있다. 이러한 변화의 원인으로 정치적 인식 공동체(political epistemic community)의 역할에 주목한다.

2부에서는 에너지 전환 정치의 사례를 제시한다. 4장에서는 서울의 '원전 하나 줄이기' 정책에 나타난 지방 분권형 에너지 전환에서 리더십과 거버넌스가 어떻게 작용하는지를 살펴본다. 5장에서는 섬의 에너지 전환 과정에서 중간지원조직의 역할을 알기 위해 마라도와 연대도의 에너지 전환 사례를 비교하고 분석한다. 6장에서는 커뮤니티 단위에서 에너지 전환을 실행할 때 전환 운동 참여자들(지방정부, NGO, 상점) 간에 목적의 합치성이 필요함을 역설했다.

3부는 에너지 전환의 효과를 녹색 일자리, 남북한의 에너지 협력의 차원에서 살펴본다. 에너지 전환이 당위가 아닌 실질적이고 긍정적인 효과가 있다는 점을 경험적으로 분석하는 것이 목적이다. 7장은 에너지 전환을 위한 재생에너지와 에너지 효율 정책이 녹색 일자리의 증감에 어떤 영향을 미치는지에 대한 실증적 연구이다. 8장에서는 남북한의 대치 상황이라는 특수조건에 처해 있는 한반도에 필요한, 에너지 전환을 주제로 한 협력 방안을 구상하여 제시한다.

결론에서는 지속 가능한 발전을 이루기 위해 에너지 전환이 필요하다는 점을 역설한다. 유럽을 중심으로 한 그린 딜(Green Deal)과 미국의 도시와 주정부의 그린 뉴딜은 에너지 시스템을 전환함으로써 기후변화에 대한 대응과 경제성장을 동시에 달성하고 궁극적으로 삶의 질의 향상과 인간과 자연환경의 조화를 꾀한다. 이렇게 에너지 전환의 비전을 설정하고 있지만 아직까지 그 전환이 심도 깊게 논의되고 행동으로 옮겨지지 않은 상태이다. 이 간극을 채우기 위해, 이 책에서는 에너지 전환의 개념, 필요성, 추동 요인, 거버넌스와 리더십, 그리고 효과를 종합적으로 살펴볼 것이다. 이는 에너지 전환의 논의에 이론적이고 개념적인 기여를 할 뿐만 아니라 실천적이고 정책적인 함의를 제공할 수 있으리라고 기대한다.

1) 연구 방법

이 책의 연구에서는 크게 질적 연구 방법과 양적 연구 방법을 활용한다. 질적 연구 방법인 문헌 연구와 사례 연구가 주가 되는 장은 서론, 2장(섬 에너지 전환), 3장(한국의 에너지 전환 정책), 4장(도시 에너지 전환), 5장(중간지원조직과 에너지 전환), 6장(커뮤니티 에너지 전환에서의 목적 합치성), 8장(에너지 전환을 통한 남북한 에너지 협력), 결론이다. 양적 연구 방법을 활용한 장은 1장(G-20 국가의 재생에너지 수용), 7장(재생에너지 정책과 녹색 일자리)이다.

　질적 연구 방법의 대상은 주로 한국의 에너지 전환 정치의 사례들이다. 서론에서는 문헌 조사를 통해 에너지 전환은 무엇이고 누가, 왜, 어떻게 추진하는지를 밝힌다. 2장의 한국의 에너지 전환 정책에서는 전문가 인터뷰를 바탕으로 핵 발전 중심의 에너지 정책에서 에너지 전환 중심의 에너지 정책으로의 변화 원인을 검증한다. 3장과 4장의 섬과 도시에서의 에너지 전환에서는 에너지 전환 거버넌스의 이론 틀을 바탕으로 제주도와 서울의 에너지 전환에 대한 노력을 분석한다. 이를 위해 필드 스터디와 전문가 인터뷰를 진행한다. 5장과 6장에서는 현장

조사와 인터뷰를 바탕으로 섬과 도시 커뮤니티에서의 에너지 전환을
추동하는 요소들을 살펴본다.

양적 연구 방법에서는 주로 패널 데이터 분석(panel data analysis)
을 활용한다. 패널 데이터 분석은 분석 단위(국가, 도시 등)를 시간의
변화에 따라 분석할 수 있다는 장점을 가지고 있다. 질적 연구 방법에
서 주로 한국의 사례에 초점을 맞추고 있다면, 양적 연구 방법에서는
G-20, 미국, 유럽연합(EU)의 사례를 분석의 대상으로 삼는다. 1장에서
는 에너지 전환에서 사용되는 재생에너지의 종류와 중요성에 대한 논
의를 바탕으로 세계의 선진국들이 재생에너지를 얼마나 채택하고 있
는지, 그 원동력은 무엇인지를 살펴본다. 이를 위해 G-20 국가의 재생
에너지에 대한 투자와 발전량의 관계에 대한 연구에서 2009~2013년
G-20 국가들의 재생에너지 발전 용량을 분석한다. 에너지 전환 정책의
일자리 창출 효과에 대한 연구인 7장에서는 미국의 50개 주에서 나타
난, 1998년부터 2007년까지 녹색 일자리 수의 증감을 분석 대상으로
한다.

2) 연구 내용

1부에서는 에너지 전환의 방향을 모색한다.

1장에서는 에너지 전환의 핵심 요소인 재생에너지에 대해 다룬다.
어떤 에너지를 사용할 것인가는 기술적이고 정치적인 문제이기도 하
지만 경제적인 문제이기도 하다. 에너지 믹스와 관련하여 재생에너지
의 발전이 일반적으로는 확장되고 있지만, 재생에너지원에 기반한 전
력 생산 용량은 국가마다 상이하다. 왜 경제 대국들 중 어떤 국가는 재
생에너지를 많이 수용하는데 다른 국가들은 그렇지 않은가? 1장에서

는 재생에너지의 발전 역량 정도를 달라지게 만드는 요소들과 장애물에 관해 설명한다. 2009년부터 2013년까지 G-20 국가를 대상으로 패널 데이터 조사를 실시하여 재생에너지의 발전 용량과 그 동인(動因) 간의 관계를 분석한다. 연구 결과로 G-20 국가에서 공공과 민간 부문에 대한 투자가 재생에너지 시설의 용량에 중요하다는 것을 밝힌다. 경제적 인센티브 정책과 규제 외에도 투자 리스크의 감소 조치 같은 금융 투자를 보장하는 정책은 에너지 전환의 기초가 되는 재생에너지의 용량을 확대하는 기제로 작용할 수 있다.

2장에서는 에너지 전환의 모델을 섬의 자립적인 분산형 에너지 시스템에서 찾아본다. 섬은 분리된 에너지 시스템을 가지고 있으며 화석연료의 수입의존도가 높아 경제적 어려움과 환경적 문제에 노출되는 특성이 있다. 특히 기후변화, 에너지 안보 및 신뢰성, 그리고 가격의 불안정성은 에너지 시스템에 존재하는 유동적인 사회기술적 변화의 핵심 요소이다. 이 장에서는 지속 가능성 전환 관리 프레임을 적용하여 섬 에너지 전환을 다층적이고 정책 중심에 기반한 지속 가능성과 자급자족이 가능한 사회기술적 개입으로 개념화한다. 이러한 맥락에서 에너지 전환의 범위와 방법을 검토하며, 그 사례로 2008년 하와이 클린 에너지 이니셔티브(Hawaii Clean Energy Initiative: HCEI)의 시작부터 현재까지를 살펴봄으로써 지능형 에너지 지역 개발을 위한 필수요소들을 고찰한다. 자료 분석과 에너지 분야의 이해관계자들에 대한 인터뷰를 통해 사례 연구를 진행하며, 하와이 에너지 시스템의 변형과 관련된 사회기술적 혁신들을 평가한다. 연구 결과에서는 다수준 관점(Multi Level Perspective: MLP)의 분석 프레임 구조를 통해 어떻게 레짐(regime) 레벨에서의 정책이 니치(niche, 틈새) 레벨에서의 행동을 이끌고 그것이 어떻게 정책적이고 기술적인 장애요소를 넘어서는지를 보여준다. 하와이의 에너지 전환에서의 레짐과 니치 레벨의 행동은 향후 지속 가능한 에너지 정책을 다른 섬이나 내륙 커뮤니티, 주, 국가에 적용할 수 있다. 이 장에서는 에너지 정책의 연구에 관해 ① 섬 에너지 전환의 개념적 틀을 제공하고, ② 주(state)와 지역 수준의 변화를 지원하는 정책과 기술 솔루션을 검토하며, ③ 에너지 혁신과 협력의 사례 연구를 제공하고, ④ 세계적으로 증가하는 섬 에너지 전환에 대한 노력에 정책적 도움을 줄 수 있다.

3장에서는 한국 국가 차원의 에너지 전환 정책의 변화를 다룬다. 왜 2017년 이전의 한국 정부는 원자력을 발전의 기준으로 채택하고 원자력의 수출을 촉진했는지, 그렇다면 반대로 왜 현 정부는 에너지 정책을 에너지 전환과 탈원전 에너지 정책으로 급격히 바꾸었는지, 에너지 전환 정책을 수립하는 과정에서 정치인, 관료, 산업, 시민사회, 그리고 정치적 인식 공동체는 어떻게 상호작용하는지를 살펴본다. 또한 "정치적 인식 공동체"라는 개념을 적용하여 한국의 에너지 정책의 변화를 다룬다. 특히 이명박(2008~2012년), 박근혜(2013~2016년), 문재인 (2017년~현재) 정부 시기의 국가 정책 우선순위 안건, 국가 에너지 기본계획, 장기 전력수급 계획, 관련 정부위원회의 회의록 및 인터뷰 데이터를 종합적으로 분석하여 에너지 정책의 형성과 발전, 변화를 살펴본다. 그리고 정치연합이 에너지 정책의 변화에 필수적이라는 것을 주장한다. 관료, 반핵운동 시민단체와 같은 주요 행위자와 비교하여 지식, 가치, 권력과 밀접하게 연관되어 있는 정치적 인식 공동체는 의사결정을 통해 다양한 유형의 정치연합을 발전시키는 역할을 하는 것으로 나타났다. 이명박과 박근혜 정부 기간 동안에 원자력 에너지 발전에 대한 국가 개념은 원자력 에너지 인식 공동체의 지원을 받아 정치인, 관료, 원자력 산업 간의 강력한 연합과 함께 등장했다. 그러나 문재인 정부 시기에는 원자력 에너지로부터 분산화된 재생 가능한 에너지 시스템으로의 에너지 전환을 추진하는 정치인과 시민사회 단체 및 탈원전 인식 공동체를 포함하여 다양한 연합으로서 특징 지어지는 형태를 보이고 있음을 밝힌다.

2부에서는 에너지 전환 정치의 사례를 제시한다.

4장의 도시 에너지 전환 연구에서는 '원전 하나 줄이기' 정책이라는 에너지 정책을 통해 서울의 에너지 자급자족 실험을 분석한다. 도시 에너지 전환은 핵 및 화석연료를 기반으로 하는 에너지 시스템에서 재생 가능 에너지 및 에너지 수요 관리를 기반으로 하는 에너지 시스템으로의 의도적인 전환으로 정의된다. 이에 세 가지의 함의를 제공하고자 한다. 먼저, 이론적 틀의 정책적 배경, 거버넌스와 정책 내용의 주제가 서울의 에너지 실험에 중요한 역할을 했다는 것을 발견할 수 있었는데, 특히 시장의 정치적 리더십은 정책을 형성하고 이행하는 데 크게 기여했다. 둘째, '원전 하나 줄이기' 정책은 도시 에너지 정책에 사회적 또는 도덕적 차원을 고려한 정책이다. 환경과 경제 영역에서 사회, 환경, 경제 영역으로 규범을 변경한 것은 에너지 전환에서 도시 실험에 대한 '원전 하나 줄이기' 정책의 고유한 기여라고 할 수 있다. 마지막으로, 자발적 개입을 통한 실험은 관련 행위자들의 새로운 아이디어와 관행을 전달하고 향상시킬 수 있도록 도시 에너지 거버넌스를 촉진하는 수단이 된다는 것을 제시한다.

5장에서는 에너지 전환의 주체이자 조력자로서 중간지원조직의 역할에 주목한다. 기후변화와 에너지 안보에 대응하기 위한 에너지 전환은 소규모 마을 단위에서 시작하여 국가 단위까지 확장될 수 있다. 이 장에서는 에너지 전환을 재생에너지 중심 기술, 참여적 거버넌스, 능동적 에너지 생산자 규범으로의 전환이라는 분석 틀을 사용하여 에

너지 자립 마을의 사례를 비교하고 분석한다. 특히 이 연구에서는 중간
지원조직이 민과 관의 협력을 이끌고 민과 관 각각의 규범 및 구조의
변화를 이끌어 에너지 전환을 유도한다는 것을 밝힌다. 이때 중간지원
조직이란 민과 관의 중간에 위치하여 양측의 인식 변화를 추동하고 상
호 협력의 활성화를 지원하는 집단을 가리킨다. 결론적으로 에너지 전
환을 위해서 중간지원조직의 이슈 도입, 가교, 감시 및 교육 역할이 유
효하며, 그 영향력에 따라 네트워크의 형성 및 민관의 인식이 달라진다
고 주장한다. 이는 어떤 요소가 전환을 유도하는지에 대한 새로운 관점
을 제시하면서 이 과정에서 중간지원조직의 역할을 밝히는 정책적 함
의를 제공한다.

　6장의 커뮤니티 단위의 에너지 전환에서는 참여자들의 목적 합치
성이 중요하다는점을 강조한다. 경험적으로는 다중이해당사자 거버넌
스의 시각으로 도시 에너지 전환 프로그램인 '에너지를 나누는 이로운
공간(에누리)' 사업을 분석한다. 도시 에너지 전환 프로그램의 거버넌
스에서는 다양한 당사자가 참여하지만 그들의 참여 목적이 항상 일치
하는 것은 아니다. 이 연구에서는 특히 이 점에 주목하여 에누리 사업
에 참여하고 있는 각기 다른 이해당사자(지방정부, NGO, 상점)의 목적
합치성이 참여의 수준과 인식에 어떤 영향을 미치는지를 살펴보고자
한다. 다중이해당사자 거버넌스의 시각은 지속 가능한 개발을 위한 사
회적·환경적 관리를 분석하는 틀로, 거버넌스의 참여 당사자 간에 참
여 목적이 일치하는지의 여부, 프로그램의 영향력과 이해당사자의 참
여 수준 간의 관계를 보기 위한 효과적인 방법이다. 인터뷰에 대한 데
이터 분석 결과로 프로그램의 낮은 영향력 아래에서 거버넌스 참여자
들의 상이한 목적이 참여의 수준과 만족도에 부정적인 영향을 주었다
는 것을 확인했다. 이에 이 연구에서는 참여적 도시 에너지 전환 프로

그램을 발전시키기 위해 거버넌스 참여자 간의 목적 합치성을 높이기 위한 규범과 지원을 확대함으로써 프로그램의 영향력을 증대할 것을 제안한다.

3부에서는 에너지 전환의 효과에 대해 논의한다.

7장은 에너지 전환 정책과 일자리 창출의 상관관계에 대한 연구이다. 녹색 일자리(green jobs)는 경제 침체와 환경 문제에 대한 해결책으로 제시되는 경우가 많다. 환경을 살리는 일자리는 에너지와 기후변화의 지속 가능한 발전을 활성화하는 동시에 경제성장도 가능하게 할 수 있다. 따라서 많은 국가와 도시들이 녹색 일자리의 창출을 촉진하기 위해 다양한 정책 수단을 사용해왔다. 이 장에서는 정부의 재생에너지와 에너지 효율화 정책이 녹색 일자리의 창출에 미치는 역할에 초점을 맞춘다. 에너지 효율의 증진이나 재생 가능한 에너지의 생산을 목표로 하는 두 가지 일반적인 정책 도구인 규제와 인센티브를 분석하고 이 정책들이 녹색 일자리의 창출에 미치는 상대적인 영향을 평가하고자 한다. 영향력을 측정하기 위해 1998년부터 2007년까지 미국의 주정부 수준의 녹색 일자리 수를 포함한, 퓨 자선기금(Pew Charitable Trusts)에서 수집한 패널 데이터를 활용한다. 분석 결과는 재생에너지의 의무화 규제 정책들이 주 내의 녹색 일자리 수를 증가시킬 가능성이 높다는 것을 보여준다. 가이드라인과 목표가 명확한 규제는 사업의 불확실성을 감소시키는 경향이 있으며, 민간 부문의 투자와 고용 가능성을 증가시킬 수 있다. 이 장에서는 녹색 일자리의 성장을 효과적으로 촉진하는 정책 수단의 종류와 디자인, 신재생에너지의 규제에 관한 실질적인 함의를 제공한다.

8장에서는 에너지 전환을 남북한 협력 방안의 하나로 제시한다. 남북한의 에너지 협력은 왜, 어떤 방향으로, 어떻게 진행되어야 하는

가? 북미 정상회담과 연이은 남북 정상회담을 거치면서 핵무기와 장거리 미사일의 개발로 인한 남북미 관계의 긴장과 완화가 반복되고 있다. 남북한의 협력 방안으로 남북 간의 이산가족 상봉, 철도와 조림 사업의 협력 등에 대한 논의가 진행되고 있다. 이 장에서는 남북한의 경제와 인프라 협력의 근간으로서의 에너지 협력이 현재 한국에서 진행되고 있는 재생에너지원 중심의 분산형 시스템 연계의 에너지 전환으로 확대되어야 한다고 주장한다. 에너지 전환을 통한 남북한의 에너지 협력은 핵 에너지의 미사용으로 인한 핵 안보 위기 문제의 저감과 평화 증진, 기후변화 온실가스(Green House Gas: GHG)의 저감, 미세먼지의 저감과 청정개발체제의 활용 같은 환경적 이익, 재생에너지 중심의 기술 혁신과 일자리 창출 등의 경제적 이익, 에너지 섬인 한국의 동북아 에너지 그리드와의 연계 등의 이익을 가져다줄 수 있다. 기능주의의 측면에서 볼 때 이러한 환경적이고 경제적인 이익은 안보적 위기를 줄일 수 있는 요인으로 작용할 것으로 기대한다. 이를 위해 에너지 전환 협력의 재원 마련, 북한 도시의 에너지 전환과 남한과의 연계 시범 사업, 에너지 전환을 가능하게 하는 거버넌스의 구성이 필요하다는 것을 제안한다.

이 중 1장, 2장, 3장, 4장, 7장은 각각 다음을 번역하고 책의 편집 방향에 맞추어 수정했다.

Lee, Taedong. In Print. "Financial investment for the development of renewable energy capacity." *Energy & Environment*.

Lee, Taedong, M. B. Glick, J. Lee. 2020. "Island Energy Transition: Assessing Hawaii's Multi-Level, Policy-Driven Approach." *Renewable & Sustainable Energy Reviews* 118: 1-10

Lee, Taedong. 2021. "From Nuclear Energy Developmental State to Energy Transition in South Korea: The role of the political epistemic community." *Environmental Policy & Governance* 31 (2): 82-93.

Lee, Taewha, Taedong Lee, and Yujin Lee. 2014. "An Experiment for Urban Energy Autonomy in Seoul: One Less Nuclear Power Plant Policy." *Energy Policy* 74: 311-318.

Lee, Taedong. 2017. "The Effect of Clean Energy Regulations and Incentives on Green Jobs: Panel Analysis of United States, 1998-2007." Natural Resource Forum, *A United Nations Sustainable Development Journal* 41(3): 131-144.

5장과 6장은 각각 다음의 내용을 책의 편집 방향에 맞추어 수정했다.

손효동·이태동. 2016. "거버넌스 다중이해당사자의 목적합치성과 참여: 도시 에너지 전환 '에누리' 사례를 중심으로."『공간과 사회』26(4): 159-189.

강지윤·이태동. 2016. "중간지원조직과 에너지 레짐 전환: 한국 에너지자립마을의 사례 비교."『공간과 사회』26(1): 141-179.

항상 그렇지만 이 책이 출판되기까지 많은 분들이 도움을 주셨다. 무엇보다 함께 연구하고 논문을 출판한 마크 글리크(Mark Glick), 이재협 교수님, 이태화 교수님, 이유진 박사님, 박사과정 유학 중에 열심히 연구하고 있을 손효동, 강지윤 씨에게 감사드린다. 논문을 번역하고 꼼꼼하게 수정하는 데 도움을 준 권순환, 고인환, 김명성, 류소현, 박재영, 이희섭, 강지연 대학원 조교에게도 감사를 표한다. 책 출판 과정에서 꼼꼼하게 편집해 주시고 건설적인 조언을 해주신 사회평론아카데미의 김천희 편집인과 고하영 대표님께 감사드린다. 언제나 가장 가까운 곳에서 사랑과 힘을 주는 아내 민경과 근휘, 준휘는 존재만으로도 감사하다.

제1부   에너지 전환의 방향:
            네트워크화된 분산형 재생에너지 시스템

제1장   재생에너지에 대한 투자와 발전 용량:
         G-20 국가 패널 분석

1. 서론

에너지 '전환'의 핵심은 에너지원을 화석연료에서 재생에너지로 바꾸는 것이다. 각국은 재생에너지원을 확대하기 위해 다각도로 노력하고 있다. 이 장에서는 재생에너지를 확대하기 위해 필요한 것이 무엇인가 하는 질문에 답하려고 한다. 특히 재생에너지에 대한 투자의 중요성을 역설한다.

재생에너지원으로부터 에너지의 공급 용량을 확대하는 것은 화석연료의 의존성 감소 및 온실가스의 감축이라는 두 가지 중요한 에너지 문제와 관련되어 있다. 그동안 화석연료의 사용은 온실가스 배출로 인한 기후변화의 주요 원인으로 규탄을 받아왔다. 이에 따라 풍력, 태양열, 바이오 연료와 같은 다양한 재생에너지원은 화석연료의 '대체' 에너지로 각광받고 있다.

전반적으로 재생에너지 부문이 에너지 믹스에서 확장되는 추세이지만, 이러한 재생에너지의 수용 유형은 국가별로 상이하다(Pew 2014). 이에 이 장에서는 왜 재생에너지의 전력 발전 용량에 차이가 나는지, 그리고 국가적 재생에너지 정책 및 금융투자가 재생에너지의 발전 용량 수준에 미치는 영향을 살펴보고자 한다. 특히 2009년부터 2013까지 세계의 경제 대국들(러시아와 사우디아라비아를 제외한 총 20개 국가 중 18개 국가)을 분석하여 금융투자가 재생에너지의 발전 용량에 미친 영향을 알아볼 것이다.

이 장에서는 재생에너지의 수용 및 그 과정의 유의미한 행위자와 장애요소들을 밝힘으로써 연구 문헌의 축적에 기여할 것으로 기대된다. 첫째, 이론적 수준에서 금융투자를 식별하고 이것이 재생에너지를 보급하는 데 유의미한 요소인지를 검증한다. 둘째, G-20 경제 대국들

을 연구 대상으로 하여 실증적인 분석을 수행함으로써 기존의 재생에
너지에 대한 연구 문헌을 축적하는 데 기여한다. 셋째, 다양한 모델을
적용해서 패널보정 표준오차(Panel-Corrected Standard Errors: PCSE)
추정법을 포함한 통계학적 모형을 활용하여 가설을 검증한다.

더 나아가 이 장에서는 재생에너지의 시설 용량(installed capacity)
의 트렌드와 영향을 논의하고 재생에너지에 대한 투자를 재생에너지
원을 채택하는 주요 유도 요인으로 검토한다. 그다음으로 데이터의 수
집과 실증적 데이터의 분석 및 결과를 논의하고, 마지막으로 이 장의
정책적 함의를 제시한다.

2. 재생에너지의 발전 용량

1) 재생에너지의 수용과 관련된 선행 연구

전 지구적 기후변화의 위기와 더불어 주요 유전의 정치·경제적 혼란
및 석유 생산의 정점을 고려했을 때 대체 에너지원을 모색하는 것은
필수적이다. 게다가 경제 부상국들(emerging economies)의 빠른 경제
발전과 에너지 수요의 급증으로 기존의 에너지원에 대한 경쟁이 심화
되고 가격이 급등했다. 더불어 일본에서 후쿠시마 원전사고가 발생한
이후에 원자력에 대한 불신도 급증했다. 이 또한, 이러한 변화를 시도
하는 데 있어 주요 요인이다. 그럼에도 불구하고 모든 국가가 재생에너
지 자원으로부터 에너지의 생산 용량을 확대하지는 않고 있다. 몇몇 국
가는 재생에너지원으로부터의 전력 생산량을 크게 확대했지만, 그 외
의 국가들은 그렇게 하지 않고 있다. 이러한 문제는 자연스럽게 왜 국

가마다 재생에너지원으로부터 보급받는 에너지의 생산 용량이 상이한 지, 그리고 재생에너지의 생산 용량을 채택하는 데 어떤 유인 요인이 있는지에 대한 질문으로 이어진다.

학자들은 재생에너지원을 이용한 전력 생산이 지역과 국가마다 상이하다는 점을 바탕으로 재생에너지에 국가적 지원을 하는 이유를 살펴보았다(Heiman 2006). 예를 들어, 마케스 등(Marques et al. 2010)과 아귀레와 이비쿤레(Aguirre and Ibikunle 2014)는 유럽과 다른 사례 국가들의 재생에너지 보급에 대한 정치적, 경제적, 정책적 유인 요소를 확인했다. 이처럼 많은 실증적 연구들에서 그동안 재생에너지 정책의 원인과 효과에 대한 이해를 높여왔으나 여전히 보완되어야 할 연구 공백이 존재한다. 이 장은 바로 그러한 공백을 메우는 것을 목적으로 한다. 구체적으로 설명하자면, 첫째, 랑니스와 와이저(Langniss and Wiser 2003)를 포함한 대부분의 기존 연구들에서는 몇몇의 예외사항을 제외하고 한 국가 내에서 재생에너지 정책이 미치는 영향을 분석해왔다. 이와 반대로 네덜란드, 영국, 독일의 풍력발전 보급 사례를 비교하고 분석한 브레커스와 월싱크(Breukers and Wolsink 2007)의 연구에서는 재생에너지의 발전량을 구체적으로 분석한다. 그동안 재생에너지 생산시설의 총 용량에 대한 국가 간 비교 연구는 (상대적으로) 적었다. 둘째, 재생에너지의 생산시설 용량에 대한 재생에너지 투자의 영향은 다른 유도 요인들에 비해 체계적으로 연구되지 못했다. 즉, 투자와 생산시설의 용량 간에는 정적 상관관계가 추론되는데 재생에너지에 대한 금융투자와 생산시설 용량의 연관 여부와 그 연관성의 정도는 전반적으로 잘 파악되지 않고 있다. 이와 같은 이유로 이 장에서는 G-20 주요 국가들 간의 금융투자, 에너지 정책 및 재생에너지의 생산시설 용량의 관계를 분석하는 것을 목표로 한다.

2) G-20 국가들 간의 재생에너지 생산 용량의 차이

재생에너지의 증감, 특히 전력 생산 용량의 증감은 재생에너지 정책의 궁극적 목표 중 하나이다. 2013년을 기점으로 전 지구적으로 재생에너지의 전력 생산 용량은 735GW에 달한다. 307GW에 달하는 전력 생산 용량이 풍력 발전을 통해 세계적으로 보급되었으며, 소형 수력 발전 196GW, 태양열 에너지 144GW, 바이오매스(biomass) 및 폐기물 에너지 76GW의 전력 생산 용량도 보급되었다. 재생에너지는 아직 전 지구 에너지 믹스의 20% 이하를 차지하지만, 재생에너지 시장은 정부의 정책 및 투자로 인해 빠른 속도로 상이한 규모의 성장을 이루었다(Pew 2013).

여기에서는 G-20 국가의 재생에너지 설치와 생산의 변화를 살펴보는데, 에너지 사용량과 G-20 국가의 총체적 경제 규모(size of the collective G-20 economy)라는 두 가지 특성을 강조한다. 첫째, G-20 국가들은 전 세계의 76%(2013년 세계의 총 재생에너지 생산량 735GW 중 561GW)에 달하는 재생에너지 설비를 갖추고 있으며 이들의 총 화석연료 온실가스 배출량은 전 세계 배출량의 84%에 달한다. 둘째, G-20 국가들은 전 세계 GDP의 90%, 국제무역량의 80% 및 세계 인구의 64%를 차지한다. 이는 G-20 국가들의 금융투자, 에너지 정책 및 재생에너지 용량에 대한 변동이 앞으로의 에너지 발전 경로 및 기후변화에 대한 대응에 큰 영향을 미칠 가능성이 높다는 것을 의미한다.

중국은 세계에서 가장 큰 규모인 191GW 용량의 재생에너지 시설을 설치했다. 이로 인하여 중국의 재생에너지 시설 용량은 2009년 52.5GW에서 2013년 191GW로 거의 4배가량 증가했다. 미국은 동일한 기간에 심한 경제난을 겪었음에도 불구하고 138GW의 시설 용량을

보유함으로써 2위를 차지했다. 미국의 재생에너지 시설 용량은 2009
년부터 2010년까지 느리게 증가했으나 2010년부터 2013년까지는 빠
르게 증가했다. 대부분의 유럽 국가들은 재생에너지 시설 용량을 점진
적으로 증가시켰다. 독일과 이탈리아, 스페인의 재생에너지 시설 용량
은 다른 유럽 국가들의 시설 용량에 비해 비교적 높은 증가율을 보여
주었다. 브라질, 인도, 멕시코, 남아프리카공화국 및 대한민국을 비롯
한 다른 경제성장국들의 경우에는 재생에너지 시설 용량이 완만하게
증가했다(PGI 2013).

3. 재생에너지 생산 역량의 동인

1) 금융투자

재생에너지 기술을 보급하는 데 대한 금융 지원은 재생에너지 체계를
갖추는 데 필수적이다. 재생에너지 지원체계계획을 수립하는 데에도
재정에 크게 의존한다(Wiser and Pickle 1998). 최근 몇 십 년간 재생
에너지의 가격이 상당히 하락했다. 하지만 아직 재생에너지 가격은 에
너지 체계를 채택하는 데에 있어서 정보의 부족, 성장 중인 재생에너지
시장의 규모 및 사회적 하부 인프라의 부족과 더불어 재생에너지의 큰
장애요소로 작용한다. 오웬(Owen 2006)은 재생에너지원이 주요 시장
으로 진입하는 것의 장애요소로 높은 초기 도입 비용과 비경쟁적 시가
(경제적 척도와 경제적 이점이 아직 확립되지 않았음을 의미한다)를 언급
한다.
　　재생에너지를 생산하고 채택을 촉진하는 데 금융투자가 중요함

에도 불구하고 현존하는 재생에너지와 관련된 문헌에서는 재생에너 지에 대한 투자가 미치는 영향보다 재생에너지에 대한 투자의 유도 요 인을 분석하는 데 집중했다. 예를 들어, 버러와 부스텐하겐(Burer and Wustenhagen 2009)은 "벤처투자자들은 어떤 재생에너지 정책을 선 호하는가?"라는 질문에 발전차액지원제도(Feed-In-Tariff: FIT)라고 대답했다. 미국에서는 금융적 보답에 대한 기대와 다변화된 투자 포 트폴리오가 재생에너지에 대한 투자를 이끌어내는 두 가지 기본 요 인이었다. 이에 덧붙여서 개인투자자의 수준에서 매시니와 메니체티 (Masini and Menichetti 2012)는 투자 기회의 기술적 효과성에 대한 신뢰가 투자 정책을 결정하는 데 중요한 역할을 한다는 점을 지적했 다. 이러한 기존 연구들의 공헌에도 불구하고 재생에너지에 대한 투자 와 재생에너지 시설 용량 간의 관계를 점검한 실증 연구는 부족한 실정 이다. 이러한 두 요인 간의 관계를 검증하는 연구는 높은 수준의 투자 가 반드시 높은 수준의 재생에너지 용량으로 귀결되는 것은 아니라는 점에서 필요하다.

최근에 재생에너지에 대한 투자가 급속히 늘고 있다. 블룸버그 뉴 에너지 파이낸스(Bloomberg New Energy Finance: BNEF)에 따르면, 재생에너지에 대한 전 세계적인 신규 투자의 총량은 2004년 161천만 US달러에서 2013년에는 254천만 US달러로 약 58% 성장했다. 이렇 듯 전반적인 성장에도 불구하고 재생에너지에 대한 금융투자는 G-20 회원 국가별로 차이가 난다. 예를 들어, 중국은 2009년 35천만 US달 러에서 2013년 54.2천만 US달러로 재생에너지에 대한 투자가 증가했 다. 미국의 재생에너지 투자액도 2009년 19천만 US달러에서 2011년 48천만 US달러로 증가했으나 2013년에는 36.7천만 US달러로 줄어들 었다. 일본은 2009년의 0.8천만 US달러에서 2013년 28.6천만 US달러로 꾸준히 재생에너지에 대한 투자를 늘리고 있다(Bloomberg New Energy Finance 2013).

　2013년에 대규모 발전소와 소규모 용량의 발전에 대한 자산금융은 전체 에너지 투자(123.7천만 US달러)의 80% 이상을 차지했다. 정부와 기업의 연구개발 투자도 29.2천만 US달러에 달했다. 반면 벤처기업과 민간의 자산투자 규모는 탄소 배출이 낮은 신청정(new clean)에너지 기술에 대한 투자가 초기 단계인 까닭에 상대적으로 낮은 편(4천만 US달러)이었으며 기업들도 많지 않았다.

　금융투자는 어떻게 재생에너지 설비 용량을 변화시키는가? 이 질문에 대한 가능한 대답 한 가지는 재생에너지의 세 가지 특성을 통해 발견할 수 있다. 그것은 재생에너지원이 새로운 것이고, 재생에너지 설치의 초기 비용이 상대적으로 높은 편이며, 재생에너지를 수용하도록 하기 위해서 지속적으로 연구개발을 하려는 노력이 필요하다는 점이다. 먼저, 석탄과 석유, 원자력 등 다른 에너지 자원과 비교하여 재생에너지원은 여전히 새롭다. 에너지 믹스에서 재생에너지 발전의 비율은 상당히 작은 편이다. G-20 국가에서조차 전체 에너지 사용량의 0.1%에서 10.7%만을 재생에너지원으로 쓰는 등 대부분의 국가에서 재생에너지원을 사용하기 시작한 것은 꽤 최근의 일이다(Mahash and Jasmin 2013).

　두 번째 특성도 앞에서 든 이유와 밀접한 관련이 있는데, 재생에너지를 생산하기 위해서는 상당한 초기 자본 비용이 요구된다는 것이다. 태양광이나 바람 등의 재생에너지원을 이용해서 전력 생산을 하려면 태양광흡수패널, 풍력터빈 등의 연결장비와 설비를 설치해야 한다. 성격상 연료 구매 비용이 0에 가깝지만 초기 설비에 대한 투자 비용은 매우 높다. 더 많은 재생에너지 설치 프로젝트를 시행하기 위해서는 금융과 투자에 대한 장기적인 계획을 보장하는 것이 필수적이다. 최근의 연구에서는 개발자의 입장에서 풍력 에너지 설비에 금융 지원을 하는 것이 재생에너지의 발전이라는 매력을 결정하는 데 가장 중요하다고 했다. 다른 예로, 인도 사례는 온실가스의 배출을 완화하기 위해 재생에너지 부문의 거대한 잠재력이 있음에도 불구하고 이에 반해 한정된 금융투자가 중대한 방해요소가 된다는 것을 보여주고 있다(Luthi and Prassler 2011).

세 번째 특성은 재생에너지를 설치하는 데 상당한 양의 연구개발이 필요하다는 것이다. 재생에너지 기술은 1세대 기술(수소 에너지 및 바이오매스 연소)에서 차세대 기술(태양 에너지와 풍력)로, 또 3세대 기술(태양력과 해양 에너지에 집중)로 빠르게 발달하고 있다. 최근의 연구에서는 연구개발에 대한 노력과 투자가 증가함에 따라 저탄소 기술 비용을 낮추기 때문에 재생에너지와 기술이 시장에 진입하는 것을 도와준다고 했다(Wiesenthal et al. 2012).

이러한 세 가지 이유를 생각할 때, 충분한 금융투자는 재생에너지를 수용하는 필요조건이다. 그러므로 오늘의 재생에너지에 대한 투자가 재생에너지 설치 용량의 타임머신처럼 작용할지는 다음과 같은 가설을 검증해보면 알 수 있을 것이다. "보다 많은 금융투자를 하는 국가들이 더 큰 재생에너지 용량을 갖게 될 것이다."

2) 재생에너지 정책

재생에너지 정책은 재생에너지의 발전 용량을 수용하는 촉진제가 된다. 재생에너지의 원천이 상대적으로 가격이 높다는 점을 감안하면 정부 보조금이나 정책 지원은 시장에 침투하는 것을 강화해줄 수 있다.

많은 선행 연구들에서 재생에너지를 수용하는 데 필요한 주요 정책을 밝혀냈는데, 여기에는 신재생에너지 공급의무화제도(Renewable energy Portfolio Standard: RPS), FIT, 재생에너지에 대한 세금 감면과 탄소시장 등이 속한다(Lund 2009). 예를 들어, 영국과 호주, 이탈리아는 이 모든 정책을 시행하고 있는 반면 남아프리카공화국은 2011년 현재 이 중 어떤 정책도 시행하고 있지 않다.[1]

RPS는 에너지 사용(utilities)에서 전체 전력자원 중 재생에너지를 일정 부분 사용하도록 강제하는 데 가장 널리 쓰이는 방법이다. 이는 전력 발전과 배분에 대한 규제를 확장함으로써 시장에 다양한 선택권을 주는 것은 물론 태양광, 풍력, 바이오매스와 지열 에너지를 이용하여 안정적으로 친환경적이면서 경제적인 전력 공급을 제공하도록 한다. 예를 들어, 영국, 폴란드, 루마니아와 미국 내의 20개 주에서는 에너지 사용을 일정 비율이나 용량의 전력 발전을 승인받은 재생발전소의 전력으로 채우거나 다른 발전 설비로부터 구매교환이 가능한 '녹색인증(green certificate)'으로 채우도록 하고 있다(Yin and Powers 2010).

FIT 구조(mechanism)는 어떤 재생 전력 발전이라도 생산한 전력을 특정한 기간(대개 10~20년) 동안 전력시장의 가격으로 판매할 수 있도록 하는 데 더해 평균 생산가격과 재생에너지의 발전 기술을 고려한 조정자의 추정에 따라 지역이 반영된 고정요금으로도 판매할 수 있게 해준다. FIT의 이점은 해변의 풍력 에너지나 태양광 같은 보다 값비싼 재생 기술에 보조금을 준다는 것이다. 최근의 연구에서는 FIT가 재생에너지 생산 프로젝트의 한계생산비용을 저감할 수 있는 반영적 동

---

1   Pew(2014). 국제에너지기구 기후변화정책 및 방법 데이터베이스(IEACCPMD)의 원자료.

기를 제공한다는 것을 보여주고 있다. 유럽연합에서는 독일을 필두로 한 회원 국가들이 재생에너지를 발전시키고 양성하기 위해 FIT를 도입 했다((Verbruggen and Lauber 2009).

　재생에너지 기기의 설치와 재생발전소의 전기 생산에 세금공 제 혜택을 주는 것이 가장 기초적인 재정 지원 방법이다. 미국에서는 1992년에 의회가 생산세금공제(Production Tax Credit: PTC)인 재생 에너지 세금공제를 최초 10년간 풍력과 바이오매스 발전소에 인가해 주었다. PTC를 통해 풍력 발전의 전력 비용을 20년간 균등화 발전 원 가로 kW/h당 약 1.5~2센트 절감할 수 있었는데, 이로써 풍력 에너지 가 보다 경제적인 이점을 갖게 되었다.

　이산화황(SO_2)에 대한 배출권 거래(emission trading)의 성공적 경험으로 총량거래방식(cap-and-trade)의 탄소시장이 온실가스의 배 출을 저감하는 효과적인 수단으로 여겨지게 되었다. 명칭에서 알 수 있 듯이, 총량거래방식 시스템은 먼저 온실가스 배출량에 상한 또는 한계 를 설정하고 자유할당제나 경매를 통해 회사나 다른 기관에 한계가 설 정된 탄소배출권(carbon credit)을 할당하는 것이다. 탄소시장의 거래 에서는 규제 당사자가 온실가스의 배출을 저감하는 것과 탄소배출권 을 구매하는 것 중 하나를 선택하는 것을 허용한다. 또한 상한거래 프 로그램은 화석연료 발전의 비용을 증가시켜서 결과적으로 재생에너지 발전의 시장 경쟁력을 높여주기 때문에 재생에너지 발전에 이점을 제 공한다(Bird et al. 2008).

　재생에너지의 수용은 온실가스의 배출을 다룰 수단으로 간주되어 왔다. 에너지 정책 요인과 함께 이 장에서는 탄소의 배출을 저감하기 위한 국가적 노력을 재생에너지의 수용을 위한 또 하나의 촉진 요인으 로 고려한다. 이러한 측면에서 부속서 I 국가의 지위(온실가스를 저감할 의무가 있다) 역시 재생에너지의 수용을 촉진할 수 있을 것이다. 이에 다음과 같은 가설을 제기한다. "교토의정서에 따른 부속서 I 국가는 보다 많은 재생에너지 용량을 보유하고 있을 것이다."

3) 에너지의 수요와 공급

재생에너지는 많은 에너지 중의 하나이므로 전반적인 에너지의 수요와 공급은 재생 에너지의 생산과 수용에 영향을 미칠 가능성이 있다. 먼저, 전체 연간 에너지 사용량은 한 국가의 에너지 공급 측면의 척도이다. 많은 연구들에서는 에너지의 사용을 재생에너지의 생산량에 영향을 미치는 변수 중의 하나로 보고 있다(Delmas and Montes-Sancho 2011). 즉, 에너지의 사용과 재생 전력 발전 간의 긍정적 관계를 예측할 수 있다.

둘째, 이미 설치된 재생에너지의 용량에 대한 화석연료의 영향력 역시 통제된다. 이것은 총 에너지 사용량에 대한 석탄과 석유, 천연가스와 같은 화석연료의 사용 비율이다. 에너지의 구조와 설비가 상당한 정도로 화석연료에 의존하고 있으므로, 에너지의 소비에서 화석연료의 비율이 높으면 재생에너지의 수용이 늦어질 수 있다. 게다가 이익집단이론에 따르면, 화석연료 산업의 영향력 있는 이익집단들은 자신들의 자원을 전체 에너지 믹스에서 화석연료의 비율을 유지하거나 증대하는 쪽으로 사용하려고 한다(Jenner et al. 2012). 그러므로 화석연료의 사용 비율은 대개 재생에너지 용량과 부정적인 관계임을 알 수 있다.

셋째, 수입 에너지의 수준도 재생에너지의 설치 수준에 영향을 미친다. 전체 수입에너지는 한 국가의 에너지 사용이 생산을 초과하는 정도(에너지 생산-에너지 사용)를 말한다. 이는 에너지 의존성의 수준과 에너지 공급의 안정성의 지표이기도 하다. 선행 연구들에서는 에너지에 대한 수입 의존을 에너지 안보의 대리지표(proxy)로 보고 있다(Yin and Powers 2010). 에너지 수입 국가들은 에너지 안보를 확보하기 위해 대안적인 에너지 원천을 개발하려는 강한 동기를 갖게 된다. 그러므로 에너지 수입 국가는 높은 수준으로 비축된 재생에너지 용량을 보유하고 있을 것으로 예측할 수 있다.

넷째, 에너지 효율성도 에너지와 관련된 변수이다. 이는 한 국가가 국가적으로 비교 가능한 GDP[2005년 국제달러와 구매력 비율(parity)을 사용한다]를 생산하기 위해 얼마나 많은 에너지를 사용하는지를 측정한 것이다. 즉, GDP 대비 에너지 사용 단위 비율을 말한다. 이는 늘어나는 에너지 효율을 에너지의 사용과 지속 가능한 발전을 연결하는 기본적 구성요소로 보는 방법이다. 이러한 이유로 에너지 효율성이 높은 국가들이 재생에너지의 원천(sources)에 보다 개방적일 것으로 예측할 수 있다.

모든 에너지 관련 데이터는 미국 에너지관리청(Energy Information Administration: EIA)의 자료에 근거를 두고 있으며, EIA는 세계발전지표(World Development Indicators: WDIs)에도 보고되고 있다.

4. 데이터와 분석

1) 데이터와 기술통계

데이터에서 종속변수는 총 설치된 재생에너지 용량(GW 단위)이다. 이

용량에는 발전 용량이 1MW 이상인 바이오매스, 지열, 풍력 발전 사업
뿐만 아니라 중소형 수력 발전(1~50MW), 모든 해양 에너지 사업, 모
든 태양열 발전 사업, 모든 바이오 연료 사업 등 다양한 재생에너지지원
으로 생산되는 에너지가 포함된다. 퓨 센터(Pew center)는 2009년부
터 2013년까지 BNEF를 통해 G-20 회원국의 4만 5천 건에 달하는 에
너지 사업에 대한 정보를 수집하고 집대성했다. 조사 대상 기간에 설치
된 재생에너지 용량은 0.02에서 191GW로, 평균 용량은 27.67GW이
다. 이때 데이터의 왜곡된 특징(skewed nature)으로 인해 종속변수는
로그화했다.

　재생에너지에 대한 총 금융투자에는 2009년부터 2013년까지 각
국의 에너지 효율성, 스마트 그리드, 에너지 저장장치, 미래형 교통, 탄
소 포집 및 저장, 재생에너지 서비스 기업에 대한 투자와 민관 연구개
발(R&D) 투자 등이 포함되어 있다. 원본 데이터의 출처는 재생에너
지 기술과 서비스 분야의 조직 5만 개의 금융 거래 4만 건을 수집한
BNEF이다.

　G-20 회원국의 해당 기간 평균 투자 금액은 97.6억 달러이다. 투
자 금액의 범위는 1,200만 US달러에서 651억 US달러이다. 신재생에
너지 중 태양열 에너지 기술은 976억 US달러의 투자를 받아 2013년에
가장 큰 지분(52%)을 차지했다. 풍력 발전이 735억 US달러의 투자를
받았으며(39%), 바이오매스가 30억 US달러, 타 재생에너지 기술(지
열), 소형 수력 발전, 폐기물 재생에너지 등)은 107억 US달러, 에너지
효율/저탄소 기술은 39억 US달러의 투자를 받았다. 대부분의 투자 목
적은 재생에너지지원의 개발이었다.

　재생에너지지원의 보급(penetration)에는 투자 외에도 정책 및 에너
지 측면이 영향을 미칠 수 있다. RPS, FIT, 세금 인센티브, 탄소시장 등

의 모든 정책 측정 변수는 이진 변수로, 정책이 있을 경우에 1, 없을 경우에 0으로 코딩했다. 기타 에너지 관련 변수는 EIA와 WDIs의 데이터를 사용했다.

또 다른 변수는 재생에너지 정책이 재생에너지 용량에 미치는 영향을 보여준다. 정책 변수가 더미 변수로 코딩되었기 때문에(정책이 있을 경우에 1, 없을 경우에 0) 〈표 1〉에서는 각 정책 내의 상이한 집단 간의 평균 차이를 보기 위한 독립적 T-검정(T-Test) 시행 결과를 보여준다. 첫 번째, 관찰 대상 국가별 연도(country-years) 중 RPS 정책이 있는 46개 국가별 연도와 RPS 정책이 없는 국가별 연도가 있다. RPS 정책이 있는 국가별 연도의 경우에 설치된 재생에너지 용량은 RPS 정책이 없는 국가별 연도의 재생에너지 용량인 25.12GW보다 높은 32.17GW였다.

두 번째, FIT를 구현한 55개 국가별 연도의 평균적으로 설치된 재

표 1 에너지 정책과 재생에너지 용량에 대한 T-검정 결과

	관측치 수	평균	표준편차
RPS	46	2.19(.22)	1.54
RPS 없음	26	2.14(.47)	2.43
FIT	55	2.08(.25)	1.87
FIT 없음	17	2.46(.48)	2.00
세금 감면	63	2.51(.19)**	1.52
세금 감면 없음	9	-.16(.86)**	2.60
탄소시장	28	2.94(.22)*	1.21
탄소시장 없음	44	1.69(.31)*	2.09

FIT: 발전차액지원제도(Feed-in-tariff); RPS: 신재생에너지 공급의무화제도(Renewable energy Portfolio Standard).
괄호 안의 숫자는 표준오차를 가리킨다.
**p 〈 0.01; *p 〈 0.05.

생에너지 용량은 25.15GW로 FIT를 구현하지 않은 17개 국가별 연도의 평균 용량인 35.81GW보다 낮았다. 이는 비교적 높은 수준의 재생에너지 발전 용량을 갖춘 북미 국가들은 연방정부 차원에서의 FIT 정책을 구현하고 있지 않으나 대개의 유럽 국가들은 비교적 적은 재생에너지 발전 용량과 함께 FIT 정책을 구현하고 있기 때문으로 보인다. 그러나 세금 인센티브와 비슷하게 FIT 제도의 T-검정은 통계적으로 유의미하지 않았다.

　　세 번째, 탄소시장의 존재(28개 국가별 연도)와 탄소시장의 부재(44개 국가별 연도)의 평균 차이를 비교하기 위한 T-검정의 경우에 양 그룹 간에 통계적으로 유의미한 차이가 있었다. 탄소시장이 존재할 경우에 설치된 재생에너지 용량은 탄소시장이 부재할 때보다 높았다. 이와 유사하게, 세금 인센티브 정책을 실행하고 있는 국가는 실행하고 있지 않은 국가보다 재생에너지 발전 용량이 높은 경향을 보였다.

2) 데이터 분석

이 분석에서는 2009년부터 2013년까지 18개국의 패널 데이터를 사용하여 실증적 모델을 추정했다. 패널 데이터 분석은 각 기간별 자료가 이전 기간의 자료와 독립적이지 않다는 사실을 참조하여 상관관계(serial correlation)를 고려해서 표준 오류를 조정해야 한다. 따라서 이 일련의 상관관계를 고려할 때, 패널보정 표준오차(PCSE) 모델이 AR(1) 수정에 적합하다. 투자와 역량의 구축 간의 역 인과성 및 시간 간격의 잠재적 문제를 해결하기 위해 모든 공변량은 1년 이전의 자료를 사용했다(예를 들어, 공변량의 경우에 2009~2012년, 종속 변수의 경우에 2010~2013년의 자료). 다중공선성을 방지하기 위해 상관관계 검사는 공변량 중 낮은 수준의 상관관계 계수를 제시했다.

〈표 2〉는 회귀 분석 결과를 보여준다. 첫째, 평균 총 투자액과 설치된 재생에너지 발전 용량 사이에 모든 모델을 통틀어 긍정적인 관계를 보여주고 있다. 즉, 금융투자의 규모가 커질수록 재생에너지 용량이 증가한다. 이 사실은 모든 추정 테크닉에서 강력하게 나타나고 있으며, 금융투자가 재생에너지의 채택에 긍정적인 영향을 미친다는 가설을 지지한다. 투자액이 평균 1% 증가하면 재생에너지 발전 용량은 약 0.26% 증가한다.

표 2 재생에너지 용량에 대한 패널 데이터 분석 결과

변수	모델 1 PCSE	모델 2 미국과 중국 제외
총 투자(ln)	.26(.08)**	.22(.08)**
신재생에너지 공급의무화제도(RPS)	.19(.20)	.15(.18)
발전차액지원제도(FIT)	-.43(.17)**	-.60(.18)**
세금 감면	.32(.22)	.38(.22)
탄소시장	.55(.13)**	.44(.13)**
교토의정서 부속서 I 국가 지위	.58(.15)**	.76(.18)**
총 에너지 사용	1.25(.16)**	1.43(.18)**
화석연료	-.02(.01)*	-.02(.01)*
에너지 수입	-.003(.001)*	-.004(.001)*
에너지 효율	.35(.06)**	.40(.06)**
GDP 성장률	.08(.02)**	.06(.01)**
R^2	.87	.87
N	72	64

GDP: 국내총생산(Gross Domestic Product); PCSE: 패널보정 표준오차(Panel-Corrected Standard Error).
괄호 안의 숫자는 표준오차를 가리킨다.
**$p < 0.01$; *$p < 0.05$.

정책 변수 중에서 탄소시장이 있는 국가가 더 큰 재생에너지 용량을 보유할 가능성이 높다. 이는 규제(상한선)와 시장 메커니즘(무역)을 결합한 총량거래방식 시스템을 수립하면 불확실성이 줄어들기 때문이다. 그러나 FIT 정책을 시행하는 국가는 재생에너지 정책과 부정적 관계를 보이고 있다. 이는 FIT가 재생에너지의 생산을 지원하려는 목적으로 수립된 것을 고려할 때 의외의 결과이다. 또한 FIT는 재생에너지 발전을 촉진하는 데 가장 효과적이고 효율적인 제도로 여겨져왔다. 그렇더라도 FIT의 유형뿐만 아니라 예산 금액과 출처도 시장의 성장과 재생에너지의 채택에 부정적인 영향을 미칠 수 있다. 즉, 재생에너지의 채택을 촉진하는 데 FIT의 존재보다는 그 정도(관세 금액)가 중요할 수 있다. 게다가 연방 수준의 FIT 채택(독일의 사례 등)은 정책적 영향을 미치는 데 매우 중요한 것으로 나타나고 있다(Couture and Gagnon 2010).

에너지 관련 변수 중에서 총 에너지 사용은 재생에너지 발전 용량과 양의 연관 관계를 보인다. 국가의 에너지 사용량이 증가할수록 재생에너지 설치 용량이 증가한다. 또한 에너지 사용당 GDP 비율로 측정한 에너지 효율은 재생에너지 용량과 양의 상관관계를 보인다. 이는 에너지 고효율 국가도 재생에너지원을 더 확보하려고 한다는 것을 뜻한다. 이와는 대조적으로, 에너지 믹스에서 화석연료의 비율은 모델 1(PCSE)과 모델 2(미국과 중국 제외)의 재생에너지 용량과 음의 상관관계를 보인다. 이로 보건대, 화석연료 기반의 인프라와 이해관계자는 재생에너지의 도입을 확장하기보다는 기존의 에너지 믹스를 추구하려고 할 수 있다. 또한 에너지의 수입은 재생에너지의 채택과 음의 관계를 보인다. 따라서 에너지를 수입하는 G-20 회원국에 재생에너지의 채택을 촉구하는 것이 중요하다.

GDP 성장률로 측정한 전체적인 경제발전 속도는 재생에너지의 채택과 양의 상관관계를 보인다. 경기가 침체될 때 재생에너지 사업의 성장도 둔화된다.

〈표 2〉에서 볼 수 있듯이, G2 국가인 미국과 중국은 재생에너지의 용량과 투자에서 큰 부분을 차지한다. 두 국가의 자료에서 발생할지도 모르는 잠재적 오류를 수정하기 위해서 이 분석에서는 패널 데이터에서 미국과 중국의 예를 제외하고 동일 모델로 추정한다. 이런 모델 사양에서도 모든 모델 추정 방식에서 총 투자는 긍정적이며 5% 수준에서 통계적으로 유의미한 것으로 나타났다. 중국과 미국을 제외한 상태에서 G-20 국가의 총 투자액의 1% 증가는 다른 예측 변수를 일정하게 유지할 경우에 재생에너지 발전 용량의 약 0.22% 증가와 관련이 있는 것으로 보인다. 다른 모든 통제 변수는 모델 1 및 2와 유사한 계수 및 표준오차를 나타낸다.

5. 논의와 결론

재생에너지 자원을 수용하는 것은 신뢰할 만한 에너지 공급과 기후변화 완화, 이 양쪽을 모두 관리하는 해결책이 될 수 있다. 이는 또 기술 혁신과 지속 가능한 에너지를 공급하기 위한 정책이 발전하는 데에도 매우 중요하다. 그러나 18개 선진국의 재생에너지 발전 수준은 다양하다. 경험적 분석의 결과는 투자의 정도가 재생에너지의 수용을 결정짓는 중요한 요인임을 보여준다. 이러한 전반적 결론은 모델 사양과 표본이 다양해도 강력한 편이다. 이에 더하여 탄소시장의 시행과 에너지 효율성의 강화는 재생에너지 용량의 확장에 긍정적인 영향을 미친다. 그

러나 이러한 전환은 에너지 시스템이 화석연료에 기울어 있는 현재의
경제적 상황에서는 매우 큰 도전이다.

이 장에서는 투자와 재생에너지의 수용 간의 긍정적 관계에 대한
경험적 증거를 제공하지만, 미래 연구의 주요한 방향을 제시하기 위한
몇 가지 주제를 생각해볼 수 있다. 첫째, 재생에너지에 대한 투자를 촉
진하는 것에 관한 연구는 재생에너지 용량을 확장하기 위한 전제조건
을 설명해준다. 즉, 어떤 요소가 재생에너지에 대한 투자를 활성화하
는지에 대한 연구이다. 둘째, 투자의 원천(자산, 공공시장, 벤처캐피털)
과 재생에너지의 유형(풍력, 태양광, 바이오 연료, 효율성 서비스)을 모
두 알아내는 것은 또 다른 투자 부문과 재생에너지 유형의 관계에 대
한 설명을 제공한다. 재생에너지 원천의 각 유형은 차별화된 재정적 투
자와 기술을 요구한다. 셋째, 재생에너지에 대한 수용성을 향상시키고
자 할 때 정책 변수가 얼마나 엄격한지를 측정하는 것이 또 다른 주제
가 될 수 있다. 예를 들어, FIT 또는 RPS의 증가와 감소는 재생에너지
를 전개하는 데 중요한 영향력을 행사한다. 선행 연구에 나타난 재생에
너지의 수용에 대한 FIT의 긍정적 영향을 고려할 때, FIT의 정도와 수
준이 미래의 연구에서 고려되어야 할 것이다. 정책의 도입 시기와 국가
에 따른 재생에너지 정책의 엄격성을 비교해보면 이러한 정책의 효용
성이 더 많이 드러날 것이다. 마지막으로, 이 장에서는 자료에 대한 접
근의 용이성 덕분에 2009년부터 2013년까지의 자료를 점검했다. 후속
연구에서는 2013년 이후 재생에너지의 수용에 일어난 현재 시점에서
의 변화를 살펴보아야 할 것이다.

분석 결과에서 얻을 수 있는 정책적 함의는 큰 규모의 투자가 재
생에너지 수용의 열쇠라는 점이다. 비록 이 장에서는 주로 G-20 국가
들을 살펴보았으나, 개발도상국도 민간과 공공의 재생에너지 투자를

통해 재생에너지의 수용을 활성화할 수 있는 최선의 실천 방법을 배울 수 있을 것이다. 이를 위해서 정부는 물론 민간 영역도 재생에너지에 대한 투자를 불러일으키기 위한 특별한 노력을 기울여야 한다. 즉, 정부의 재생에너지 정책은 현존하는 정책(FIT 또는 장기투자를 위한 대여 보증 등)에 부가하거나 혼합하는 것을 통해 투자 위험을 감소하고 이익을 증대하는 데 초점을 둘 필요가 있다. 투자자가 재생에너지 정책의 결정 과정에 참여하는 것을 독려하는 정책은 재생에너지 전개의 효과성을 강화하여 투자 위험을 낮출 수 있다. 나아가 매시니와 메니체티의 주장처럼 시장에 신뢰할 만한 재생에너지 기술을 제공하려는 민간과 공공의 노력은 투자와 정책 수용의 필요조건이다. 재생에너지 분야의 예가 보여주는 것처럼 공공 영역의 접근을 택하는 정책 역시 시장의 불확실성을 감소시키고 신뢰할 만한 투자를 가져올 수 있을 것이다.

참고문헌

Aguirre, M. and G. Ibikunle. 2014. "Determinants of renewable energy growth: A global sample analysis." *Energy Policy* 69: 374-384.

Bird, L. A., E. Holtb and G. L. Carroll. 2008. "Implications of carbon cap-and-trade for US voluntary renewable energy markets." *Energy Policy* 36: 2063-2073.

Bloomberg New Energy Finance. 2013. *Global Trends in Clean Energy Investment -Q3 2013 Fact Pack*. New York: Bloomberg

Breukers, S. and M. Wolsink. 2007. "Wind energy policies in the Netherlands: Institutional capacity-building for ecological modernisation." *Environmental Politics* 16(1): 92-112.

Burer, M. J. and R. Wustenhagen. 2009. "Which Renewable Energy Policy is a Venture Capitalist's Best Friend? Empirical Evidence from a Survey of International Cleantech Investors." *Energy Policy* 37: 4997-5006.

Carvalho, M., M. Bonifacio and P. Dechamps. 2010. "Building a Low Carbon Society." *Energy* 36: 1842-1847.

Cheon, A. and J. Urpelainen. 2013. "How do Competing Interest Groups Influence Environmental Policy? The Case of Renewable Electricity in Industrialized Democracies, 1989–2007." *Political Studies* 61(4): 874-897.

Couture, T. and Y. Gagnon. 2010. "An analysis of feed-in tariff remuneration models: Implications for renewable energy investment." *Energy Policy* 38: 955-965.

Delmas, M. A. and M. J. Montes-Sancho. 2011. "U.S. State Policies for Renewable Energy: Context and Effectiveness." *Energy Policy* 39: 2273-2288.

Fagiani, R., J. Barquin and R. Hakvoort. 2013. "Risk-based Assessment of the Cost-efficiency and the Effectivity of Renewable Energy Support Schemes: Certificate Markets verse Feed-in Tariff." *Energy Policy* 55: 648-661.

Fouquet, D. and T. B. Johansson. 2008. "European Renewable Energy Policy at Crossroads-Focus on Electricity Support Mechanism." *Energy Policy* 36: 4079-4092.

Haas, R., C. Panzera, G. Rescha, M. Ragwitzb, G. Reecec and A. Heldb. 2011. "A historical review of promotion strategies for electricity from renewable energy sources in EU countries." *Renewable and Sustainable Energy Reviews* 2011: 1003-1034.

Han, D. and S. Baek. 2017. "Status of renewable capacity for electricity generation and future prospects in Korea: Global trends and domestic strategies." *Renewable and Sustainable Energy Reviews* 76: 1524-1533. doi:https://doi.org/10.1016/j.rser.2016.11.193

Johnston, N., I. Hascic and D. Popp. 2010. "Renewable Energy Policies and

Technological Innovation: Evidence Based on Patent Counts." *Environmental and Resource Economics* 45(1): 133-155.

Koski, C. and T. Lee. 2014. "Policy by Doing: Formulation and Adoption of Policy through Government Leadership." *Policy Studies Journal* 42(1): 30-54.

Langniss, O. and R. Wiser. 2003. "The Renewable Portfolio Standard in Texas: An Early Assessment." *Energy Policy* 31(6): 527-535.

Lee, T. 2013. "Global Cities and Transnational Climate Change Networks." *Global Environmental Politics* 13(1): 108-127.

Lund, P. D. 2009. "Effects of Energy Policies on Industry Expansion in Renewable Energy." *Renewable Energy* 34: 53-64.

Luthi, S. and T. Prassler. 2011. "Analyzing Policy Support Instruments and Regulatory Risk Factors for Wind Energy Deployment-A developers' Perspective." *Energy Policy* 39: 4876-4892.

Mahash, A. and K. S. S. Jasmin. 2013. "Role of Renewable Energy Investment in India: An Alternative to CO2 Mitigation." *Renewable and Sustainable Energy Reviews* 26: 414-424.

Marques, A. C., J. A. Fuinhas and J. R. P. Manso. 2010. "Motivations driving renewable energy in European countries: A panel data approach." *Energy Policy* 38: 6877-6885.

Masini, A. and E. Menichetti. 2012. "The Impact of Behavioral Factors in the Renewable Energy Investment Decision Making Process: Conceptual Framework and Empirical Findings." *Energy Policy* 40: 28-38.

Mathews, J. A., S. Kidney, K. Mallon and M. Hughes. 2010. "Mobilizing Private Finance to Drive an Energy Industrial Revolution." *Energy Policy* 38: 3263-3265.

Mitchell, C. and P. Connor. 2004. "Renewable Energy Policy in the UK 1990-2003." *Energy Policy* 32: 1935-1947.

Omer, A. M. 2008. "Energy, Environment and Sustainable Development." *Renewable and Sustainable Energy Reviews* 12: 2265-2300.

Owen, A. D. 2006. "Renewable Energy: Externality Costs as Market Barriers." *Energy Policy* 34: 632-642.

Peace, J. and T. Juliani. 2009. "The coming carbon market and its impact on the American economy." *Policy and Society* 27: 305-316.

Pew. 2014. "Who's Winning the Clean Energy Race?" *The Pew Caritable Trust* 1-57.

PGI. 2013. "Principal Global Indicators." Retrieved 2013. June 14, from G20 http://www.principalglobalindicators.org/default.aspx

Ringel, M. 2006. "Fostering the use of renewable energies in the European Union: the race between feed-in tariffs and green certificates." *Renewable Energy* 31, 1-17.

Romano, A. A., G. Scandurra, A. Carfora, and M. Fodor. 2017. "Renewable investments: The impact of green policies in developing and developed countries." *Renewable and Sustainable Energy Reviews* 68, Part 1: 738-747. doi:https://doi.org/10.1016/j.

rser.2016.10.024

Verbruggen, A., M. Fischedick, W. Moomaw, T. Wier, A. Nadai, L. J. Nilsson, J. Nyboer, J. Sathaye. 2010. "Renewable Energy Costs, Potentials, Barriers: Conceptual Issues." *Energy Policy* 38: 850-861.

Verbruggen, A. and V. Lauber. 2009. "Basic Concepts for Designing Renewable Electricity Support Aiming at a Full-scale Transition by 2050." *Energy Policy* 37: 5732-5743.

Wiesenthal, T., A.Mercier, B. Schade, H. Petric, and P. Dowling. 2012. "A Model-based Assessment of the Impact of Revitalised R&D Investments on the European Power Sector." *Renewable and Sustainable Energy Reviews* 16: 105-112.

Wiser, R., M. Bolinger, and G.Barbose. 2007. "Using the Federal Production Tax Credit to Build a Durable Market for Wind Power in the United States." *The Electricity Journal* 20(9): 77-88.

Wustenhagen, R. and E. Menichetti. 2012. "Strategic Choices for Renewable Energy Investment: Conceptual Framework and Opportunities for Further Research." *Energy Policy* 40: 1-10.

Yin, H. and N. Powers. 2010. "Do State Renewable Portfolio Standards Promote In-state Renewable Generation?" *Energy Policy* 38: 1140-1149.

Zeng, S., Y. Liu, C. Liu, and X. Nan. 2017. "A review of renewable energy investment in the BRICS countries: History, models, problems and solutions." *Renewable and Sustainable Energy Reviews* 74: 860-872. doi:https://doi.org/10.1016/j.rser.2017.03.016

제2장 　　　자급자족적 분산형 재생에너지 시스템:
　　　　　　섬 에너지 전환

에너지 전환에서 자기 충족적인 재생에너지 시스템은 어떤 모습일까? 이런 모델은 어떻게 가능할까? 이 장에서는 하와이섬의 에너지 전환 사례에서 자기 충족적이고 독립적인 재생에너지 시스템의 모델을 제시한다. 이는 에너지 전환의 모델로서 섬뿐만 아니라 도시와 지역에 적용할 수 있는 모델이 될 수 있다.

섬은 대부분 내륙과 분리된 에너지 시스템을 사용하고 있고 가격이 높은 화석연료의 수입의존도가 높아 경제적 어려움을 겪는다. 이와 동시에 화석연료로 인한 환경적 문제에 노출된다는 특성이 있다. 섬의 에너지 전환은 이러한 기후변화, 에너지 안보와 신뢰성, 그리고 가격의 불안정성에 대응하여 자기 충족적이고 독립적인 재생에너지 시스템의 가능성을 보여준다.

이 장에서는 '지속 가능성 전환 관리 프레임'을 적용하여 섬의 에너지 전환을 다층적이고 정책에 기반한 지속 가능성과, 자급자족이 가능한 사회기술적 개입(socio-technical engagement)으로 개념화했다. 그 사례로 2008년부터 시작된 하와이의 클린에너지 이니셔티브(HCEI)를 살펴봄으로써 섬의 에너지 전환의 필수요소를 고찰했다. 문헌 자료에 대한 분석과 에너지 분야의 이해관계자들과의 인터뷰를 통해 사례 연구를 진행했으며, 하와이 에너지 시스템의 변형과 관련된 사회기술적 혁신을 평가했다. 이러한 연구 결과에서는 다수준 관점의 분석 프레임 구조를 통해 어떻게 레짐 레벨에서의 정책이 니치 레벨에서의 행동을 자극하고 그것이 정책적이고 기술적인 장애를 극복하는지를 보여준다. 하와이의 에너지 전환에서의 레짐과 니치 레벨의 혁신은 향후 지속 가능한 에너지 정책을 다른 섬이나 내륙 커뮤니티, 주, 국가들에 적용할 수 있을 것으로 기대된다. 이 장에서는 에너지 정책 연구에 관해 ① 섬의 에너지 전환의 개념적 틀을 제공하고, ② 주와 지역 수준의 변화를 지원하는 정책과 기술 솔루션을 검토하며, ③ 에너지 혁신과 협력의 사례 연구를 제공함으로써, ④ 세계적으로 증가하는 섬의 에너지 전환을 위한 노력에 정책적으로 도움이 될 것으로 기대된다.

1. 서론

섬은 내륙과 분리된 에너지 시스템을 갖추고 있으며 전력망은 바다 건너의 다른 그리드와 연결되어 있지 않다. 그리고 이런 섬들은 공통적으로 전력을 공급하고 전송하기 위해 화석연료의 수입에 크게 의존한다는 특성이 있다. 화석연료의 높은 수입의존도로 인해 에너지 가격의 불안정성, 전력과 연료를 수송하는 과정에서의 높은 비용, 이산화탄소(CO_2)의 감축과 다른 환경문제들, 에너지 부족현상, 정전과 같은 섬커뮤니티의 경제적이고 환경적인 문제가 야기된다. 그러면서도 섬들은 풍력, 태양력, 지열, 생물자원, 수력, 파도 등과 같은 풍부한 재생에너지 자원을 갖춘 경우가 많기 때문에 재생에너지원 중심의 에너지 전환에 유리한 경우도 있다.

　세계의 각 지역에서 섬들은 각기 처한 에너지 문제에 대응하기 위해 에너지 전환에 착수해왔다. 에너지 전환은 화석연료 기반의 중앙집중적 시스템에서 재생 가능 에너지 기반의 분산화된 시스템으로 전환하는 것을 의미한다. 그러나 이것이 재생에너지 자원 혹은 전기자동차(EV)를 분절적으로 활용하는 것을 뜻하지는 않는다. 그럼에도 불구하고 섬의 에너지 문제를 다룬 연구들은 주로 재생에너지 자원에 집중하거나 그리드 시스템을 개선하고 전기자동차를 소개하는 등 분절적인 수준에서 이루어져왔다.

　　이러한 기존 연구의 공백을 메우기 위해 이 장에서는 재생에너지 자원의 공급, 전력 배분 시스템의 인프라 개선, 저장의 확대, 전환을 위한 적절한 정책 간의 상호관계를 다루는 포괄적인 접근 방식을 제안한다. 이러한 연구를 위한 사례로 하와이 재생에너지 정책의 계획과 적용을 경험적으로 평가했으며, 하와이가 어떻게 그리드를 개선하고 기술을 혁신하여 2045년까지 100% 재생 가능 포트폴리오를 달성하기 위한 에너지 전환을 계획하고 실행하는지를 분석한다. 이 사례 연구는 하와이의 유틸리티(utility)와 국제 스마트 그리드의 협업, 니치 수준에서 점프 스마트 마우이 프로젝트(Jump Smart Maui Project)의 기술 및 거버넌스 솔루션에 대한 평가를 포함한다.

　　특히 마우이 프로젝트 사례 연구는 커뮤니티 규모의 분산 에너지 자원, 양방향 스마트 그리드, 전기 저장 시스템(Energy Storage System: ESS)으로서의 차량 배터리의 자동 로드 밸런싱(load balancing)을 통합한 미래형 종합기술의 설계와 실행에 관한 구체적 사례를 제공한다. 또한 마우이 프로젝트는 기술 혁신의 중요성과 국제협력의 의미 있는 통합을 보여주는데, 에너지 분야의 초국적인 공공-민간 협력의 사례로서 완전한 기능을 갖추고 양방향 전력망으로 민간 투자를 유도하는 국제경제적 경향과 국가 정책에 대응했다고 평가된다.

　　에너지 전환을 위한 대부분의 계획들은 변화의 원칙을 얼마나 효과적으로 통합하는지에 그 성패가 달려 있다. 이 장에서는 하와이와 다른 고립적인 지역들에 대한 근본적인 질문을 염두에 두는데, 그것은 바로 먼 거리에 위치하거나 섬에 있는 커뮤니티를 위한 에너지 전환이 무엇을 의미하는가 하는 것이다. 이에 대한 답은 하와이주와 같은 곳에서 왜 에너지 전환이 자신들의 미래라고 생각하는지를 보여준다.

　　하와이의 경험을 통해 얻은 교훈은 아시아태평양 지역 및 전 세계

섬들의 에너지 전환 가능성을 고려할 때 그 함의가 광범위하다. 한국 정부와 국가전력회사는 86개의 한국의 섬이 포괄적인 에너지 전환을 이룬다면 52억 달러의 시장 가치가 있을 것이며 국제적 관점에서 해외의 수천 개의 섬을 포함하면 더욱 큰 시장이 형성될 것으로 추정해왔다. 이러한 에너지 전환은 57개 개발도상국의 많은 섬에서 이미 확대되어 진행되고 있다. 섬뿐만 아니라 내륙 지역에서의 소규모 지역 중심 에너지 전환에도 함의를 줄 수 있다.

이렇듯 섬 에너지 전환의 커다란 가능성은 하와이의 에너지 전환을 연구해야 하는 중요한 이유이며 그 연구 결과는 다른 많은 지역에서도 공명을 일으켜야 한다. 이 장에서는 종합적인 섬 에너지 전환의 사회기술적 개입을 이해하기 위한 패러다임을 제시함으로써 이후 대규모의 에너지 전환에 대한 노력에 개념적인 프레임 구조를 적용하는 데 기여한다.

2. 섬 에너지 전환의 개념화

1) 시스템 전환 이론의 관점

지속 가능성을 위한 전환은 장기적이고 다층적이며 목적 지향적인 시스템으로 변형을 구현하기 위한 것이다. 이는 사회기술적 혁신과 반사적인 거버넌스라는 특징을 갖는 다수준 관점의 접근법으로 설명될 수 있다. 에너지 전환에 관한 기존의 연구들에서는 특정한 에너지 전환 프로젝트와 도시 에너지 전환에 초점을 두었다(Broto and Bulkeley 2013). 그러나 다층적인 섬 에너지 전환의 과정과 정책에 관한 학문적인 관심은 많지 않았다. 이 장은 바로 그 간극을 메우는 것을 목표로 한다.

이 장에서 말하는 에너지 전환이란 지속 가능성 전환을 뜻하는데, 이는 기존의 에너지 시스템을 탄력적이고 자급자족적인 것으로 변형하는 것을 말한다. 우리는 다수준 관점을 활용하여 에너지 전환을 설명함으로써 장기적인 전환 활동을 3개의 레벨에서 접근한다. 경관(landscape) 또는 매크로 레벨, 레짐 또는 메소 레벨, 니치 또는 마이크로 레벨이 그것이다(Emelianoff 2013). 또한 레벨들 간의 상호작용도 포함된다. 경관 또는 매크로 레벨은 보다 확장적인 환경과 트렌드에 중점을 두는데, 이는 메소 레벨에서 발생하는 사회기술적 레짐에 영향을 준다. 사회기술적 레짐은 과학자들, 정책결정자들, 사용자들, 그리고 기술적 발전과 경관 환경에 있는 이해집단들에 공유된 인지적 과정을 지칭한다. 니치 레벨은 더 작지만 중요한 혁신의 위치를 가리키는데, 레짐과 경관 레벨에서 전환을 실현하는 것을 돕는다. 마이크로 레벨에는 기술의 공동 개발, 사용자의 활동, 규제 구조를 포함한 다양한 실험들이 있으며, 여기에서의 니치들은 지속 가능한 개발을 위한 레짐 레벨의 변화에 영향을 줄 수 있다.

다수준 관점을 섬 에너지 전환에 적용할 때의 상호작용은 3개의 레벨에서 관찰될 수 있다. 첫째, 경관은 국제적이고 상위인 정부에 포괄된다고 설명할 수 있는데, 이 경향은 사회경제적이고 물리적인 요소들이며 기후변화에 적응하기 위한 프레임 구조, 통상적인 에너지와 관련해서 커지는 위험, 국가들 사이에서 증가하는 에너지 안보와 같은 에너지 시스템에 의해 만들어진다. 둘째, 레짐은 에너지 정책의 행위자로서 지역적, 국가적, 지방적 수준에 있는 다양한 에너지 이해관계자들에게 거버넌스를 제공한다. 셋째, 니치는 지역화된 장소로 간주되는데,

여기에서 에너지 혁신 정책들은 지역의 조직들과 행위자들이 시도하는 다양한 방법과 소규모 프로젝트를 가능하게 한다. 이때 행위자들은 경관 레벨에서 도입된 정책들의 영향을 받는다. 실제로 니치 레벨은 최첨단 기술, 사용자의 경험, 구조의 공동 진화에 관한 실험이 이루어지는 하나의 공간으로, 궁극적으로 시장에 도달하게 만드는 기능을 한다. 따라서 니치 레벨은 지속 가능한 레짐으로 변화하는 기초를 제공한다. 나아가 지속 가능성 전환에 대한 연구들에서는 물리적이고 심리적인 형태의 공간인 니치를 확고히 할 것을 요구하는데, 이때 이 공간은 기존의 시스템 너머로 구조적 레짐을 변형시키고자 하는 다양한 행위자들의 충분한 탐구와 학습, 실험을 위한 장소이다. 이러한 다수준 관점 접근의 핵심적 함의는 니치 레벨의 혁신에 효과적으로 부응할 수 있는 사회와 문화, 제도의 확장이다(Geels and Schot 2007).

2) 섬 에너지 전환의 개념과 요건: 재생에너지, 에너지 저장소, 현대화된 스마트 그리드, 거버넌스

섬 에너지 전환은 지역적으로 생산되는 재생에너지 자원, 낮은 가격, 다양한 에너지 믹스를 필요로 하는 다층적이고 목적 지향적인 개입이라고 정의된다. 이는 현대화된 에너지 그리드(예를 들어, 스마트 그리드) 또는 저장 인프라를 갖추고 있거나 향후 그럴 가능성이 있고 원활한 거버넌스(법적으로 구속력이 있는 의무나 감독)를 갖추는 것을 의미한다. 섬 에너지 전환을 평가하기 위해 우리의 분석적 구조는 다층적 거버넌스에 중점을 둔다. 이는 재생에너지 자원과 에너지 저장공간을 개발하고 분산하는 것, 스마트 그리드를 시행하는 것의 진전, 다른 그리드의 개선, 전기자동차의 활용을 뜻한다.

유연한 사회기술적 변화의 방법으로서 에너지 전환과 지능형 에너지 지역은 동일한 지속 가능성 목표를 갖는다. 지능형 에너지 지역의 기본 전제는 기후변화와 같은 인간의 활동으로 인한 환경의 위험을 완화하는 것이며, 이를 국제적인 에너지 고소비에서 재활용 지향 사회로의 변화와 함께 다룬다. 이는 대규모 에너지 자원을 절약하는 방법에 기반하고 있다. 지능형 에너지 지역은 선진적인 재생에너지 자원과 더불어 에너지 믹스의 다양화를 위한 재생에너지의 가능성, 재생에너지 자원의 사용으로 인한 에너지 비용의 감소, 스마트 그리드 차원의 에너지 분배와 저장장치, 정책 이니셔티브나 정부의 지침에 주어진 정치적 의무의 존재 등을 전제로 한다(Duic et al. 2008).

하와이는 풍부하고 다양한 고유의 재생에너지 자원을 가지고 있고 비용-효과적인 재생에너지의 발전과 저장을 시장화할 수 있기 때문에 이러한 접근법을 적용할 수 있다. 추가적으로 하와이의 유틸리티들은 스마트 그리드를 구축하고 개선하고자 하며 정치적 제도 측면에서는 에너지의 효율성과 재생에너지의 목표를 달성할 수 있는 법안을 도입하고 있다.

섬 에너지 전환을 시작하는 첫 번째 단계는 공급 시스템을 평가하는 것이다. 이는 어떤 종류의 재생에너지 자원(풍력, 태양력, 조수, 바이오매스, 지열)이 사용 가능하고 실행 가능한지에 대한 세부적인 구성을 조사하는 것이다. 에너지 자급자족은 전환의 주요하고 근본적인 목적이기 때문에 지역 고유의 에너지 자원을 확인하는 것은 중요하다. 또한 사회적, 기술적, 경제적, 그리고 환경적 수용 능력을 확인하고 에너지 정책의 도입을 고려하는 것 역시 중요하다(Bagci 2009).

섬에서 재생에너지 자원으로 활용되는 바람이나 태양 에너지는 주기적인 것이 아니기 때문에 에너지 저장은 에너지 전환에서 필수적인 요소이다. 이러한 간헐적 에너지 자원은 단독적으로 활용될 때 안정적인 에너지를 제공하지 않는다. 바람은 항상 부는 것이 아니며 태양광도 낮이 아닐 때에는 존재하지 않는다. 풍력과 태양력을 그리드에 보다 많이 활용하기 위해서 그리드에는 이러한 불규칙성을 극복하고 필요할 때 에너지를 이동시킬 수 있는 기능이 필요하다. 그러므로 섬 에너지 전환은 이러한 재생에너지 공급의 불규칙성을 통제하고 양방향으로 전력 분배를 가능하게 하는 스마트 그리드 시스템과 더불어 에너지 저장 전략과 기술을 필요로 한다. 시장에서 유효한 에너지 저장 시스템은 고정 배터리, 펌프식 저장소, 양수발전, 수소, 전기자동차 배터리 등이다. 선택의 다양성이 있으면 모델링의 과정에서 최상의 저장 시스템을 결정할 수 있으며, 이를 통해 공급의 불안정성 및 불규칙적인 저장 상황, 즉 로드 시프팅(load shifting)의 문제를 해결하고 보완하며 규제 정책에 해법을 제시할 수 있다.

두 번째 단계로, 전력 시스템의 안전성과 기후변화에 대한 대응 역량을 강화하는 스마트 그리드 기술이 경쟁력을 높이는 장치로서 상당한 관심을 받고 있다. 스마트 그리드는 전력 시스템의 안정성과 신뢰성, 효율성을 강화하는 정보기술을 활용하는 전력 네트워크이다(Mah et al. 2012). 이러한 네트워크는 에너지의 자동화된 양방향 이동을 최적으로 활용하여 재생에너지의 발전을 촉진할 수 있다. 이는 분산화된 에너지 분배와 저장의 상호작용을 통합한 예측 데이터의 공급과 소비에 기반한다.

궁극적으로, 수송과 전력 그리드에서의 에너지 수렴은 스마트 그리드와 저장을 더 중요하게 만든다. V2G(Vehicle to Grid)의 적용은 고정 배터리 에너지 저장 시스템과 구별되는, 전기자동차가 전력 그리드와 수송을 어떻게 지원하는지를 입증한다. 초기 접근 단계에서

V2G는 레짐 레벨에서 확산되기 위해 니치 레벨의 혁신을 필요로 한다 (Sanseverino et al. 2014).

거버넌스는 전환 과정의 감독이자 제도적인 지원이며 이해관계자들을 관계 맺게 하고 정책 결정 과정에 참여하게 하는 방법을 제공한다. 이때 섬 에너지 전환의 거버넌스 구조는 모든 이해관계자와 그들의 동기와 이익, 역할에 맞닿아야 한다. 따라서 에너지 정책과 전환을 운영할 규칙과 규제를 추구하는 차원에서 정책 결정자들과 다른 이해관계자들은 규범과 아이디어, 목표가 통합될 수 있도록 적절한 논점을 제기해야 한다. 이러한 원칙을 기반으로 운영 단위들은 합의와 그에 따르는 업무 계약을 통해 에너지 전환에 관한 민관 파트너십의 계획과 리서치, 디자인, 분배에 집중할 수 있다. 요컨대 섬 에너지 전환은 기술적이고 제도적인 변형을 모두 포함하는 것이다.

3. 하와이의 새로운 재생에너지 발전, 저장, 스마트 그리드의 통합

이 절에서는 사례 연구를 진행하면서 문헌 조사와 인터뷰의 질적 자료를 활용했다. 문헌 분석 자료의 경우에는 재생 가능 에너지, 스마트 그리드, 에너지 저장사업에 관한 공식 웹사이트와 뉴스레터 같은 정부의 공식 자료, 학술서적과 연구 논문, 중앙정부와 지방정부의 공식 웹사이트 및 관련 뉴스 자료가 해당한다.

하와이는 장기적인 목적을 위해서도 발전된 에너지 보급 계획과 개선된 기술을 통해 니치 레벨의 발전을 도모해왔으며, 혁신적이고 규제적인 환경과 에너지 전환을 지원하기 위한 인프라를 동시다발적으로 개발하고 있다(Arent et al. 2009). 2016년 12월에 하와이의 공공 유틸리티 의회(Public Utilities Commission: PUC)에 제출된 하와이 전력회사(HECO)의 전력 공급 개선 계획(PSIPs)의 최신 보고서에는 2030년까지 72%, 2040년까지 100%로 RPS를 실현하는 것이 포함되어 있는데, 이는 하와이의 RPS 계획보다 5년을 앞선 것이다. 비용 대비 효율이 가장 높은 방안이 무엇인지에 관한 질문이 남아 있지만, 에너지와 관련된 이해관계자들의 공통된 목적은 하와이의 신재생에너지 생태계를 위한 유틸리티 투자를 통해 유틸리티 수준과 분배를 발전시키고 그리드를 개선하며 다른 기술적 진보를 이루는 것에 있다. 에너지와 관련된 이해관계자들은 PUC에 직접적인 발언권을 갖거나 규제 과정에 의견을 표시할 수 있는데, 소비자 옹호 분과, 하와이주 에너지 부서, 하와이대학 마노아 소속 하와이 자연에너지 연구소(Hawaii Natural Energy Institute: HNEI), 카운티 정부 대표회의, 환경과 사업 분야를 대변하는 다양한 니치 레벨 행위자들은 주 단위의 행위자들이다.

1) 다수준 거버넌스: 연방과 하와이주, 그리고 마우이 프로젝트

하와이는 미국의 50개 주 중 가장 높은 석유 의존도를 보이는데, 총 에너지 중 그 비율이 90%에 달한다. 하와이의 전력 가격은 미국 내의 평균 전력 가격의 두 배 수준이다. 본토에서 분리된 에너지 공급과 전력 가동을 위한 지나친 석유 수입의존도는 하와이에서는 큰 문제이다. 이는 세계적으로 섬 지역들의 공통적인 특성이다.

　하와이 주지사는 2008년에 경제적 취약성을 고려하여 2030년까지 신재생에너지의 비율을 에너지 믹스의 40%까지 높일 것을 제안했다. 이것이 하와이 클린 에너지 이니셔티브(Hawaii Clean Energy

Initiative, HCEI)로, 미국의 에너지부와 하와이 주정부 사이에 맺어진 에너지 협약이다. 이들은 통합적인 에너지 전환을 위한 구체적인 목표를 설정하고 그것을 이루기 위해 공동으로 자원을 투입했다. 그리고 하와이 의회는 2009년에 40% RPS라는 목표를 법에 명문화했다. 하와이는 전력 비용과 석유에 대한 높은 의존도를 조율하기 위해 재생에너지 전환에서 태양력, 풍력, 지열, 그리고 해양 재생에너지를 포함한 활용 가능한 재생에너지 기술에 자산을 분산하는 것에 중점을 두었다(Stopa et al. 2013). 이런 재생에너지 자원들은 1974년의 국제 석유파동 이후 더욱 촉진되었다. 또한 하와이 의회는 2009년에 에너지 효율 기준을 만들어서 2030년까지 4,300GW만큼의 전력 사용을 줄이기로 했다. 하와이의 법에서는 하와이의 PUC에 대한 HCEI의 법적 의무 준수에 대한 감독 권한을 확실하게 부여하는데, 이는 하와이의 유틸리티에 대한 규제 및 감독과 일관된 것이다.

경관과 레짐 레벨의 행위는 주와 몇몇 다른 레짐 수준의 이해관계자들 사이의 협약에 따르며, 구체적인 재생에너지 발전, 스마트 그리드, 전송 프로젝트를 추진한다. 그리고 연방 수준에서 상당한 인적 자원이 HCEI의 초기 5년간의 행정과 분석을 지원한다.

마침내 하와이 의회는 2015년에 100% RPS를 수립하는 법안을 통과시킨 첫 번째 주가 되었다. 단기적으로 2020년까지의 RPS 목표를 25%에서 30%까지로 강화했고, 2040년에는 70%, 2045년에는 100%라는 장기적 목표를 수립했다. 명확한 법적 목표를 수립한 데 이어 에너지 전환에 대한 추가 규칙, 지침 및 감독 조치를 위해 PUC에 의한 일련의 규제 조치가 시행되었다.

하와이의 적극적인 청정에너지 계획을 지원하기 위해 HCEI는 니치 레벨의 행위자들과 레짐 레벨의 행위자들을 연계하는 데에서 핵심적인 기능을 갖는 모든 이해관계자 간의 협력적 참여 및 파트너십을 위해 구성되었다. HCEI 이해관계자들의 연합은 하와이의 경제개발과 관광사업부(DBEDT)에 의해 시작되어 자문위원회, 일반 멤버십을 가진 회원, 그리고 실무그룹 회의를 통해 규제 및 감독 기능을 보완한다. 이는 계획 및 의사결정 과정에 대중을 의미 있게 참여시키면서 HCEI 참가자 및 실무그룹의 의장이 중요하다고 생각하는 니치 레벨의 행동을 자극하기 위한 것이다. 실무그룹은 수년간 니치 레벨에서의 전환이 필요하다는 점을 주장해왔으며, 연방정부와 지방정부, 비영리기구, 민간 기업, 교역단체, 학술단체를 포함한 이해관계자들의 다양성을 강조했다.

경영진은 주로 연방정부의 대표로 구성되며 레짐 레벨에서 HCEI를 감독한다. 처음 HCEI 운영위원회는 이니셔티브의 초기 로드맵에 일관되게 DBEDT에 의해 구성되어 4개의 실무그룹(전력, 최종 용도 능률, 수송, 연료) 사이의 연계를 조율했다. 현재는 자문위원회로 알려져 있으며, 다양한 이해관계와 변화하는 통합 에너지 시스템을 대변하고 주와 연방, 그리고 카운티의 정책 결정자들, 지주, 전력 및 가스 유틸리티, 비영리기구, 군사 분야와 민간 분야를 포함한다. HCEI는 외부의 이해관계자들을 정규 회의를 제외하고도 최소한 1년에 두 번씩 소집한다. 이러한 자문 과정은 HCEI의 동력을 유지하며 경영진이 시의 적절하게 이해관계자들의 이해를 검토할 수 있도록 한다. 니치 레벨에서의 작업을 수행할 수 있는 확실한 링크를 만듦으로써 HCEI 이해관계자들의 참여는 거버넌스로서 유용한 템플릿을 제공한다. 하와이주 에너지 부서의 관리자에게 DBEDT 디렉터의 대리인 자격이 부여되면서 권한이 분산되었기 때문에 법 122(2019년)에서는 최고 에너지 책임자를 내각 레벨의 지위로 재구성한 하와이주 에너지 부서를 설립할 것을 제시하고 있다. 이 새로운 지위에서는 더 이상 DBEDT 디렉터에게 보고하지 않기 때문에, 주 단위에서 에너지 자원을 조정하는 일은 명확하게 하와이주 에너지 부서에 주어질 것이다.

2) 하와이의 재생 자원과 에너지 저장 능력의 성장

하와이의 에너지 전환은 2009년부터 2018년까지 재생에너지 분야에서 꾸준하고 일관성 있게 성장했다. 마우이, 하와이, 오아후에서 유틸리티 규모의 풍력 시설과 하와이의 지열과 수력 발전의 생산은 초기 성장 단계에서 그 비중이 컸다. 또한 하와이 행정 부서는 에너지 정책 지침을 통해 유틸리티 규모의 발전 자원을 적절히 개발하는 것을 도모했다.

니치 레벨에서 수요자의 발전이 급격히 증가함에 따라 2015년에 RPS 중간 목표가 그리드의 신뢰성 및 상호 연결 문제와 함께 8% 포인트 이상 초과 달성되었다. 하와이의 분산형 에너지 자원 시장은 2012년에 정점에 달했으며, 태양광 시스템(PV)의 설치가 주 전체 건설의 28.5%에 이르렀다. 이러한 변화는 연방과 주에서 그리드에 투입되는 태양 에너지의 초과에 대해 전체 소매가를 소유주들에게 보상해주는 세액공제 및 전력요금 인하제도(net metering program) 정책에 영향을 받았다.

한편 PV의 설치가 확대되면서 상호 연결 과정은 안전하고 신뢰할 수 있는 전력망을 유지하고 관리하는 데 대한 우려와 함께 지붕 PV의 설치와 HECO의 설치를 요구하는 고객이 증가하는 원인이 되었다. 그리고 이 기간에 니치 레벨에서의 상호 접속 요구가 축적되었다. HECO는 2013년 9월에 10kW 미만보다 작은 규모의 PV 상호 접속을 촉진하기 위한 변화를 알렸으나, 기술 연구 때문에 PV의 지연이 길어질수록

회로가 늘어나 상호 연결이 지연되었다. 한 중요한 상호 연결 라인은 열두 달에 걸쳐 개발되었으며, HECO에 따르면 2014년 이후에 라인이라고 불리는 이것은 궁극적으로 대략 5,700명의 소비자들에게 접속될 수 있었다(Public Utilities Commission Decision Docket No. 2014-0192).

　HCEI의 시작 단계에서 설계되고 작동된 분산 그리드는 많은 주의가 요구되었지만 불안정적인 재생에너지원들을 수용하지는 못했다. 따라서 하와이의 유틸리티는 저평가된 지열 시설 유닛을 작동시키는 것과 같이 되어 있는 그리드의 신뢰성을 개선하기 위한 니치 레벨의 솔루션을 구하고 낮은 기술(low-tech)의 다양성을 신속히 추진했다. HECO는 리서치와 엔지니어링을 통해 완화 측정을 자체적으로 빠르게 발전시키는 동안에 대학 리서치 기관 수준으로 분석함으로써 니치 레벨에서의 반응을 보여주면서 유틸리티와 PUC에서 레짐 레벨의 정책을 결정하는 것을 지원했다. 예를 들어, HNEI는 GE(General Electric) 에너지 컨설팅의 유닛 순환과 발전기들의 최저 전력 세팅에서 추가적인 감소 사이의 상충값을 평가하여 GE 에너지 컨설팅의 기술과 운영 조건을 최적화하기 위해 비교 분석을 했다.

　HECO에서 제안한 또 다른 성공적인 혁신은 일시적인 과전압을 고치는 것이었는데, 이는 분산형 에너지 자원 시스템의 효과를 유틸리티 프로젝트로 조정하기 위한 것이었다. HECO는 콜로라도 골든에 위치한 국립 재생에너지 사무소 및 민간 태양열 발전 제조업체와 통제된 환경에서 테스트 회로가 갑자기 차단될 때 어떤 과전압이 발생하는 정도와 어떤 인버터들이 오프라인이 되는 속도를 결정하는 협업을 진행했다. 모든 테스트 과정은 HECO 규약 14호 H항의 조건에 기초하여 진행되었는데, 이것은 분산화된 가동시설 간의 상호 연결과 회사 분배 시스템(규약 14호 H항), UL 1741SA의 초기 양식이었다. 그리고 변환 장치들은 규약 14호 H항에 구체적으로 명시된 전압 트립의 제한하에 작동하도록 프로그램되었다. 결과적으로 HECO는 PUC에 완화 단위를 제안했으며, 니치 레벨에서의 혁신의 예로 레짐 레벨의 변화를 이끌어냈다. 그리고 2016년을 기해서 HECO는 소비자들의 민원을 거의 처리 완료했다(Docket No. 2010-0165).

낮에는 에너지가 과생산되어 니치 레벨의 소비자 현장에 설치된 PV를 유틸리티로 효과적으로 제어하기 어렵기 때문에, 새로운 발전과 저장을 조합한 통합을 통해 유틸리티 수준의 발전을 이루기 위해 이를 진행해왔다. 이러한 통합으로 정해진 전력 가격은 kW/h당 10~18센트로 떨어졌는데, 이는 하와이의 최근 역사상 기록할 만한 일이었다. 오로지 카우아이섬에서만 제한적으로 작동하는 카우아이섬 유틸리티 조합(Kaua'i Island Utility Cooperative: KIUC)은 상당한 양의 조합 PV와 저장을 추가했으며, 2017년 미국 스마트 전기전력 연합에서 수여하는 에너지 저장 와츠 부문의 최우수 유틸리티로 선정되었다. 국제적이거나 경관 레벨에서 PV의 생산에 관한 가격을 결정하는 트렌드에 따라 KIUC는 2018년에 PV와 저장과 관련된 여러 결정을 발표했으며, 19.3MW의 PV와 70MW/h의 배터리 전기 저장 시스템(Battery Energy Storage System: BESS)의 용량은 kW/h당 0.1085달러로, 28MW의 PV와 KIUC의 발전 가능량의 11%를 수용할 수 있는 100MW/h의 수명이 5시간인 BESS는 kW/h당 0.11달러로 책정했다.

HECO는 2018년 10월에 카우아이에서와 같은 낮은 가격으로 7개의 주요 태양력 프로젝트와 저장 프로젝트를 발표했다. 이것은 PV에 대략 260MW를 생산할 것으로 예상되고 있다. 그리고 PUC는 2019년 3월에 HECO의 그리드 규모의 PV-배터리 저장 프로젝트 7개 중 6개

를 승인했다. 모든 BESS가 설치된다면, 하와이는 1.49GW/h를 저장할
수 있는 BESS를 갖게 될 것이다.

3) 그리드의 개선, 스마트 그리드, 그리고 전기자동차

하와이의 주요 섬 7곳은 각각 독립적인 전력 그리드로 작동하기 때문
에, 니치 레벨의 혁신은 재생에너지의 보급률이 증가하는 데 대한 가
장 실용적인 방안이었다. HECO는 전기 시스템의 안정성과 신뢰성을
유지하기 위해 통합된 완화 조치에 걸맞게 또 하나의 혁신적인 결정을
했다. 그것은 시스템의 과전압에 대한 허용 회로 보급의 임계값을 최
소 부하의 120%에서 250%까지 늘릴 수 있다는 결정이었다(S.B. No.
1040, Section 1). HECO는 예상 퍼포먼스를 입증하기 위해 회로를 지
속적으로 점검했는데, 이는 작동상의 데이터와 일시적인 과전압 같은
어려운 그리드 문제를 관리하기 위한 것이었다.

  그러나 하와이의 유틸리티들은 스마트 그리드 기술을 시행하는
데에서 복합적인 기록을 갖고 있다. HECO는 스마트 계량기를 포함한
발전된 계량 인프라(Advanced Metering Infrastructure: AMI)를 발전
시키면서도 AMI를 서비스 영역에 완전히 통합하지는 못한 상태이다.
시범적인 프로젝트로 500개의 스마트 계량기를 오아후에 설치하는 사
업이 2006년에 시작되어 스마트 그리드 인프라를 제공하고 사용 시간
의 비율과 수요 측면에서의 관리 프로그램과 기술을 통합했다. HECO
는 AMI의 실익에 대한 제한적인 평가와 함께 2008년에 45만 1천 개의
스마트 계량기를 설치했으며, 스마트 그리드 로드맵에 투입된 투자 비
용을 복구하는 것을 모색했다. 인가증 2008-0303을 보면 PUC가 새롭
게 진보된 계량 인프라는 전반적인 스마트 그리드 계획에 필요하지 않

고 비용도 합당하지 못하다며 거절했다고 나와 있다. 그럼에도 불구하고 PUC는 2012년 3월에 법령번호 30271로 HECO와 마우이 전력회사(MECO)가 제안한 수요 대응 파일럿 프로그램을 승인했다.

HECO는 스마트 계량기 계획으로 제안된 것들에 대해 몇 번 거절한 이후에 PUC가 2017년 1월에 제정한 법령번호 34281에 조응하여 제안된 스마트 계량기를 배치하고 관련된 지출을 하기 위한 포괄적 그리드 현대화 계획을 준비했다. 2월에는 PUC가 HECO의 그리드 현대화 전략과 관련된 절차를 제정한 법령번호 35268을 발효했는데, 이는 인가증 2017-0226을 규정하고 HECO의 프로세스에 대한 대중의 의견을 수렴하는 레짐 레벨의 지침이었다. 그리드 현대화 계획에 대해 이해관계자들과 리뷰를 한 뒤, HECO는 2017년 8월 29일에 그리드 현대화 전략을 PUC에 제출했다. HECO의 안을 검토한 PUC는 2018년에 그것을 승인했다. HECO는 2018년 6월에 그리드 현대화 전략을 시행하기 위한 첫 단계에 돌입하는 것에 앞서 PUC의 승인이 필요했다. PUC는 2019년 3월에 법령번호 36230으로 이를 승인했으며, HECO가 2,500만 달러 규모의 자금을 운용하여 발전된 계량기를 설치할 수 있는 1단계 시행을 허가했다. 이러한 오아후의 계량 데이터 관리 시스템과 원격 통신 네트워크는 2024년까지 허가되었다. HECO는 어떤 것이 본질적으로 레짐 레벨의 지침인지를 입증하면서 1단계 설치를 분산화된 에너지 자원과 요구에 대한 대응에 관한 PUC의 결정을 지원하는 데 필요한 것으로 규정했으며, 사용 시간 프로그램과 같은 PUC의 고려사항에 맞추어 가격 옵션의 잠재적 동력을 높이고자 했다.

하와이에서 그리드 현대화는 분산화된 태양 에너지 자원의 균형을 맞추는 것을 의미한다. HECO의 전력 공급 개선 계획에 기초하여 PV와 저장은 향후 RPS 중간 목표를 달성하는 데 중요한 역할을 한다.

결과적으로 HECO는 니치 레벨의 노력을 견인하는 데 적극적으로 참여하면서 그것을 통해 독립적인 인버터에 기반한 그리드 지원을 활성화한다. 발전된 인버터 그리드 지원 기능 시나리오는 연방 수준에서의 분배 시스템 작동 시뮬레이션을 통해 운영 및 고객 축소의 효과를 이해하는 데 도움이 된다. HECO는 분배 시스템을 필드 테스트에 활용하여 인버터에 기반한 전력 제한 기능을 증명하고 그러한 기능이 어떻게 공급 전압과 더 큰 분산 PV 에너지 자원의 생산에 영향을 미치는지를 결정한다. 이때 테스트는 그 설치 이전에 분산 태양광 자원의 과잉 생산으로 인해 발생할 수 있는 과전압 문제의 가능성을 정확하게 예측하는 것을 전제로 한다. 과전압의 완화가 그리드로의 전자 흐름을 차단하거나 조절할 수 있는 인버터들에 의해 통제되기 때문에, 소비자 인버터 데이터의 부족은 그 효과를 예측하는 것을 더 어렵게 만들어왔다. 궁극적으로 필드 관찰과 인버터 분석은 에너지 생산의 주별 감축이 경미한 수준으로 제한적일 수 있다는 것을 보여주는데, 이는 전형적인 최고 전압이 미국 국가기관 표준인 C84.1의 범위에 머무르고 있는 것과 같다. HECO는 그들의 작업을 통해 새로운 인버터 표준을 서비스 영역에서 만들었다. 이것은 하와이가 주도한 RPS 노력에 맞닿으면서 수행상의 데이터가 필드 테스트와 일치할 때 다른 유틸리티들이 비슷한 인버터 기준을 수용함으로써 레짐 레벨의 효과를 달성하게 된다.

또한 하와이 유틸리티들은 전기자동차가 저장장치로서 얼마나 사용 가능성이 있는지를 탐색하고 있다. 그리드에 연결된 전기자동차는 수송과 분배 시스템을 지원하고 회로마다 안정성을 제공한다. 하와이에 할당된 회복 및 재투자 법(American Recovery and Reinvestment Act) 아래에서 실행된, 하와이주 에너지 부서에 의한 레짐 레벨의 투자는 전기차의 구매를 위한 충전 인프라 및 인센티브를 제공하여 이러한 시스템을 지원하는 시장의 설립에 도움을 주고 있다. 하와이주 에너지 부서는 2011년 3월에 전기차 리베이트 프로그램을 개시했고, 이 프로그램을 통해 6개 조직에 230만 달러를 지급하여 충전소와 전기차를 주 전역에 설치하도록 했다. 그리고 2013년에는 애플과 안드로이드 기기 모두에서 사용되는 '하와이 전기차 정거장'이라는 모바일 앱을 출시하여 근방의 공공 전기차 충전소에 대한 정보를 제공했다. 이로 인해 2014년 3월을 기해 하와이에 2,515대의 전기차가 다니게 되었고, 400개가 넘는 공공 충전소를 사용하는 것이 가능해졌다. 더불어 하와이의 레짐 레벨 인센티브는 전기차의 배치를 촉진하기 위해 공공 주차장에서의 무료 주차 이용, 민간이 소유한 주차장 충전소의 사용, 선호하는 주차 자리의 이용 등을 포함했다.

4. 결과: 점프 스마트 마우이 프로젝트에서의 니치 레벨 혁신

마우이 프로젝트는 경관, 레짐, 니치 레벨에서의 투자의 조합을 보여주며, 전기차와 스마트 그리드에 연결된 그리드의 기술적 혁신으로 섬 에너지 전환 이니셔티브에 의해 촉진된다. 다수준 관점에서 3개의 레벨에서 일어난 일련의 활동은 적절하게 개발되었으며 사례 연구로서도 독창적이다. 국가들 사이의 초국적 관계는 초기의 자극제로 작용했으며, 미국과 일본이 청정에너지에 관한 협업을 시도할 때부터 시작되었다. 국가들과 지방정부들 사이의 초국적 관계는 보다 지역 중심적인 정책을 분명히 규정했으며, 이는 청정 능률 에너지의 개발과 보급에 대한 하와이-오키나와의 파트너십 협약으로 나타났다. 또한 이러한 활동의 수준에서 히타치 법인과 같은 다국적 사업, 국가 개발과 투자 조직, 신에너지와 산업기술 개발기구(New Energy and Industrial Technology Development Organization: NEDO)를 확인했다. 히타치와 NEDO는 하와이 주정부의 지원하에 마우이 프로젝트를 시행했다. 지역 행위자인 마우이 카운티, 학술조직, 시민사회와 전문가 그룹은 프로젝트의 미션을 정교하게 하고 보급하여 발전된 스마트 그리드를 개발하고 테스트했다.

　마우이 프로젝트 협력 팀은 NEDO, 히타치 그룹, HNEI, HECO, MECO, 하와이 주정부, 마우이 카운티, 그리고 마우이 경제개발위원회로 구성된다. 마우이 프로젝트는 다양한 수준의 통합 분산 및 중앙 스테이션 재생 가능 에너지, 전기차, 에너지의 저장과 제어가 가능한 히타치 고유의 스마트 그리드 기술 및 소프트웨어를 특징으로 한다. NEDO와 하와이주, 카운티 정부, 특히 프로젝트의 관리자 역할을 했던 히타치와 같은 일본과 하와이의 민간회사, MECO, 학술 커뮤니티들의 협업으로 직접 투자가 이루어졌다.

　마우이 프로젝트는 2011년 11월 22일에 NEDO와 DBEDT 사이에서 문서화되었는데, 이는 스마트 그리드 커뮤니티를 마우이에서 시행하기 위한 것이었다. 이 협약은 일본의 하토야마 유키오(鳩山由紀夫) 총리와 미국의 버락 오바마(Barack Obama) 대통령의 미일 정상회담에서 다루어졌는데, 2009년 11월 13일의 미일 청정에너지 전환에 관한 협약에 따른 것이기도 했다. 일본 정부에 그에 관한 사업 분야, 그리고 미국의 주정부와 지방정부 같은 정부 간 협업에 관한 체계적인 연구는 다른 비슷한 시장의 확장과 투자에 관한 선례로 남을 것이다. 전반적으로 재생에너지의 기반, 분산화, 네트워크화된 에너지 시스템에서는 섬은 물론 내륙의 커뮤니티와 주, 국가에 지속 가능한 에너지 정책과 접근법을 강조한다.

마우이 프로젝트는 유틸리티 규모의 시설로 존재하며 분산화된 에너지 자원, 전기차, 에너지 저장을 관리하는 것이며 미시적이거나 스마트 그리드 환경의 로드를 조절한다.

계층적 통제로는 전기차량 에너지 통제센터를 사용하여 다음의 기능을 관리한다. ① 배터리 에너지를 그리드로 방출하고 그리드로부터 에너지를 저장하는 기능, ② 그리드 자원에 관한 응답으로서의 전기차, ③ V2G 전력 출처로서의 전기차이다. 이 두 단계 프로젝트는 최대량의 재생에너지를 통합하기 위한 것으로, 수요 대응 및 저장기술로 로드를 교체하고 마이크로 단위의 분배 관리 시스템과 고유의 진보된 인버터(히타치 '지능형 PCS', 스마트 전력 조절 시스템)를 사용하며 에너지 제어를 제공하는 자율 시스템을 도입했다(EPRI 2016).

마우이 프로젝트는 그리드의 균형과 안정성을 위해 양방향의 유틸리티 기능도 활용했다. 직접적인 로드 컨트롤 기술이 공급과 수요의 동요에 대응하기 위해 달성되었다. 마우이 프로젝트의 주요 특징은 가정에서의 전기차 충전과 프로젝트에서 소개된 전기차 충전 정거장 네트워크의 효과였다. 마지막으로, 프로젝트 팀은 통합된 커뮤니티와 인프라의 진보를 평가했는데, 이는 프로젝트 기간에 소비자 중심의 정보와 소통 방식 및 플랫폼을 통해 삶의 질을 개선하기 위해서였다. 섬 에너지 전환의 다양한 요소가 마우이 프로젝트의 초기 단계에서 테스트되었다. 여기에는 지역 주민들 중 자원했던 이들 그룹을 대상으로 한 전기차의 로드 전환, 물 가열기의 직접적인 로드 컨트롤, 대용량 배터리의 작동, 그리고 전력의 질과 스마트 인버터를 통한 태양 에너지 PV가 있다. 시스템의 통제 관리와 시각화는 이 단계에서도 특징적으로 나타났다.

이 초기 단계에서 프로젝트의 설명과 결과는 전기전력 리서치 기관의 리포트에 문서화되어 있으며, 이는 스마트 그리드 이니셔티브의 한 부분이다. 게다가 사업 케이스에 대한 평가와 프로젝트의 사례 연구는 미즈호 은행과 미쓰비시 그룹에 의해 각각 제공되었다. 이는 하와이 주의 PUC의 인가증 2013-0046에 나와 있다. 두 번째 단계에서는 '마우이 프로젝트'로 초기 단계에서 시험한 시스템을 최적화하는 데 중점을 두었다. 여기에는 V2G/홈 시연이 포함되어 있다. 또한 전기차의 충전 및 방전으로 가정과 사업장에 전력을 보내며, V2G 시스템과 수요 응답을 사용하는 그리드 서비스, 최적의 전원 공급장치를 혼합하기 위해 분산화된 에너지 자원을 합하여 재생 가능 에너지를 사용하는 것도 포함한다.

　마우이 프로젝트에서는 지원을 받아서 넓지 않은 지리적 지역에서 전기차를 시험했다. 마우이의 전력 그리드에 관한 실제 세계의 현장에서 테스트할 수백 명의 거주민과 참여에 자원할 상업 소비자가 필요했는데, 이는 예상보다 많은 노력을 요구했다. 인프라는 전기차, 전기차 충전, 상호적인 진보된 인버터와 변형 마이크로-DMS를 포함해서 기대대로 전개되었다. 히타치는 이 지역에서 프로젝트를 판매하고 동의를 얻기 위해서 숙련된 엔지니어와 전문가, 연구자를 고용했으며, 가능한 많은 지역의 기술 자원을 동원했다. HNEI의 연구자들과 전문가들은 개발에 참여하여 프로젝트의 계획과 결과를 리뷰하고 프로젝트의 결론 단계에서 기구의 소유권을 이전하는 것을 지원했다. 그리고 프로젝트가 완료되는 2017년 2월까지 기술적 지원과 가이드를 제공했다. NEDO는 하와이와 해외에서 미래의 스마트 그리드를 연구하려는 노력을 지원하면서 HNEI와 장비 이송 협약을 체결했으며, HNEI는 분산 배터리 시스템, 마이크로-DMS 제어장치, 고압 섹션 스위치 및 컴퓨터 서버 플랫폼을 포함하여 프로젝트에서 시행된 대부분의 그리드 자산을 인수했다. 그리고 컴퓨터 서버 플랫폼은 전기차 에너지 제어 시스템과 분산 관리 시스템을 도입하는 데 활용되었다.

궁극적으로 니치 레벨에서 예상하지 못한 과제들은 변화하는 통합 비즈니스 시스템의 복잡한 내부관계와 영향을 보다 잘 이해하는 데 중요했다. 즉, 분산화된 에너지 자원과 대규모 전기차 사용자의 네트워크를 구축하는 급속한 성장은 제한된 시간 내에 테스트 기간이 확장되고 프로젝트의 범위가 바뀌었음을 의미했다.

5. 토론과 결론

하와이의 사례 연구는 지속 가능성 전환의 관리 및 니치 레벨의 혁신 이론이 하와이와 아시아태평양 지역의 국가 간에 필요한 에너지 전환의 공공 및 민간 영역에서 어떻게 병목 현상을 설명하고 해결하는 데 도움을 줄 수 있는지를 보여준다. 국가들 사이의 협업에 대한 연구는 다른 비슷한 시장의 확장과 투자에 좋은 선례가 되며 지역정부와 중앙정부, 비즈니스, 섬 거주자들의 직접적인 참여가 전환의 목적을 달성하기 위해 중요하다는 점을 확인해준다.

전반적으로 하와이가 경험한 재생에너지에 기반한, 분산화되고 네트워크화된 에너지 시스템의 계획과 보급은 주로 니치 레벨에서 이루어졌다고 볼 수 있다. 이는 에너지 전환을 실현하기 위해 각 영역에 요구된 것을 적절히 이룬 성공이라고 평가할 수 있다. 스마트 그리드의 구현에 관한 기록은 혼합되어 있지만, 레짐 레벨의 규제 감독을 통해 하와이를 목표에 효과적으로 설정하여 2030 RPS 의무 목표를 달성하는 데 필요한 재생 가능 보급 지원 스마트 그리드 인프라를 구축했다.

통합적 접근법의 하나로서 다수준 관점은 HCEI의 성공에 매우 중요했던 요소가 레짐과 니치 레벨을 조합하여 시민, 정부 관계자, 유틸리티, 커뮤니티 관계자들이 하와이주의 정책 목표를 공동으로 추구하는 환경을 만들었던 것임을 보여준다.

마우이 프로젝트에서 경관과 레짐 레벨의 국제적 협약은 미일 양국 사이에 협력적 프레임 구조를 만듦으로써 정치적 의무와 거버넌스의 중요성을 입증했다. 정치적 개입을 통해서 주정부와 지방정부, 그리고 사업 이익 간에 협력이 만들어졌으며, 이는 혁신적 기술의 발전과 초국적 투자로 이어졌다. 하와이주와 NEDO는 정부 대 정부의 이니셔티브를 구현하여 대규모 재생에너지와 전기차의 활용, 신뢰할 만한 리더십 구조를 레짐 레벨에서 갖추고 핵심 이해관계자들과 함께 참여했으며, 보급 전략과 수행 단계의 니치 레벨에서 시민들을 포함시켰다.

이 장의 근본적인 목표는 다수준 관점을 활용한 섬 에너지 전환의 거버넌스 요소와 핵심 정책을 분석하고 이를 포괄적이고 통합적인 프레임 구조의 맥락에서 평가하는 것이었다.

이 장에서 증명했듯이, 다수준 관점은 하와이 같은 관할 지역에서 어떻게 복잡한 에너지 전환의 조건을 달성하는지를 설명할 수 있다. 이를 수직적이고 수평적인 분류의 관점에서 보면, 에너지 시설과 저장(예를 들어, 분산화된 에너지 자원, BESS, 전기차-V2G), 그리드의 개선과 스마트 그리드(AMI, 그리드 현대화 계획, 전기차-V2G), 그리고 다층적 거버넌스, 규제 절차, 결정과 명령, 이해관계자의 개입), 소비자 행동, 인센티브, 감독 등으로 나눈다. 우리는 수평적인 관점에서 니치 레벨의 혁신과 문제 해결의 역할을 신중하게 구분했다.

다변수와 다수 이해관계자의 접근에서는 구성성분의 조건과 수평과 수직의 조건을 다르게 평가한다. 궁극적으로 이러한 구성요소 사이의 관계는 포괄적인 에너지 전환을 통합적으로 이해하는 데 도움이 된다. 특히 지침, 명령, 경제적 인센티브, 사회적 동기를 만드는 데 대한 법과 정책의 역할이 중요하다는 점을 강조했으며, 각각의 구성요소가 연결된 과정에서의 사회적 동기를 중요시했다. 이 부분에서 우리는 하와이의 그것이 국내 정치적 역량과 국가들 사이의 외교적 협력의 교차점을 만드는 것을 포함하여 성공적이었다고 증명했다. 우리는 정책적으로 풍부한 접근을 보완하기 위해서 이후의 연구들이 혁신이 어떻게 규제적 구조에서 이루어지고 보급되는지에 관한 과학적이고 기술적인 복잡성을 연구하는 것으로 확장되기를 희망한다.

이 연구 결과들은 에너지 자급자족을 이루기 위한 정부와 민간회사들, 그리고 섬들의 노력에 영향을 미치고 이를 향상시킬 수 있다. 예를 들어, 한국의 경우에는 3천 개의 섬(472개의 유인도)으로 이루어진 나라로 정책 결정자들과 계획자들은 에너지 전환의 노력에 대한 답을 적극적으로 구하고 있다. 한국의 제주도는 2030년까지 탄소 없는 섬을 만들고자 하는 목표를 수립했고, 가파도, 가사도, 울릉도와 같은 다른 섬들에서는 에너지 자족 프로젝트가 시행되었다. 에너지 자족을 달성하고 탄소 발생을 감소시키기 위한 기술, 경영, 인프라, 사회적 행동을 효율적으로 변화시키기 위해 한국의 그리드 시스템의 운영자인 KPX는 하와이의 PUC와 HNEI와 다른 초국가적인 합의와 유사한 공동 협정을 맺었다.

이것의 핵심적인 목적은 하와이의 통합적 접근의 결과와 그로 인한 통찰을 공유하고 제주도와 다른 국내 섬들의 이니셔티브를 전개하는 과정에서 지침을 제공하는 것이 될 것이다. 세계적인 섬의 인구 문제와 당면한 문제에 비추어 재생에너지로 특징지어지는 섬 에너지 전환의 급격한 시행과 방법론의 발전은 공해를 줄이고 화석연료의 사용으로 인한 기후변화 효과를 완화함으로써 경제적 기회와 기술적 혁신을 자극하는 데 매우 중요하다.

이 장에서는 주요 정책의 고려사항을 분석했으며 에너지 전환을 성공적으로 추동하는 것과 함께 기술적인 난관을 검토했다. 이후의 연구들에서는 구체적인 법적 메커니즘과 경제적 인센티브를 탐색하여 기술적 진보와 에너지의 충분한 보유를 달성하기 위한 성공적인 보급에 주목해야 할 것이다. 또한 통합적이고 다양한 이해관계자 분석을 적용하는 데 활용하여 이러한 분석을 확장할 수도 있다. 다수준 관점의 구조를 확장해서 다른 문화적·사회적 맥락에 적용하는 것은 섬 에너지 전환의 복잡성을 이해하고 현실적으로 시행하는 데 도움이 될 것이다. 그리고 이러한 연구들은 에너지 전환에서 갖는 유효성을 결정할 수 있는 법적, 경제적, 그리고 기술적 변수들을 선별적으로 집중하여 이루어져야 한다. 우리는 다양한 이해관계자 분석을 섬에 충분히 적용할 수 있다고 생각하고 비슷한 접근 역시 섬이 아닌 지역에서도 가능할 것으로 본다.

이 목적을 달성하기 위해서 우리는 하와이의 사례 연구를 통해 섬 에너지 전환 구조가 다른 섬들과 고립된 에너지 시스템을 갖춘 다른 지역에 적용될 수 있는 가능성을 입증했다. 또한 섬 에너지 전환을 계획하고 평가하는 데 다수준 접근을 개념적인 프레임 구조로 적용할 수 있는 가능성을 관찰했다. 재생에너지의 개발, 그리드의 개선, 스마트 그리드와 저장을 위한 솔루션 모델링 분석 도구와 함께 다수준 접근은 거버넌스 구성요소의 다양한 이해관계자의 이익과 관계를 명확하게 보여줌으로써 정책 개발을 지원한다. 기존의 단편적인 접근과 비교하여 다수준 접근은 섬 에너지 전환을 구현하는 데 필요한 중요 조치 및 그것을 위한 가장 적절하고 효과적인 위치를 이해하는 데 도움을 준다.

이후의 연구는 이 장의 내용을 기반으로 초국경적인 협력을 분석함으로써 진행될 수 있으며, 적용 가능한 프레임을 통해 에너지 전환을 이해하고 디자인하며 보급할 수 있다. 특히 서로의 다른 관할 구역의 차별화된 리소스를 활용하기 위해서 기술과 지식의 이진, 국제석 투자, 공동연구 프로젝트는 별개이면서도 맥락상 이어지는 경로를 제공한다. 협업은 하와이의 에너지 전환의 결정적인 특징이었으며, 우리는 국경을 넘어 에너지의 생성 및 사용의 전환에 더 많은 관심이 쏠릴 것으로 기대한다. 이것이 이 분야가 발전하는 데 특징이 될 것이다.

참고문헌

Aguirre, M. and G. Ibikunle. 2014. "Determinants of renewable energy growth: A global sample analysis." *Energy Policy* 69: 374-384.

Arent, D., J. Barnett, G. Mosey and A. Wise. 2009. "The Potential of Renewable Energy to Reduce the Dependence of the State of Hawaii on Oil." *Proceedings of the 42nd Hawaii International Conference on System Sciences*: 1-11.

Bagci, B. 2009. "Towards a Zero Energy Island." *Renewable Energy* 34: 784-789.

Broto, V. C. and H. Bulkeley. 2013. "Maintaining Climate Change Experiments: Urban Political Ecology and the Everyday Reconfiguration of Urban Infrastructure." *International Journal of Urban and Regional Research.*

Clastres, C. D. 2011. "Smart grids: Another step towards competition, energy security and climate change objectives." *Energy Policy* 39: 5399-5408.

Duic, N., G. Krajačić and M. d. G. Carvalhob. 2008. "RenewIslands methodology for sustainable energy and resource planning for islands." *Renewable and Sustainable Energy Reviews* 12: 1032-1062.

Emelianoff, C. 2013. "Local Energy Transition and Multilevel Climate Governance: The Contrasted Experiences of Two Pioneer Cities." *Urban Studies* 57(7): 1378-1393.

Fifita, S. 2014. Mapping of energy policies for energy transition in the Pacific islands – What role for renewable energy in the energy mix? ENERGY TRANSITION: A Challenging Perspective for the Pacific Islands and Coastal Areas, Nouméa, New Caledonia, PECC.

Fox-Penner, P. 2010. *Smart Power: Climate Change, the Smart Grid, and the Future of Electric Utilities*. Island Press.

_____. 2014. *Smart power anniversary edition: Climate change, the smart grid, and the future of electric utilities*. Island Press.

Geels, F. W. 2002. "Technological transitions as evolutionary reconfiguration processes: a multi-level perspective and a case-study." *Research policy* 31(8-9): 1257-1274.

_____. 2004. "From sectoral systems of innovation to socio-technical systems: insights about dynamics and change from sociology and institutional theory." *Research Policy* 33: 897-920.

Geels, F. W. and J. Schot. 2007. "Typology of sociotechnical transition pathways." *Research Policy* 36: 399-417.

Hall, S. and T. J. Foxon. 2014. "Values in the Smart Grid: The co-evolving political economy of smart distribution." *Energy Policy* 74: 600-609.

Katsaprakakis, D. A., N. Papadakis, G. Kozirakis, Y. Minadakis, D. Christakis and K. Kondaxakis. 2009. "Electricity supply on the island of Dia based on renewable energy sources. R.E.S.)." *Applied Energy* 86: 516-527.

KEPCO, 한. 2014. "한전, 울릉도 친환경 에너지자립섬 조성계획 발표(KEPCO, Ullung Island Establishment Plan)." Press Release.

Kern, F. and A. Smith. 2008. "Restructuring energy systems for sustainability? Energy transition policy in the Netherlands." *Energy Policy* 36: 4093-4103.

Koliba, C., M. DeMenno, N. Brune and A. Zia. 2014. "The salience and complexity of building, regulating, and governing the smart grid: Lessons from a statewide public – private partnership." *Energy Policy* 74: 243-252.

Lee, T., T. Lee and Y. Lee. 2014. "An Experiment for Urban Energy Autonomy in Seoul: The One Less Nuclear Power Plant Policy." *Energy Policy* 74: 311-318.

Lin, C.-C., C.-H. Yang and J. Z. Shyua. 2013. "A comparison of innovation policy in the smart grid industry across the pacific: China and the USA." *Energy Policy* 57: 119-132.

Loorbach, D. and J. Rotmans. 2010. "The practice of transition management: Examples and lessons from four distinct cases." *Futures* 42(3): 237-246.

Mah, D. N.-y., J. M. v. d. Vleuten, J. C.-m. Ip and P. R. Hills. 2012. "Governing the transition of socio-technical systems: A case study of the development of smart grids in Korea." *Energy Policy* 45: 133-141.

Mah, D. N.-y., Y.-Y. Wu, J. C.-m. Ip and P. R. Hills. 2013. "The role of the state in sustainable energy transitions: A case study of large smart grid demonstration projects in Japan." *Energy Policy* 63(726-737).

Muench, S., S. Thuss and E. Guenther. 2014. "What hampers energy system transformations? The case of smart grids." *Energy Policy* 73: 80-92.

Pina, A., P. Baptista, C. Silva and P. Ferrão. 2014. "Energy reduction potential from the shift to electric vehicles: The Flores island case study." *Energy Policy* 67: 37-47.

Rutherford, J. and O. Coutard. 2014. "Urban Energy Transitions: Places, Processes and Politics of Socio-technical Change." *Urban Studies* 51(7): 1353-1377.

Sanseverino, E. R., R. R. Sanseverino, S. Favuzza and V. Vaccaro. 2014. "Near zero energy islands in the Mediterranean: Supporting policies and local obstacles." *Energy Policy* 66: 592-602.

Schot, J. and F. Geels. 2008. "Strategic niche management and sustainable innovation journeys: theory, findings, research agenda, and policy." *Technology Analysis and Strategic Management* 20(5): 537-554.

Senjyu, T., D. Hayashi, A. Yon, N. Urasaki and T. Funabashib. 2007. "Optimal configuration of power generating systems in isolated island with renewable energy." *Renewable Energy* 32: 1917-1933.

Soakai, A. 2014. "IRENA's role in islands' transitions to renewable energy." Paper presented at the ENERGY TRANSITION: A Challenging Perspective for the Pacific Islands and Coastal Areas, Nouméa, New Caledonia.

Stopa, J. E., J.-F. Filipot, N. Li, K. F. Cheung, Y.-L. Chen, and L. Vega. 2013. "Wave energy resources along the Hawaiian Island chain." *Renewable Energy* 55: 305-321.

Uemura, Y., T. Kai, R. Natori, T. Takahashi, Y. Hatate, and M. Yoshida. 2003. "Potential of renewable energy sources and its applications in Yakushima Island." *Renewable Energy* 29: 581-591.

Verbong, G. and F. Geels. 2007. "The ongoing energy transition: Lessons from a socio-technical, multi-level analysis of the Dutch electricity system (1960-2004)." *Energy Policy* 35: 1025-1037.

Weisser, D. 2004. "On the economics of electricity consumption in small island developing states:a role for renewable energy technologies?" *Energy Policy* 32: 127-140.

Whitmarsh, L. 2012. "How useful is the Multi-Level Perspective for transport and sustainability research?" *Journal of Transport Geography* 24: 483-487.

제3장   한국의 에너지 전환 정책:
　　　　　정치적 인식 공동체의 역할

1. 서론

과거 이명박 정부 시절(2008~2013년)의 "녹색 성장"은 국가 에너지 의제로 에너지 정책을 통해 원자력 기술을 확대하고 수출하는 것을 목표로 했다. 박근혜 정부(2013~2016년)에서 수립된 에너지 관련 계획 및 정책도 5~6개의 원자력 발전소 건설 및 원자력 기술의 수출을 목표로 했다(KPX 2014). 하지만 이후 문재인 정부(2017년)에서는 이전 정부와 달리 "에너지 전환"을 국가 에너지 의제로 자리매김했다. 문재인 정부는 먼저 '탈원전' 사회를 구축하기 위해 "에너지 전환"이라는 용어를 사용했으며, 대통령의 국가 정책 우선순위 의제와 그 이후의 에너지 계획에서 분산형 재생 가능 에너지 시스템을 제안했다(OPC 2017). 물론 에너지 전환은 진행 중인 정책이지만, 변화에 대한 경험적 또는 이론적 검토 과정이 필요하다.

산업 사회에서 '에너지'는 인간의 삶 및 산업 활동과 불가분의 관계를 맺는다. 에너지는 정부 정책과 시장의 생산 및 공급에 의해 결정된다. 그렇기 때문에 에너지 정책 및 시장에서 정부의 역할이 중요한데, 특히 빠른 경제성장을 통해 정치적 정당성을 이룩한 발전주의 국가인 한국에서 에너지는 경제 발전을 촉진하는 중요한 정책 영역으로 간주된다(Valentine and Sovacool 2010).

한국에서 에너지의 생산 및 공급은 독점 또는 과점을 통해 통제되는 경우가 빈번하다. 에너지 거버넌스와 정책은 소수의 강력한 공급자, 관료, 전문가 및 이익단체에 의해 결정되며 시민 참여는 제한되어왔다. 다른 에너지원들과 비교할 때 기술의 불확실성과 위험으로 인해 원자력 발전과 소비를 둘러싼 논쟁은 시민사회에서 지속적으로 등장해왔으며, 반핵운동으로 대표되는 사회 정서는 원자력의 필요성에 대해 의

문을 제기해왔다. 이와 같이 원자력 정책은 국가 에너지 거버넌스에서 시민사회, 정부, 산업 및 인식 공동체 간의 갈등과 타협의 역학을 보여준다(Jasanoff and Kim 2009).

다시 말해, 원자력 정책은 정치적 과정의 산물로 국가별 원자력 발전의 차이는 정부, 시민사회, 그리고 산업 간의 정치적 관계를 나타낸다고 할 수 있다(Chung and Kim 2018). 따라서 한국의 원자력 에너지 정책 방향의 변화를 이해하기 위해서는 국가와 시민사회, 경제 사이의 역사적 맥락과 관계를 파악하는 것이 중요하다.

이 장에서는 이명박 정부부터 문재인 정부까지의 원자력 정책과 관련된 문서를 분석하고자 한다. 대통령의 100대 국정과제, 국가 에너지 기본 계획 및 장기 전력 수급 계획을 포함한다. 구체적으로, 대통령의 안건, 에너지 계획 및 전력 계획의 수립에 참여한, 원자력 정책을 수립하는 데 관련된 당사자가 누구인지 조사하고 각 문서의 내용을 평가한다. 이와 같은 접근법을 통해 다양한 유형의 정치연합이 원자력 정책의 의제를 설정하고 정책을 결정하는 데 어떻게 영향을 미치는지를 설명할 수 있다. 또한 문재인 정부의 전문가 및 공무원과 반(半) 구조 인터뷰를 실시하여 원자력 정책의 의제를 설정하는 것의 극적인 변화에 미치는 요소를 살펴본다.

이 장에서는 정치연합의 변화와 원자력 에너지 정책의 변화에 영향을 주는 정치적 인식 공동체의 역할에 주목한다. 기존의 연구들에서 반핵운동(Kim 2000), 관료주의(Hong 2016), 인식 공동체(Mitchell et al. 2007)의 역할을 다루었지만, 지금까지 정치와 과학적 지식의 관계를 분석한 연구는 거의 없었다. 이에 정치와 지식을 결합한 전문가 그룹의 역할을 강조함으로써 이러한 격차를 해소하고 정치적 인식 공동체의 개념을 적용한 에너지 정치 분석의 일반적인 분석 틀을 제공하고

자 한다. 따라서 이 연구에서는 한국적 맥락에서 에너지 정책의 변화에 대한 정치적 인식 공동체의 역할을 경험적으로 분석한다. 친(親) 원자력 인식 공동체는 의제의 설정 및 원자력 발전의 제도화를 지원함으로써 기존의 힘의 역학과 연결되어 있는 반면, 탈 원자력 인식 공동체는 재생 에너지 시스템을 지향하는 에너지 전환 의제의 설정 및 제도화에 관여하고 있다. 연구 결과는 에너지 정책을 설계하는 데에서 권력과 정치적 과정에 접근할 수 있는 집단의 중요성을 시사해준다. 이에 안정적이고 지속 가능한 에너지 거버넌스를 활성화하기 위한 조건을 이해하는 데 도움이 될 것으로 기대된다.

이 장은 다음과 같이 구성된다. 2절에서는 원자력 발전 국가 및 에너지 전환에 대한 개요를 제공한다. 3절에서는 원자력 정책을 변화시키는 동인인 정치연합과 정치적 인식 공동체를 다룬다. 4절에서는 한국의 원자력 정책의 진화를 경험적으로 분석하고 각 정부의(이명박, 박근혜, 문재인) 국정과제, 에너지 계획, 전력 계획을 체계적으로 분석한다. 구체적으로 정치연합과 정치적 인식 공동체가 문서와 인터뷰 자료를 통해 문재인 정부가 에너지 정책을 전환하는 데 어떤 영향을 미쳤는지를 논의한다. 마지막 절에서는 연구 결과와 함의, 그리고 학문적 기여를 요약하고 후속 연구를 위한 한계와 주제를 제공한다.

2. 원자력 발전 국가와 에너지 전환

1) 원자력 발전 국가

서구의 선진국들에 비해 비교적 경제 발전이 늦은 동아시아 국가들은 경제 발전을 위해 국내 산업을 국가 주도적으로 활용해왔다(Öniş 1991). 따라서 정부는 전략적인 산업 정책과 투자를 통해 국내 및 국제 시장에 개입하면서 수출 중심의 산업을 개발하게 되었다(Chalmers 1999). 시장이 아닌 국가가 고도의 효율성을 가진 관료를 고용하여 초기 산업을 발전시키고 수출을 촉진하기 위해 특정 산업에 방향성과 자본을 제공하는 역할을 담당했다(Amsden 1989). 이러한 맥락에서 발전주의 국가는 "전문적이고 일관된 관료기관이 조직화된 민간 부문과 협력하여 국가 경제의 변혁을 촉진하는 조직적 복합체"로 정의되었다(Doner et al. 2005). '원자력 발전 국가'의 개념은 발전주의 국가 이론에 기반을 두고 있다. 여기에서는 원자력 발전 국가를 에너지 정책을 통해 에너지 믹스에 더 많은 원자력을 도입하고 정치와 경제의 행위자(정치인, 관료, 전문가, 산업) 간의 강력한 유대를 활용하여 해외로 원자력 기술을 수출하는 국가로 개념화한다. 마찬가지로, 재사노프와 김은 원자력 발전 국가에서 원자력의 과학과 기술, 그리고 정치적 관행에 대해 "개발을 위한 원자력"으로 정의한 바 있다(Jasanoff and Kim 2009). 따라서 국가는 원자력을 해외 원유 및 기술에의 의존을 피하고 경제성장을 가속화하기 위한 효과적인 개발 수단으로 간주하게 되었다. 국가의 발전 단계가 종료된 이후의 논의에서 동아시아 발전 국가의 특성의 힘과 범위는 냉전, 국내 및 세계 시장의 자유화, 시민사회의 성장의 결과로 희석되거나 최소한 변화된 것처럼 보였다(Stubbs 2009). 그러나 원자력 산업은 여전히 시장력, 기술의 발전 및 지원하는 국가의 에너지 정책의 확대를 필요로 하고 있으며, 이와 관련하여 원자력 발전 국가에 대한 이론은 산업별 현상을 설명하기 위해 활용될 수 있다.

원자력 발전 국가는 공통의 특성을 보여준다. 첫째, 국가의 에너지 정책이 에너지 믹스에서 원자력의 점유율을 확대하는 것을 목표로 한다는 것이다. 둘째, 정치적 리더십은 원자력에 친화적인 정책으로 이어진다. 셋째, 정치 지도자, 관련 관료기관 및 원자력 산업은 원자력 에너지를 촉진하기 위해 정치적 연합을 형성하는 경향이 있다. 넷째, 이러한 연합은 원자력 기술과 산업을 수출하려는 흐름을 보인다.

이러한 흐름은 민주화뿐만 아니라 후쿠시마 원자력 발전소 사고로 인한 안전에 대한 우려 같은 외부적 요인으로 인해 중단되는 양상을 보였다. 결과적으로 원자력 발전 국가는 중앙집중적인 원자력 시스템에서 분산된 재생 에너지 시스템으로의 에너지 전환을 요구하는 도전에 직면해 있다.

2) 에너지 전환

에너지 정책에서 원자력 에너지의 역할을 강조하는 원자력 발전 국가와 비교하여, 에너지 전환은 니치, 레짐, 경관 레벨의 정책으로 에너지원과 에너지 시스템의 변화를 촉진한다(Lee et al. 2014; Verbong and Geels 2007). 첫째, 에너지 전환은 주요 에너지원을 원자력과 화석연료에서 재생에너지로 전환하는 것에 목표를 두고 있다. 대기오염이나 기후변화와 같은 심각한 문제는 정책 입안자와 학자들로 하여금 재생 가능한 에너지원과 시스템을 도입함으로써 에너지 전환을 시행하도록 한다(Verbong and Geels 2007). 에너지 전환과 관련한 논쟁에서 원자력은 화석연료와 비교하여 논란이 많고 복잡한 문제로 여겨진다. 이는 원자력 발전소로부터 생성된 전력을 통해 온실가스의 배출을 줄일 수 있다고 주장하는 이들과 원자력 발전소는 안전 및 방사성 폐기물의 처리 문제로 인해 지속 가능한 에너지 전환을 위한 옵션이 될 수 없다는 주장이 팽팽하게 맞서고 있기 때문이다(Kern and Smith 2008; Solomon and Krishna 2011).

둘째, 에너지 전환은 특히 분산형 에너지 공급 시스템에서 지역 또는 도시 공동체의 역할을 강조하면서 다층적 에너지 공급으로 전환하는 것을 강조한다(Lee et al. 2014; Moloney et al. 2010). 국가 또는 지자체 차원의 정책 및 지원이 여전히 중요하지만, 지자체에서의 에너지 전환은 대규모의 변환 실험 및 시행의 필수 구성요소이다(Emelianoff 2013). 지역사회에서 저탄소화하려는 노력은 레짐과 경관 레벨에서의 에너지 전환을 촉진하는 사회기술적 혁신을 위한 니치를 확보해준다(Loorbach and Rotmans 2010).

이처럼 원자력 발전 국가와 에너지 전환의 개념 및 세부사항은 상당한 차이점을 보이고 있다. 따라서 원자력 발전 국가의 기초가 되는 관심사와 인프라, 정치연합을 고려했을 때 국가의 에너지 정책을 변화시키는 요소를 자세히 살펴볼 필요가 있다.

3. 정치연합과 정치적 인식 공동체의 영향력

원자력 발전 국가는 어떻게 지속되고 번영할 수 있는가? 반면 원자력 발전 국가에서 에너지 전환을 촉진하는 요인은 무엇인가? 어떤 행위자들이 에너지 전환을 이끄는가? 이 장에서는 에너지 정책의 극적인 변화에서 서로 다른 정치연합을 중요한 요소로 본다. 특히 기존과 다른 새로운 특성을 가진 정치적 인식 공동체의 출현은 국가 에너지 정책의 급진적인 변화를 일으킨다.

아래의 그림에서는 원자력 발전 국가의 원동력으로 철의 삼각관

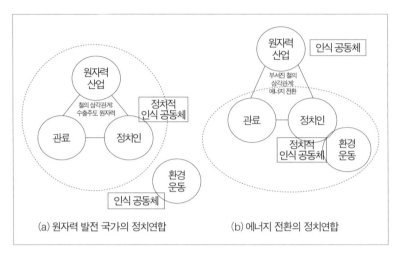

(a) 원자력 발전 국가의 정치연합   (b) 에너지 전환의 정치연합

그림 1 원자력 정책을 형성하는 서로 다른 정치연합

계(iron triangle)를 제시하고 에너지 전환의 동인으로 새로운 정치적 인식 공동체의 등장과 함께 약화된 철의 삼각관계를 보여준다.

원자력 발전 국가의 철의 삼각관계는 정치인, 관료, 산업으로 구성되어 있다(Kingston 2012). 이 연합은 일반적으로 전략적인 정부 정책과 투자를 통해 국내의 에너지 믹스에서 원자력 에너지를 확대하고 원자력 산업 및 기술을 수출하는 것을 추구한다. 원자력에 우호적인 경향을 띠는 정치적 인식 공동체는 원자력 산업을 확장하기 위한 기술전문가로서의 역할과 정당한 근거를 제공하는 역할을 한다. 친 원자력 연합은 시민사회단체의 반핵운동과 갈등하는 양상을 보이지만, 정치연합의 일부가 아닌 환경단체(특히 반핵단체)는 관련 정책을 결정하는 과정에 크게 영향을 미치지 못한다(McCormack 2011).

원자력 발전 국가의 정치연합과 비교하면 에너지 전환에서의 정치연합은 새로운 파트너십의 출현을 가져왔다. 정치인들과 관료들은 에너지 전환을 선호하는 새로운 산업과 새로운 행위자들과의 연합을 재편성했으며, 원자력 산업과 이와 관련된 인식 공동체는 재생 가능한 에너지 산업과 이와 관련된 인식 공동체로 대체되었다. 따라서 에너지 전환을 촉진하는 시민사회단체(특히 반핵운동 단체)는 이 과정에서 이전과는 달리 정책을 결정하는 과정에 접근할 수 있게 되었다.

다른 환경 및 에너지 문제와 마찬가지로 원자력의 정치는 의사결정을 위한 상당한 과학적 지식을 필요로 한다. 인식 공동체를 구성하는 과학자 집단은 문제를 식별하고 과학적인 해결책을 제안하는 데 중요한 역할을 한다. 하스는 인식 공동체를 "특정 분야 또는 이슈 영역 내에서 전문성과 역량을 인정받고 정책과 관련된 지식에 대한 권위 있는 주장을 하는 전문가들의 네트워크"라고 정의하기도 했다(Haas 1992). 이 개념은 지중해의 행동 계획에서 지역의 환경 레짐을 연구하면서 처음 발생했는데, 지중해의 환경 레짐은 "정권에 따라 수렴된 국가 정책의 개발에 기여한 전문가 그룹"에 의해 강화될 수 있는 것으로 나타났다(Haas 1989). 인식 공동체는 ① 공동체 구성원의 사회적 행동에 대한 가치 기반의 정당한 근거를 제공하는 일련의 규범적이고 원칙적인 신념을 제시하고, ② 그들의 영역에서 핵심적인 일련의 문제들을 이끌거나 기여하는 데 분석을 통해 인과관계에 대한 의견을 제공하고 정책에 따른 행동과 결과 사이의 여러 연결관계의 기초를 제공하며, ③ 자신들의 전문적 역량이 지향하는 일련의 문제 해결 방법을 공통의 실천 방안으로 제시한다.

인식 공동체의 효과나 유용성은 그들의 지식과 권력의 관계에 달려 있다고 할 수 있다. 하스와 스티븐스는 어떤 과학적 지식이 유용하고 어떻게 정책이 형성되고 분리되며 합의되고 연결되는지에 대해 설명한다(Haas and Stevens 2011). 첫째, 정책 형성의 분리는 인식 공동체가 사회로부터 자율성과 독립성을 얻는 과정을 의미한다(Lidskog and Sundqvist 2015). 지식의 생산은 정치와 결부되어져서는 안 되는데, 예를 들어 인식 공동체의 구성원은 정책 입안자들로부터 지명되지 않아야 한다. 둘째, 정책의 형성에 대한 합의는 인식 공동체의 구성원이 '적법한' 지식을 구성하는 데 대한 합의에 도달하는 과정을 의미한다. 분리와 합의가 달성되면 형성된 정책의 연결은 인식 공동체가 정책 입안자들에게 공공 정책을 개발하는 데 대한 관련 지식을 제공할 때 달성되며, 이 과정에서 문제가 생길 때에는 정책을 조정하는 데에서 인식 공동체의 영향력이 상실될 수 있다.

어떤 경우에는 인식 공동체의 구성원이 권력으로부터 분리되어 있지 않고 연결되어 있는 형태를 보인다. 따라서 여기에서는 개인이나 집단에 관계없이 정치적 인식 공동체의 과학자들을 공유된 원칙과 신념 및 관심사를 가지고 권력과 정책 형성의 과정에 밀접하게 연결되어 있는 전문가들로 정의한다. 즉, 정의된 정치적 인식 공동체는 ① 연결, ② 의제 설정, ③ 제도화를 통해 정책을 형성하는 과정에 영향을 미친다. 인식 공동체와 비교하여 정치적 인식 공동체는 연결 단계에서 정부 기관 내에서 실질적인 직책을 맡은 지명된 행위자를 포함하는 경향이 있다. 이와 같은 권력과의 연결을 통해 정치적 인식 공동체는 의제를 설정하는 과정과 정책을 설계하는 데 영향을 미칠 수 있게 되며, 정책의 설계는 국가 계획이나 제도화된 입법을 통해 실현할 수 있다.

게다가 정치적 인식 공동체는 '친 원자력 대 반 원자력(탈 원자력)'과 같은 다양한 핵심 가치와 신념이 끊임없이 대립하고 있는 공동체이기 때문에 단독 행위자가 아니다. 공동체 내의 친 원자력 인식 공동체는 경제 발전과 기후변화에 대해 원자력 에너지를 안정적이고 깨끗하며 저렴한 에너지 공급을 위한 대책으로 강조하는 핵심 신념을 공유하고 있다(Vischers et al. 2011). 반면 탈 원자력 인식 공동체는 원자력 사용의 인적·환경적 위험과 원자력 폐기물을 관리하기 위한 사회적 비용, 그리고 재생 가능한 에너지를 통한 에너지 대체를 강조하는 핵심 신념을 공유한다(Jasanoff and Kim 2009).

이 장에서는 원자력 발전 국가를 이론화할 때 원자력 정책의 연속성과 변화를 설명하는 데 서로 다른 행위자들 간의 정치연합의 변화를 중요한 요소로 간주하고자 한다. 그래서 다음과 같은 가설을 설정했다.

- 친 원자력 인식 공동체가 대선 캠페인이나 내각에 참여한다면, 정부는 원자력 산업을 촉진하는 에너지 정책을 형성할 가능성이 높을 것이다.
- 탈 원자력 인식 공동체가 대선 캠페인이나 내각에 참여한다면, 정부는 원자력 산업을 억제하는 에너지 정책을 형성할 가능성이 높을 것이다.

4. 한국의 사례: 원자력 발전 국가에서 에너지 전환으로

이 장에서는 정부, 원자력 산업 및 반핵운동과 같은 변수를 고려하면서 원자력 에너지 정책에 대한 의제를 개발하고 시행하는 데 대한 정치적 인식 공동체의 영향력에 초점을 맞춘다. 한국의 원자력 정책이 어떻게 진화하고 전환되었는지를 살펴보기 위해 이명박, 박근혜 정부와 문재인 정부의 탈원전 및 에너지 전환 이후까지를 다루면서 비교하고 검토한다.[1] 각 정부에서 나타난 차이는 원자력 정책을 결정하는 과정에서

---

1   이전의 정부가 원자력 정책에서 유사한 패턴을 보였기 때문에 위에서 제시한 정부에 초점을 맞추도록 한다.

서로 다른 정치 행위자들 간의 분열과 연합의 결과일 수 있기 때문에 국내의 원자력 정책과 관련하여 서로 다른 집단의 분열과 연합이 어떻게 형성되었는지를 분석한다. 더욱이 원자력 에너지 정책을 결정하는 과정에 영향을 미치는 변수들뿐만 아니라 정치적 인식 공동체의 역할 역시 함께 살펴보고자 한다.

정치적 인식 공동체의 역할을 살펴볼 때 그들의 시각이 원자력 개발에 관한 정치 과정에 어떤 영향을 미쳤는지도 평가했으며(Mitchell et al. 2007), 원자력 발전을 촉진하거나 제한하는 데 미친 반핵운동, 원자력 산업, 정책 입안자, 정치적 인식 공동체의 상호 의존적인 영향력도 분석했다. 문헌 연구와 인터뷰에 기초하여 각각의 요소가 어떻게 원자력 에너지의 역할에 영향을 미치는지를 조사했으며, 2017년 12월부터 2018년 10월까지 8명의 에너지 전문가와 반구조화 면접을 진행했다.

1) 한국의 원자력 발전 역사

산업화된 원자력 에너지는 1970년대의 세계 에너지 변화의 흐름에서 핵심 에너지원으로 자리잡게 되었다. 한국, 중국, 일본, 대만, 그리고 인도 등 아시아 국가들은 급속한 산업화에 필요한 에너지를 공급하기 위해 원전의 확대를 꾸준히 추진해왔는데, 특히 한국, 대만, 일본 등 화석연료의 수입에만 의존해왔던 국가들에서는 원자력 개발이 에너지의 자립과 안보의 대안으로 여겨져온 것이 사실이다(Valentine and Sovacool 2010).

한국의 경우에 2000년대에 들어서 30%에 육박하는 전력을 원자력으로부터 얻어내는, 전형적인 원자력 의존 국가가 되었다(Yoo and

Jung 2005). 원자력의 사용 비율은 줄었지만 원자력과 석탄은 한국의 주요 에너지원이 되었으며, 세계적으로 원전의 밀도가 가장 높다. 국가 에너지 계획에는 5~6기의 원전 건설 계획이 포함되었다(Kim and Chang 2012). 하지만 최근에 문재인 대통령은 분산형 재생 에너지원을 통한 에너지 전환의 필요성을 강조했는데, 낮은 에너지 자립도와 에너지 소모가 많은 산업 구조를 고려하면 이와 같은 원자력 발전 정책의 변화는 흥미로운 현상이라고 할 수 있다.

1970년대부터 원전을 건설하기 시작한 국가 가운데 한국은 1978년에 고리 원전 1호기를 건설했기 때문에 다른 국가들에 비해 원자력의 발전 속도가 상대적으로 늦었다. 따라서 정부는 원자력 정책뿐만 아니라 원자력 기술의 개발을 강조하는 장기적인 에너지 계획을 일관되게 수립해왔다. 게다가 한국전력(KEPCO)이 정부와 조율하여 관련 기관과 기구 간의 역할 분담을 용이하게 함으로써, 국영 전력기업과 정부 주도의 정책을 통해 단기간에 원자력 기술을 축적하고 에너지 믹스에서 원자력 에너지의 비중을 확대할 수 있었다(Hong 2016; Valentine and Sovacool 2010).

이와 같은 상황에서 국내에는 전력 산업(원자력 기반 전력을 포함한다)과 관련 인프라가 구축되었다. 발전 국가를 기관으로서뿐만 아니라 행위자로 이해하는 것은 원자력 산업의 형성 과정을 평가하기 위한 출발점이라고 할 수 있다. 발전 국가 이론은 관료적 자율성과 국가 역량에 중점을 둔 이론으로, 동아시아의 후발 발전도상국의 발전 과정에 대해 설명한다(Öniş 1991; Wade 1990; Weiss 1998). 이 이론에 따르면, 경제성장의 원동력은 개발 지향적인 국가에 내재된 자율성을 바탕으로 한 적극적인 산업 정책의 추진이다(Evans 1995).

원자력 산업이 등장한 이유를 이해하기 위해서는 전반적인 정치

경제적 상황을 이해할 필요가 있다. 과거에 한국 정부는 수출 지향적 성장 전략을 통해 에너지 자원과 원자재의 수입을 늘렸지만 이는 외부 충격에 대한 취약성이 높았다(Yoo and Jung 2005). 하지만 1, 2차 석유 파동에 이어 경제가 성장하면서 안정적인 에너지 공급을 확보하는 것이 중요해졌고, 이와 같은 상황에서 국가의 기본적인 대응 전략은 기술 의존도를 최소화하고 외부 충격에 상대적으로 영향을 덜 받는 에너지원의 비중을 높이는 것이었다(Hong 2016).

원자력 전략의 구체적인 내용은 1976년 9월에 제정된 "제4차 전원개발개년 계획"(원자력위원회, 1976년)을 통해 확인할 수 있다. 정부는 원자력 산업을 기술 집약적인 중화학공업으로 규정했으며 국가 안보를 위해 원자력 기술의 국산화, 핵연료 기술의 독립을 추진해야 한다고 주장하기도 했다. 이를 위해 정부는 수입대체 전략으로 원자력 설계 기술, 장비, 재료 시험 및 건설, 우라늄 제련, 전환 및 가공, 혼합연료 처리 등을 국산화하기로 했다(Hong 2016; Joo 2011).

또한 정부는 연구 개발, 입법, 인프라 개발 등의 산업을 체계적으로 육성하여 전략 핵기술의 확보를 꾀하기도 했으며(Choi et al. 2009), 전력 공급 부문에서는 전력 발전설비 산업 분야에서 대기업들이 서로 경쟁하는 동안 원전의 경제 효율을 향상시키는 것으로 전략을 선회했다(Hong 2016).

특히 한국전력으로의 조직 통합은 기술이 발전하는 발판이 되었고(Jasanoff and Kim 2009) 전력 공기업 집단이 형성되면서 국가 차원에서 전기료를 낮추어 산업 보조금을 강화할 수 있는 근거를 제공했다. 즉, 공기업을 통제하면서 1980년대 후반에 전력시설이 전력을 과잉 생산함으로써 전기료를 지속적으로 낮출 수 있게 된 것이다. 이는 한국 사회가 원전에 의존하는 값싼 전력 소비 사회로 진입하는 것을 용이하게 했으며(Jin 2009), 이에 따라 민주화와 신자유화에 따른 변화에도 불구하고 전력기업이 주도하는 원자력 산업의 기본 구조가 유지될 수 있었다(Choi et al. 2009).

1970년대에 원자력 에너지를 비교적 늦게 도입한 이후에 한국은 사회적·정치적 변동을 겪게 되었다. 특히 1980년대와 1990년대에 민주화를 경험하면서 시민사회 행위자들과 같이 비전통적 행위자들이 환경 문제, 특히 원자력 에너지와 관련된 이슈에 대해 관여하게 되었다(Kim 2000). 즉, 선진 민주주의 국가에서 원자력 산업을 추진하는 철의 삼각관계(Kingston 2012)와 새롭게 부상하는 환경단체(Hsu 2005) 간에 긴장관계가 조성된 것이다.

2) 이명박 정부 시기의 원자력 정책 강화

이명박 정부와 박근혜 정부의 집권 기간 동안 원자력 발전 국가 정책은 지속성을 띠었다. 특히 이명박 전 대통령은 국내의 대표적인 원전 회사인 현대건설의 최고경영자(CEO) 출신답게 에너지 안보와 청정에너지를 명분으로 원전을 확대하자고 제안했으며, 2008년 대통령의 100대 국정과제 중에서 특히 세 가지 의제를 부각했다. 33번 국정과제는 신규로 원전을 도입할 것을 주장함으로써 에너지 자급률을 높이는 것을 목표로 삼는 내용이었으며, 34번과 78번은 각각 신재생에너지와 청정에너지원의 개발을 목표로 삼는 내용이었다. 이 시기에 원자력 에너지는 깨끗한 에너지로 분류되고 자리매김했다. 또한 이명박 정부는 원자력 수입국들과 협력해서 원자력의 수출을 촉진하자고 제안하기도 했다(청와대 2011).

위의 의제들을 바탕으로 제1차 국가에너지기본계획(에너지 계획)

에서는 원자력 정책을 강화했다. 이 에너지 계획에서는 "비전 2030"
을 제안했는데, 2030년까지 석유와 가스의 비율을 40%로, '신재생에
너지'의 생산 비율을 11%로 높이는 것을 목표로 하는 내용을 담고 있
었다. 또한 전체 에너지 믹스에서 화석연료와 비화석연료 간의 비율을
2006년의 82:18에서 2030년에 61:39로 변경함으로써 원자력 및 신재
생에너지의 생산을 증가시킬 것을 계획했다(EBP 2008).

　에너지 계획을 바탕으로 에너지 믹스에서 적절한 원자력 생산의
비율을 확립하여 안정적인 에너지 생산을 달성하는 데 중점을 두고 이
후 제4차 장기전력수급계획(전력 계획)을 수립하게 되었다. 전력 계획
은 원전의 주변에 원전 폐기물 관리시설을 건설하고 폐기물 관리 시
스템을 유지하며 주민에게 보상하는 것 등에 대한 내용을 골자로 했
다. 이 계획에 따르면, 2008년의 전력원에서 원자력 에너지의 비율은
2008년에 17,716MW(24.8%)에서 2022년에 32,916MW(32.6%)로 증
가하고 전력 발전 용량의 비율은 142,937GW/h(35.5%)에서 2022년
에 265,180GW/h(47.9%)로 확대하는 것을 목표로 했다. 또한 12개
의 새로운 원자력 발전소를 건설할 것(신고리 1~6, 신월성 1~3, 신울진
1~3)을 제안했으며, 2009년과 2022년 사이에 할당된 발전설비를 건설
하는 비용인 37조 원 중 26조 2천억 원(71.2%)을 원자력 발전에 투입
하고 석탄에 15.5%, LNG에 11.9%, 수력 발전에 1.44%를 투입하는 것
을 목표로 삼았다(BPLESD 2008).

　이명박 정부는 원자력 에너지야말로 안정적인 생산 가능성과 낮
은 온실가스 배출량으로 인해 새로운 오일 쇼크와 기후변화에 대응하
기 위한 가장 현실적인 대안이라고 주장한 바 있다. 게다가 녹색성장
의제와 더불어 원자력 에너지는 온실가스의 배출량을 줄이기 위한 수
단으로 여겨졌다. 따라서 대통령의 의제로서의 에너지 계획과 전력 계

획에서는 ① 원자력 발전소의 신규 건설, ② 원자력 폐기물 관리 계획, ③ 원자력 자원의 안정적 생산, ④ 원자력의 수출 및 국제 협력의 촉진 등을 제안하고 시행했다.

3) 박근혜 정부 시기의 원자력 개발의 해외 확대

또 다른 정치적 보수 정권이었던 박근혜 행정부 역시 원자력 에너지를 지속적으로 홍보했다. 하지만 원자력 에너지를 추진한 정책의 초점은 국내의 원자력 산업을 확대하는 것에서 안전을 규제하고 수출을 촉진하는 것으로 변화했는데, 이는 2011년 일본의 후쿠시마 원전 사고로 인한 사회경제적 충격을 반영한 것으로 이해할 수 있다.

박근혜 정부의 10번 국정과제는 원전 건설의 수출을 촉진하는 것이었다. 원전의 해외 계약을 확대하기 위해 박근혜 정부, 특히 국토교통부와 산업통상자원부는 수출 은행의 대출을 늘림으로써 국가별 수출 전략을 수립하고 원전에 대한 재정 지원을 촉진할 것을 제안했다. 140번 국정과제인 "새로운 시장을 위한 산업과 자원 협력의 강화"는 규제와 원자력 안전을 연구하고 개발하는 분야의 전문가 수를 늘리기 위해 착안되었고, 86번 국정과제인 "원자력 안전 관리 시스템의 구축"에서는 노후 원전에 대한 안전 점검과 원자력 안전 정보에 대한 공개, 그리고 안전 규제의 투명성 강화 등을 강조했다(청와대 2013).

정책의 우선순위를 설정하는 데 기초하여, 제2차 국가에너지기본계획(EBP 2014-2035)에서는 주요 에너지 수요 조합에서 석탄의 비중을 늘리고 원자력 에너지의 비중을 다소 감소시켜서 2030년까지 석탄이 29.1%(107 TOE), 원자력이 17.7%(65.3 TOE)를 차지하게 될 것으로 전망했다. 제1차 에너지 계획과 비교하여 제2차 에너지 계획에서는

2030년까지 석탄이 23% 증가하고 원자력 에너지가 1.5% 감소할 것으로 예상했는데, 원자력 실무그룹은 이와 같은 원자력의 감소가 사회적 수용성과 원자력의 안전을 고려한 것이라고 했다.

그러나 제7차 전력 계획에서는 석탄과 LNG 발전소에서 배출되는 온실가스의 부정적 영향에 따라 발전용 설비 용량에서 석탄이 아닌 원자력 및 LNG의 비중을 높였다.

4) 문재인 정부의 에너지 전환

2017년에 취임한 문재인 대통령은 원자력 에너지에 대해 역대 정부와는 상당히 다른 접근법을 따르고 있는 것으로 보인다. 집권 초기에 에너지 전환을 향한 명확한 정책 방향이 제시되었는데, "탈 원자력 및 원자력의 단계적 폐지", "친환경 미래 에너지 정책" 등이 대통령의 5개년 의제에 포함되었다. 이전 정부들이 원자력 에너지를 통한 에너지 안보의 확보에 주력해왔다면, 문재인 정부는 종합적인 전략을 통해 환경 및 경제적 지속 가능성을 우선시하면서 안전한 청정에너지를 개발할 것을 강조하고 있다.

대통령의 주요 정책 의제에 대한 초기 지표로 대통령 의제는 향후 5년에 걸친 국정에 짧지만 명확한 방향을 제시한다. 100개의 의제 중 60번 의제는 "탈 원자력 정책을 통한 안전한 청정에너지로의 전환"의 내용을 담고 있으며, 산업통상자원부와 원자력안전위원회(NSSC)가 이 안건의 핵심 기구로 지정되어 있다. 에너지 전환 의제는 두 가지 목적을 명확하게 제시하고 있는데, ① 원자력 제로 시대를 위한 탈 원자력 에너지 로드맵의 수립, ② 현재 에너지 가격 시스템의 합리화와 분산형 에너지 생산의 확대가 그것이다. 이러한 목표를 달성하기 위해 ① 신규 원전 건설의 취소와 기존 원전의 확장 금지, ② 여론조사를 통한 원전 폐기물 관리 정책의 평가, ③ 국내 원전 폐로 산업의 발전을 위한 고리 원전 1호기의 가동 중단 등이 의제로 포함되었다. 이전 정권에서 원자력 에너지가 가격 경쟁력을 갖춘 가장 기초적 에너지원임을 강조한 것을 감안하면 문 대통령의 집권 초기에 나온 에너지 전환 의제는 대통령의 정책 의제에서 '원자력 제로 시대'를 공식적으로 지지한 첫 번째 사례라고 할 수 있다.

에너지 전환 의제는 에너지 전환 로드맵과 제8차 전력계획(2017~2031년)이라는 두 가지의 에너지 계획으로 구체화되었다. 3020 실천 계획으로도 알려진 에너지 전환 로드맵은 신규 원전의 건설을 중단하고 노후 원전에 대한 수명 연장을 금지함으로써 안전한 청정에너지로의 전환을 촉진하고 탈 원자력을 달성하기 위해 2030년까지 재생에너지의 비중을 20%로 늘리는 것을 목표로 하고 있다. 특히 2017년에는 원전 24기, 2031년에는 18기, 2038년까지 14기로 줄이는 것을 목표로 하고 있다. 원자력의 단계적 폐지 계획에 따르면, 새로운 신고리 원전 5, 6호기는 2017년 여론조사 결과에 의거해 계속 건설될 예정이지만 추가적인 건설은 취소될 것이며, 월성 원전 1호기는 전력 생산의 안정성을 고려하여 단계적으로 폐쇄될 것이다. 로드맵에서는 2030년까지 전체 에너지 조합에서 태양광, 풍력 등 재생에너지원이 현재의 7%에서 20%를 차지하도록 함으로써 원자력 에너지의 손실을 충당하게 한다.

또한 로드맵에서는 원자력 산업에 대한 절충안으로 원전 폐로 사업을 제시하면서 고리 원전 1호기의 영구 정지 이후 원전 폐로 기술의 상용화 및 국산화를 추진하고 있다. 또한 해외 폐로 시장에서의 확대를 위해 한국의 동남부 지역에 원자력 폐로 연구소를 설립하는 새로운 프로젝트도 제안한 바 있다.

안정적인 에너지 생산과 경제적 효율성에 초점을 맞추었던 기존의 전력 계획과는 달리 제8차 계획에서는 환경의 지속성과 안전을 강조하고 있는 것이다. 2017년부터 2031년에 걸친 이 계획은 원자력 발전과 화석연료 에너지의 소비를 줄이고 청정하며 재생 가능한 에너지 비율을 증가시키는 것을 목표로 한다. 6개의 원전 건설 계획이 취소되었고, 기존의 원전 10기의 수명 연장은 2022년까지 중단되었으며, 석탄 발전소 6기는 LNG 발전소로 교체된다. 또한 태양광 및 풍력 에너지는 47.2GW를 생산할 것으로 기대되며 2030년에는 58.5GW에 이를 것으로 예상된다.

5) 원자력 정책에서의 정치적 인식 공동체

이 장에서는 에너지 정책에서의 극적인 변화는 에너지 관련한 대통령 의제를 개발하는 정치적 인식 공동체의 도움을 바탕으로 한 정치적 리더십에 의한 것으로 분석했다. 에너지와 전력 계획은 에너지 정책의 목표를 달성하기 위한 것으로, 의제 설정 행위자를 식별하는 과정이 중요하다.

대통령의 의제, 에너지 계획, 그리고 전력 계획에 대한 분석을 바탕으로 보았을 때, 에너지와 전력 계획은 대통령의 의제에 나타난 목표를 달성하기 위해 변화되었음을 알 수 있다. 따라서 대통령의 의제 수립과 국가 에너지 정책의 방향 설정에 관여하는 행위자를 결정하는 것이 중요하다. 이러한 교차점에서 정치적 인식 공동체의 역할이 가장 중요한 것으로 나타났다.

이명박 정부와 박근혜 정부의 의제 수립 과정에 참여했던 이들은 원자력 기술자들이었다. 성 교수, 박 교수, 장 교수는 한국원자력협회

표 3 정부별(이명박, 박근혜, 문재인) 원자력 에너지와 에너지 전환 정책, 정치적 인식 공동체

	이명박 정부 (2008~2013년)	박근혜 정부 (2013~2016년)	문재인 정부 (2017년~)
목표	원자력 발전의 확대 도입으로 자급자족할 수 있는 에너지의 개발 추진	원자력 산업의 수출 및 안전 강화	탈핵 정책을 통한 안전하고 깨끗한 에너지로의 전환
원자력 발전소 계획과 에너지 조합에서의 원자력 비율	원전 12기의 건설, 원자력 에너지의 점유율을 2008년 25%에서 2022년 48%로 계획	신규 및 기존 원전의 건설 및 운영 지속, 원자력 에너지의 점유율을 2013년 27%에서 2030년 41%로 계획	신규 원전의 건설 취소, 기존 원전의 연장 중단 및 원전 폐로 사업, 원자력 에너지의 점유율을 2017년 30%에서 2030년 23%로 계획
원자력 산업 수출	원자력 산업 수출의 촉진	원자력 산업 수출의 촉진	로드맵을 통한 원전 폐로 사업의 추진
분산형 공급을 통한 에너지 전환	N/A	N/A	분산형 에너지
정치적 인식 공동체	친 원자력 에너지 기술자 및 교수	친 원자력 에너지 기술자 및 교수	탈핵 및 친 재생 가능 에너지 행위자, NGO

의 회장으로, 이들은 국가원자력안전위원회의 일원이었다. 예를 들어, 장 교수는 교육과학기술부 대통령직인수위원회의 위원이었으며 의제 설정 단계에서 원자력 정책의 개발을 주도한 것으로 나타났다(Kang and Lee 2015). 대통령의 의제는 통상적으로 대통령직인수위원회 위원들이 작성한다.

지식경제부 차관이 된 정치학 박사 출신의 박 교수는 수출 주도형 원자력 산업 발전을 주도했는데, 그는 UAE 원전 수출 1주년 언론 간담회에서 원자력 산업과 기술 수출을 위한 정부기관을 설립해야 한다고 주장한 바 있다(Kang and Lee 2015).

반면에 환경운동 단체와 반핵운동 단체는 정책결정 과정에서 배제되었는데, 이는 이명박 정부와 박근혜 정부 시절의 환경운동 단체들

이 4대강 사업은 물론 원전 건설 등 국가 개발 사업에 반대했기 때문이다. 따라서 두 정부는 의사결정 과정에서 환경운동 단체들을 배제하고 반정부 집회에 참여했던 환경운동 단체에 대한 재정적 지원을 철회했다(Hong 2016; 인터뷰 8).

이명박, 박근혜 정부의 친 원자력 정치석 인식 공동체와 비교했을 때, 문재인 정부의 정치적 인식 공동체는 주로 환경 NGO와 재생에너지 공학으로부터 비롯되었다. 신재생에너지를 전문으로 하는 백운규 교수는 이후 산업통상자원부 장관이 되어 국가 에너지 정책을 총괄했고, 환경부 장관과 차관을 지낸 김은경(박사) 장관과 안병옥(박사) 차관은 모두 환경운동 경험이 있는 인물로, 특히 김은경 장관은 1991년 낙동강 오염에 대한 환경운동을 시작으로 활동해온 운동가였으며 대통령 비서실에서 지속가능발전 비서관의 업무를 수행하기도 했다. 안병옥 차관은 환경운동연합의 사무처장이었으며 기후변화행동연구소의 소장직을 수행하기도 했다. 또한 김혜애 청와대 기후환경 비서관은 녹색연합과 서울에너지드림센터의 공동 대표를 맡은 적이 있다.

대통령이 임명하는 기획자문위원회는 30명의 위원, 1명의 위원회 위원장, 그리고 3명의 부위원장으로 구성된다. 위원회는 6개의 상임위원회로 구성되어 있으며, 그중 2개는 에너지 및 환경 문제와 관련된 위원회로 경제2분과(산업통상자원부, 미래창조과학부, 원자력안전위원회 소관)와 사회분과(환경부, 식품의약품안전처 소관)가 이에 해당한다. 경제2분과 위원장인 이개호 의원은 환경운동연합으로부터 탈원전 의원으로 인정받은 바 있으며, 위원 중 하나인 강현수 위원은 탈원전과 재생 가능한 에너지 전문가로 김은경 장관과 함께 '충청남도 에너지 전환 정책'에 관한 연구보고서를 작성했다. 사회분과의 김은경 박사와 김좌관 교수(부산가톨릭대 환경공학과)는 한국의 탈핵 지지를 선언한 위원들이기도 하다. 오태규 전 한겨레(진보신문) 논설위원실장은 「일본의 탈핵 연대」(2014년 1월 21일)와 같은 반핵 또는 탈핵 에너지 전환을 지지하는 뉴스 기사를 작성했으며, 유은혜 위원과 김정우 위원은 탈핵과 에너지 전환을 위한 국회의원 모임의 회원이다.

정부 고위직에 있는 정치적 인식 공동체의 구성원들 외에 에너지 전환과 관련된 전문가들 역시 주요 정책을 제정하고 시행하며 자원을 배분하는 정부기구의 책임자가 되었다. 예를 들어, 환경운동연합의 환경운동가였던 이상훈 박사는 대통령직인수위원회를 거쳐 한국에너지공단 신재생에너지센터의 소장이 되었다.[2] 한국에너지기술평가원 원장이자 카이스트(KAIST) 대학의 임춘택 교수는 재생 가능한 에너지와 에너지 전환을 위한 연구개발에 참여하여 재정 지원을 배분하는 역할을 담당했다(인터뷰 5, 6). 반핵운동의 배경을 가진 정치적 인식 공동체는 보수 언론인 『동아일보』(2017년 7월 29일)와 『조선일보』(2017년 7월 18일)에 의해 문재인 정부의 3020 에너지 전환(인터뷰 8)과 같은 탈핵 에너지 정책의 설계자로 거론되기도 했다.

문재인 정부의 요직을 맡은 전문가들이 에너지 정책을 획기적으로 변화시키기 위한 대통령의 의제를 수정하는 데 핵심적인 역할을 했다는 것이 인터뷰 1, 2를 통해 확인되었다. 3, 6, 7의 인터뷰에서도 대통령의 리더십의 중요성을 부각하면서 에너지 전환에서 탈핵 전문가들의 역할이 강조되었다. 심지어 문재인 대통령 본인의 경우에도 노무현 정부(2003~2005년) 당시 민정수석으로서 역할을 수행했을 때 겪은 부안 지역의 원자력 폐기물을 둘러싼 사회적 갈등과 고리 원전 인근의 선거구 획정에서의 경험이 원자력 시스템에 대한 시각에 영향을 미친

---

2 인터뷰 5(2018. 2. 28), 인터뷰 6(2018. 10. 4) 참조.

것으로 나타났다(인터뷰 2, 3, 7). 이와 같은 경험을 기반으로 정치적 리더십을 통해 탈핵 정치적 인식 공동체를 주요 의사결정 직책에 지명했으며, 대통령의 비전을 달성하기 위한 정치적 리더십이 정치적 인식 공동체와 협력하는 양상을 띠게 되었다.

5. 결론과 함의

원자력 산업과 정책은 정치와 경제 부처 간의 서로 다른 홍보 전략과 상호작용으로 인해 다양한 방면에서 발전해왔으며, 구체적으로 원자력 정책은 국내의 정부와 세계적인 정치·경제 동향의 영향을 받아왔다 (Joo 2011). 이 장에서는 다양한 정치 전반에 걸쳐 국가 에너지 계획의 수립, 실행, 그리고 변화에서 원자력 에너지 발전의 비율을 증가시키거나 감축하는 것과 관련된 정치적 인식 공동체의 전략을 분석했다. 특히 현 정부의 에너지 전환 정책에 초점을 맞추고 원자력 확대 정책을 추진했던 과거의 정부들과 비교함으로써 주요한 행위자들을 식별했다.

이명박 정부와 박근혜 정부 이전의 한국은 에너지 분야에서 원자력 발전의 확대, 원자력 발전을 위한 정치적 연대, 그리고 원자력 산업의 수출을 뒷받침하는 정책 등 원자력 발전 국가의 특징을 보였다. 1997년 이후 5년마다 원자력진흥종합계획을 제정(Kim and Chang 2012)하는 등 지속적으로 노력한 것과 더불어, 이 과정에서 정부 기술 관료(산업통상자원부, 지식경제부), 한국전력, 한국수력원자력주식회사, 원자력 공학이 전공 분야인 교수들로 꾸려진 전문가 그룹, 그리고 한국원자력산업회의의 정책 네트워크는 원자력 에너지에 의존하거나 관련 정책을 유지하고 확장하는 데 큰 역할을 했다. 나아가 원자력발전추진위원회는 원자력의 이용, 포괄적 원자력 추진 계획, 원자력 폐기물의 관리 및 에너지 사용 비용의 배분 등을 논의하고 의결하는 거버넌스 기구의 역할을 수행했다. 또한 이명박, 박근혜 정부에서는 원자력 공학을 전공한 교수들 대부분이 원자력 에너지를 확대할 것을 지지하기도 했으며, 원자력 사업과 전력회사, 그리고 전문가 연합이 원자력 에너지를 확대하고 수출하는 것을 추구하면서 정부 정책에 영향을 미쳤다.

하지만 일련의 사건들과 원자력 산업의 투명성 부족으로 인해 탈원전 운동을 지지하는 정치 지도자들이 등장했다(인터뷰 4, 2018. 7. 12). 원자력 발전소와 폐기물의 위험, 그리고 재생 가능한 에너지 시스템의 잠재력에 대한 믿음을 공유하는 정치적 인식 공동체는 원자력 발전 국가에서 에너지 전환으로의 의제 변화를 촉진했고 이후 주요 각료와 공직자들을 주도하게 되었다. 서로 다른 형태의 정치적 인식 공동체를 동반하는 정치적 연대가 진화함으로써 친핵에서 탈핵으로 에너지 정책을 변화시키는 역할을 하게 되었는데, 이러한 변화는 정부의 변화와 함께 일어났다. 2011년 후쿠시마 사고와 같은 외부적 요인은 이명박 정부와 박근혜 정부가 사고 이후 안전만을 강조했기 때문에 에너지 정책이 변화하는 데 큰 영향을 미치지 못했다. 에너지 정책의 급진적 변화는 후쿠시마 사고 직후가 아니라 탈원전 정치적 인식 공동체의 지원을 받는 정부의 변화에 따라 2017년에 진전된 것이다.

이 장에서의 분석 결과는 민주주의 국가에서 에너지 정책에 대한 의사결정의 많은 변화 또는 변동의 가능성을 보여주고 있다. 이론적으로 정부, 정치연합, 그리고 정치적 인식 공동체의 변화는 선거 기간마다 발생할 수 있기 때문에 국가 정책 우선순위 의제, 국가 에너지 기본 계획 및 장기 전력수급 계획의 후속 제도화 역시 변화할 수 있다. 따라서 에너지 정책에서 어떤 비전을 우선시하고 어떤 행위자가 미래를 위한 일관성 있고 지속 가능한 에너지 계획을 개발하는 데 참여해야 하는지를 결정하는 것은 매우 중요하다.

이 장에서는 환경, 에너지 정치, 그리고 거버넌스에 관한 광범위한 문헌에 기여하고자 했다. 첫째, 국가 에너지 정책에 대한 관행의 극적인 변화를 설명하기 위해 원지력 빌전 국가와 국가 에너지 전환을 설명했다. 이론적으로는 정치적 인식 공동체의 역할은 인식 공동체와 달리 과학적 지식과 권력을 연결하는 것이다. 정치적 인식 공동체는 선거 운동의 행위자로서 권력과 연관되어 있으며, 연결 단계에서 정부 직책을 통해 권력을 얻게 된다. 이후 이들은 의제 설정 단계에서 에너지 전환을 위한 정책 의제를 형성하고 이에 기반하여 제도화 단계에서 국가 에너지 계획이 제도화된다. 이 장에서는 에너지와 환경 관계자와의 인터뷰를 통해 정책 결정 과정에서 정치적 인식 공동체의 참여가 에너지 정책의 변화를 촉진한다는 가설을 검증했다.

물론 이러한 발견은 다른 국가들에 통용되지 못하기 때문에 일반화하기 어려울 수 있지만, 후속 연구로 원자력 발전 국가, 에너지 전환, 그리고 정치적 인식 공동체(또는 전문가)의 개념을 서로 다른 맥락에서 검토하고 비교 연구할 기반을 마련했다는 데 의의가 있다.

참고문헌

Amsden, A. 1989. *Asia's Next Giant*. New York: Oxford University Press.

BlueHouse. 2011. *the Hundred Presidential Agenda of Lee MyuongBak Administration*. Seoul: BlueHouse.

_____. 2013. *The Presidential Agenda of Park Geun-hye Administration*. Seoul: BlueHouse.

Chalmers J. 1999. "The Development State: Odyssey of a Concept." in *The developmental state*. Ed. M. Woo-Cummings. Ithaca: Cornell University Press.

Choi, S., E. Jun, I. Hwang, A. Starz, T. Mazour, S. Chang, and A. R. Burkart. 2009. "Fourteen lessons learned from the successful nuclear power program of the Republic of Korea." *Energy Policy* 37: 5494-5508.

Chung, J. B and E. S. Kim. 2018. "Public perception of energy transition in Korea: Nuclear power, climate change, and party preference." *Energy Policy* 116: 137-144.

Doner, R. F., B. K. Ritchie, and D. Slater. 2005. "Systemic Vulnerability and the Origins of Developmental States: Northeast and Southeast Asia in Comparative Perspective." *International Organization* 59: 327-361.

Emelianoff, C. 2013. "Local Energy Transition and Multilevel Climate Governance: The Contrasted Experiences of Two Pioneer Cities." *Urban Studies*.

Evans, P. B. 1995. *Embedded Autonomy: States and Industrial Transformation*. New Jersey: Princeton University Press.

Haas, P. 1989. "Do Regimes Matter? Epistemic Communities and Mediterranean Pollution Control." *International Organization* 43.

_____. 1992. "Introdution: Epistemic Communities and International Policy Coordination." *International Organization* 46: 1-36.

Haas, P. M., and C. Stevens. 2011. "Organized science, usable knowledge, and multilateral environmental governance." in *Governing the Air: The Dynamics of Science, Policy, and Citizen Interaction*. Eds. R. Lidskog, G. Sundqvist. Cambridge: MIT Press.

Hong, D. 2016. "Shaping Civil Nuclear Industry in Korea: Focusing on the Bureaucratic Politics in Developmental State." *Space and Society* 26: 273-308.

Hsu, S. H. 2005. "Advocacy coalitions and policy change on nuclear power utilization in Taiwan." *The Social Science Journal* 42: 215-229.

Jasanoff, S. and S. H. Kim. 2009. "Containing the Atom: Sociotechnical Imaginaries and Nuclear Power in the United States and South Korea." *Minerva* 47: 119.

Jin, S. H. 2009. "A Study on the Path Dependency of Korea Nuclear Energy Policy." *Korea Policy Studies* 18: 123-144.

Joo, S. 2011. "Study on Nuclear Energy Policy Change." *Korean Society and Public Administration* 22: 153-182.

Kang, U. and K. Lee. 2015. *Nulcear Mafia Report.* Seoul: Energy Climate Policy Center.

Kern, F. and A. Smith. 2008. "Restructuring energy systems for sustainability? Energy transition policy in the Netherlands." *Energy Policy* 36: 4093-4103.

Kim, G. S. 2016. "The Participants and the Formulating Factors of the Nuclear Policy Community in Korea." *Korea Local Government and Administration Studies* 30: 165-185.

Kim, S. 2000. "Democratization and Environmentalism: South Korea and Taiwan in Comparative Perspective." *Journal of Asian & African Studies(Brill)* 35: 287-302.

Kim, Y. M. and S. Chang. 2012. "The Comprehensive Nuclear Promotion Plan of the Republic of Korea." *Progress in Nuclear Energy* 58: 58-63.

Kingston, J. 2012. "Japan's Nuclear Village." *The Asia Pacific Journal* 37: 1-22.

KPX. 2014. *The 7th Power Supply and Demand Basic Plan 2015-2019 Korea Power Exchange.*

Lee, T., T. Lee, and Y. Lee. 2014. "An Experiment for Urban Energy Autonomy in Seoul: The One Less Nuclear Power Plant Policy." *Energy Policy* 74: 311-318.

Lidskog, R. and G. Sundqvist. 2015. "When Does Science Matter? International Relations Meets Science and Technology Studies." *Global Environmental Politics* 15: 1-20.

Loorbach, D. and J. Rotmans. 2010. "The practice of transition management: Examples and lessons from four distinct cases." *Futures* 42: 237-246.

McCormack, G. 2011. "Hubris Punished: Japan as Nuclear State." *The Asia-Pacific Journal* 9: 1-8.

Mitchell, N. J., K. G. Herron, H. C. Jenkins-Smith, and G. D. Whitten. 2007. "Elite Beliefs, Epistemic Communities and the Atlantic Divide: Scientists' Nuclear Policy Preferences in the United States and European Union." *British Journal of Political Science* 37: 753-764.

Moloney, S., R. Horne, and J. Fien. 2010. "Transitioning to Low Carbon Communities-From Behaviour Change to Systemic Change: Lessons from Australia." *Energy Policy* 38: 7614-7623.

Öniş, Z. 1991. "The Logic of the Developmental State." *Comparative Politics* 24: 109-126.

OPC. 2017. "100 National Policy Tasks." in *Coordination, O. f. G. P.* Ed. Prime Minister's Secretariat. Seoul.

Solomon, B. D. and K. Krishna. 2011. "The coming sustainable energy transition: History, strategies, and outlook." *Energy Policy* 39: 7422-7431.

Sovacool, B. K. 2010. "A Critical Evaluation of Nuclear Power and Renewable Electricity in Asia." *Journal of Contemporary Asia* 40: 369-400.

Stubbs, R. 2009. "What ever happened to the East Asian Developmental State? The unfolding debate." *The Pacific Review* 22: 1-22.

Valentine, S. V. and B. K. Sovacool. 2010. "The socio-political economy of nuclear power development in Japan and South Korea." *Energy Policy* 38: 7971-7979.

Verbong, G. and F. Geels. 2007. "The ongoing energy transition: Lessons from a socio-technical, multi-level analysis of the Dutch electricity system(1960‒2004)." *Energy Policy* 35: 1025-1037.

Verbruggen, A. and V. Lauber. 2009. "Basic Concepts for Designing Renewable Electricity Support Aiming at a Full-scale Transition by 2050." *Energy Policy* 37: 5732-5743.

Visschers, V. H. M., C. Keller, and M. Siegrist. 2011. "Climate change benefits and energy supply benefits as determinants of acceptance of nuclear power stations: Investigating an explanatory model." *Energy Policy* 39: 3621-3629.

Wade, R. 1990. *Governing the market: Economic theory and the role of government in East Asian industrialization*. New Jersey: Princeton University Press.

Weiss, L. 1998. *The Myth of the Powerless State*. Cambridge: Polity Press.

Yoo, S. H. and K. O. Jung. 2005. "Nuclear energy consumption and economic growth in Korea." *Progress in Nuclear Energy* 46: 101-109.

〈부록 1〉인터뷰

대면 면접은 반 구조적인 질문을 통해 진행되었다. 인터뷰의 대상자로 원자력 정책 개발의 지식 제공자들을 선정했으며, 질문은 국가 에너지 정책(원자력 및 재생 가능한 에너지) 변화의 인과관계와 관련된 것이었다. 인터뷰는 익명으로 진행되었으며, 모든 인터뷰는 30분에서 60분 동안 진행되었다.

번호	인터뷰 대상자들의 배경	날짜
1	한양대학교 교수(에너지 정치)	2017. 12. 22.
2	강원대학교 교수(에너지 경제)	2017. 12. 22.
3	신재생에너지센터 공무원	2018. 2. 28. 2018. 6. 8.
4	연세대학교 교수(환경 및 에너지 정치)	2018. 7. 12.
5	서울시립대학교 부교수(에너지 정책)	2018. 2. 28.
6	한양대학교 연구원(에너지 정책)	2018. 10. 4.
7	서울대학교 교수(환경)	2018. 11. 1.
8	녹색연합 활동가(환경운동)	2019. 7. 8.

제2부   에너지 전환의 정치 사례

제4장   도시 에너지 전환:
리더십과 거버넌스

1. 서론

기후변화와 화석연료의 고갈로 인해 화석 에너지를 중심으로 에너지를 공급하는 데에서 재생에너지를 중심으로 에너지를 공급하고 에너지 효율을 개선하는 에너지 패러다임으로 전환되었다. 이에 따라 세계 곳곳에서 대규모로 에너지 효율의 개선과 재생에너지의 보급이 대체로 성공적으로 이루어지고 있다. 또한 에너지 자원의 변화와 함께 에너지 부문의 규모와 범위에 대한 에너지 패러다임의 전환이 발생했다. 에너지 발전과 수요 사이에 상당한 공간적, 심리적 거리(Walker et al. 2007, 68)가 발생하는 대규모의 중앙집중식 에너지 시스템은 사회적, 환경적, 그리고 경제적 문제를 가지고 있다(Byrne and Toly, 2006). 이에 대한 대안책으로 대규모의 중앙집중식 에너지 시스템과 관련된 문제를 해결하기 위해 지역 차원의 소규모 분산형 에너지 시스템이 논의되어 왔다(Monstadt 2007).

최근에는 도시 차원에서 지역 규모의 몇 가지 실험이 수행되었다(CDP 2012; Hammer 2008; Keirstead and Schulz 2010; Puig 2008). 화석연료와 핵 발전으로 에너지를 얻는 도시는 기후변화의 주요 원인으로 비판을 받고 있으며, 대기오염과 시민에 대한 방사선 위험 노출의 원인이다(Droege 2008). 또한 도시들은 전 세계 1차 에너지 소비량의 3분의 2를 차지한다(Keirstead and Schulz 2010). 게다가 도시들은 에너지를 공급하기 위해 주변 지역에 크게 의존하는데, 교외나 농촌 지역은 도시의 인프라와 경제 활동을 유지하기 위해 도시로 에너지를 생성하고 전달하는 데 큰 부담을 안고 있다(Rickwood et al. 2008). 교외나 농촌 지역에서의 화석연료 또는 원자력 발전의 위험, 비용과 이익의 불균형한 분배는 종종 심각한 사회적 긴장을 유발하기도 한다(Vajjhala and Fischbeck 2007). 즉, 도시 지역이 에너지를 생산하기 위해 비도시 지역에 덜 의존하게 될 경우 사회적 긴장이 줄어들 수 있는 것이다. 따라서 에너지의 공급과 수요를 관리하는 것과 관련된 에너지 정책은 전통적으로 국가 규모로 처리되어왔지만(Rae and Bradley 2012; Walker et al. 2007), 도시는 환경적으로 지속 가능한 에너지의 미래를 보장하기 위해 실질적인 변화가 이루어질 수 있는 공간이다(Keirstead and Schulz 2010; Monstadt 2007). 즉, 에너지와 관련된 문제를 해결하기 위한 에너지 패러다임의 변화는 도시와 같은 작은 규모와 글로벌 및 국가 수준과 같은 큰 규모에서 발생해야 한다(Sovacool and Brown 2009).

한국은 유가 상승, 지역 및 세계적 수준의 환경적 우려의 증가, 에너지 공급 안보에 대한 우려, 환경과 관련된 NGO의 증가로 인해 기존의 에너지 패러다임에서 보다 환경적으로 지속 가능한 에너지 패러다임으로 전환하기 위해 노력해왔다(Kim et al. 2011). 하지만 한국은 여전히 에너지 집약적인 국가이다. 한국은 세계에서 열한 번째로 큰 에너지 소비국이며 아홉 번째로 큰 이산화탄소 배출국이다(International Energy Agency 2012). 또한 2012년 한국에서 전기 사용의 31.1%는 원자력 에너지에서 비롯되었다(Korea Energy Economics Institute 2013). 다른 국가들의 거대 도시들과 마찬가지로 서울은 에너지 소비의 상당 부분을 차지하고 있다. 예를 들어, 서울은 2011년에 국가 총에너지 생산량(455,070 GW/h)의 10.3%(46,903 GW/h)를 소비한 반면 전체 에너지 소비량의 2.95%(1384 GW/h)만 생산했다(Seoul 2013). 이러한 추세를 역전하기 위해 서울은 2012년부터 도시 에너지 실험을 시행해왔으며, 이는 전 세계적으로 다른 에너지와 관련된 실험에 대한 국가 및 도시의 에너지 정책에 대한 통찰력을 제공한다.

이 장에서는 새롭게 개발된 도시 에너지 실험의 개념을 통해 서울의 사례를 분석한다. 또한 한국 내외의 다른 도시들이 지속 가능한 에너지 정책을 추진하기 위해 시행할 수 있는 정책에 대한 제안을 제공하고자 한다. 이를 위해 서울의 '원전 하나 줄이기' 정책을 검토한다. 2절에서는 도시 수준에서 에너지 자율성으로의 전환을 이해하기 위한 이론적 분석 틀을 제공한다. 3절에서는 2절에서 제안한 이론적 분석 틀을 통해 서울의 에너지 정책을 분석하며, 그 결과로 서울의 도시 에너지 실험에 대한 분석을 바탕으로 결론을 도출하고 함의와 정책적 시사점을 제안하면서 마무리한다.

2. 방법론: 도시 에너지를 자급자족으로 전환하기 위한 실험

1) 에너지 전환을 위한 도시 실험

기후변화 및 에너지 정책에 관한 국제 및 국내 규칙의 수많은 장애물에도 불구하고 지방(또는 주)과 도시, 지역사회를 포함한 일부 도시 정부는 기후변화 문제를 완화하고 해결하기 위해 중대한 역할을 한다(Bomberg and McEwen 2012; Koski and Lee 2014). 지방정부와 NGO의 행위자들은 하위 국가 차원에서 기후변화와 에너지 넥서스 문제를 해결하기 위해 다양한 실험을 수행했다. 특히 벌켈리와 브로토는 기후변화 실험을 "도시의 기후변화를 완화하고 적응할 필요성에 대응하도록 설계된 도시의 사회기술적 시스템의 자발적 개입"으로 정의했다(Bulkeley and Broto 2012). 호프만이 지적한 것처럼(Hoffmann 2011), 도시 기후변화 거버넌스 실험은 세 가지의 특성을 가지고 있다.

① 지역 기후에 대한 대응을 위한 규칙을 명시적으로 제정하는 데 관여하고, ② 교토 의정서나 국가 정책과 같은 국제협상에서 독립적이며, ③ 관할구역을 넘어 이루어진다.

그러나 도시 기후변화 실험과 도시 에너지 실험의 목적과 측정은 동일하지 않을 수도 있다. 그럼에도 불구하고 대부분의 기후변화 완화 실험이 에너지 시스템과 관련되어 있기 때문에 도시 기후변화 실험과 도시 에너지 실험 사이에는 공통점이 있다. 이 장에서 도시 기후변화 실험은 도시 에너지 실험보다 더 큰 개념으로 이해한다. 왜냐하면 전자는 거의 모든 에너지와 관련된 기후 완화 조치와 홍수 방지 조치, 삼림 프로젝트 및 탄소시장을 포함하지만(Bulkeley and Broto 2012, 363-364) 후자는 반드시 이러한 개념을 포함하지는 않기 때문이다.

여기에서 실험은 더 나은 결과를 달성하기 위한 목적으로 혁신적인 아이디어를 내는 시도를 의미한다. 따라서 '도시 에너지 실험'은 도시뿐만이 아니라 그 밖의 지역에 신뢰할 수 있고 친환경적이며 자급자족적이며 저렴한 에너지를 제공하기 위해 에너지를 공급, 전달, 소비하는 기존의 방식을 변경하기 위한 새로운 아이디어와 기술, 실행의 제안 및 시행으로 정의된다. 도시와 국가의 하위 지역은 에너지 실험에 이상적인 장소라고 할 수 있는데, 이는 현존하는 에너지 공급과 소비 정책을 수정하거나 발전하는 새로운 아이디어와 실행이 이와 같은 지역에서 실험되어왔기 때문이다(Evans 2011). 이러한 도시 에너지 실험의 예는 풍부하다. 기후변화에 집단적으로 대응하기 위한 글로벌 도시들의 초지방적 네트워크인 C40 세계 도시 기후 정상회의와 세계적인 도시 컨설팅 회사인 Arup은 58개 회원 도시에서 4,734건의 기후 조치가 발생했다고 보고한 바 있다(C40 Cities 2011). 그렇다면 이와 같은 도시 실험의 목적은 무엇인가? 만일 불확실성이 만연하다면 우리는 실험을

통해 새로운 아이디어와 기술을 시험할 수 있다. 보다 일반적으로, 새로
운 아이디어는 성공적이고 효율적이며 명시된 목표를 달성하는 데 효
과적일 가능성이 높다(Broto and Bulkeley 2013). 실험의 목적은 학습
에서부터 기관의 행동 변화, 실험 결과의 규모 확대 또는 축소에 이르
기까지 다양하다(Lee and Van de Meene 2012). 도시 에너지 실험을 다
른 도시 지역, 지역사회 또는 국가로 확산하거나 축소하기 위해서는 실
험이 대상기관의 행동이나 제도적 변화에 어떻게 영향을 미치는지를 평
가하는 것이 필수적이다. 따라서 실험은 새로운 형태의 목표, 정책 도구
및 거버넌스 구조를 시험함으로써 정치, 기술, 그리고 사회경제적 전환
을 촉진한다(Evans 2011; Hodson and Marvin 2007).

2) 에너지 의존에서 에너지 자율성으로의 전환

전환이라는 용어는 어떤 장소에서 다른 장소로의 방향이라는 개념
을 내포하고 있으며, 현존하는 사회경제적 환경을 변화시킨다. 저탄
소 전환은 에너지 수요를 관리하고 효율성을 향상시킴으로써 화석연
료 또는 원자력 에너지 기반 시스템에 기초한 기존의 이익, 전력, 규범
을 재생에너지 기반 시스템으로 전환하는 것을 목표로 한다(Bulul et
al. 2011). 따라서 전환은 기술적 대안뿐만이 아니라 제도적, 사회경제
적 모티브까지 요구한다(Droege 2008). 기존의 시스템에 도전하기 위
한 어떤 대안책도 정치적 리더십, 전문가 NGO 또는 시민을 포함한 이
질적인 행위자들이 지원하는 자원과 리더십의 동원이 있어야만 한다
(Späth and Rohracher 2012).
　따라서 에너지의 자율성은 에너지 의존 상태로부터의 전환 실험
이다. 화석연료나 원자력 에너지에 기반한 중앙집중형 발전을 대규모

로 감축하는 것은 도시 에너지의 자율성을 증진하는 것의 일부이다
(Droege 2008). 지방자치적인 에너지 시스템은 기후변화와 불확실한
재래식 에너지 공급에 대응하기 위한 '자발적 개입'을 필요로 하고 중
앙집중식 에너지 공급 시스템과 장거리 에너지 전달에 따른 사회적 갈
등을 해소한다는 점에서 실험이다. 동시에 도시 에너지의 자율성은 현
존하는 에너지 시스템을 새로운 것으로 바꾸는 것을 포함한다는 점에
서 '전환'이다. 지방과 지역 수준에서 일어난 재생에너지로의 전환과
비교해서 국가 및 국제기관은 에너지 관련 문제에 매우 느리게 대응했
다(Muller et al. 2011). 이러한 측면에서 국가 또는 국제적 규모의 정
치적 공백이나 한정된 자원이 있을 때 나타나는 도시의 에너지 정책은
국가적으로나 국제적으로 지속 가능한 에너지 정책을 인도할 수 있다
(Aall et al. 2007).

3) 도시 에너지 실험을 분석하기 위한 이론적 분석 틀

이 장에서는 도시 에너지 부문의 전환과 궁극적으로 에너지 자율 수
준을 평가하기 위해서 이론적 틀에서 정책 배경, 거버넌스, 정책 내
용이라는 세 가지 구성요소에 중점을 두었다. 도시 에너지 실험을 위
한 더 넓은 사회경제적, 정치적 환경과 정책 내용을 이해하기 위해서
이 세 요소를 살펴보았다. 이에 따라 기존의 도시 에너지 정책과 관련
된 문헌을 검토하여 열한 가지 주요 주제를 추출했다. 정책 배경은 ①
경제적 맥락(Droege 2008; Hammer 2008), ② 환경적 맥락(Hammer
2008; Lee and Van de Meene 2012), ③ 사회적 맥락(Vajjhala and
Fisschbeck 2007), ④ 정치적 맥락(Muller et al. 2011)을 설명한다. 이
정책 배경은 지역 행위자들이 도시 에너지 실험에 대한 새로운 요구와

아이디어를 도출할 수 있도록 하는 근본적인 조건을 설명한다.

거버넌스는 ⑤ 도시 에너지 정책의 목표(Emelianoff 2013), ⑥ 의사결정 과정(Michalena and Angeon 2009; Rogers et al. 2008), ⑦ 정치 지도자의 역할(Lee and Koski 2012)로 구성되어 있다. 정책 배경의 기본적인 조건을 실현하는 데에서 거버넌스는 도시 에너지 실험을 위한 목표, 제도적 설정, 정치적 동인을 확립한다.

정책 내용에는 ⑧ 재생 가능한 에너지의 공급(Walker et al. 2007; Walker 2008), ⑨ 에너지 효율성의 측정(Azevedo et al. 2013;

표 4 도시 에너지 실험을 분석하기 위한 이론적 분석 틀

정책 배경	경제적 맥락	– 에너지 공급과 수요의 비용에 대한 대중적 인식 – 유가 상승, 전력 부족, 정전 등과 같은 에너지 관련 위기
	환경적 맥락	– 기후변화의 완화를 포함한 국제환경협약 – 에너지 공급과 관련된 오염과 폐기물의 관리를 포함한 국내의 환경적 우려
	사회적 맥락	– 발전소 및 에너지 전달 시스템의 어려움 등과 같은 에너지 관련 사회적 문제
	정치적 맥락	– 선거와 정치 지도자의 변화
거버넌스	도시 에너지 정책의 목표	– 목표와 의제 설정에서의 규범과 아이디어
	의사결정 과정	– 의제 설정과 정책 시행에서 행위자들의 참여
	리더십의 역할	– 도시 에너지 실험을 위한 의제 설정, 정책 시행, 수행 평가에서의 리더십
정책 내용	재생 가능한 에너지 공급	– 재생 가능한 에너지의 성공적인 도입을 위한 목표, 일정 및 실행 계획 – 기술 혁신 및 적용
	에너지 효율 측정	– 에너지 효율의 향상에 집중 – 기술 혁신 및 적용
	에너지 수요 관리	– 지역사회와 개인의 동원 – 재정적 인센티브 및 규제
	성과 평가 및 모니터링	– 에너지 정책 측정의 정기적인 평가 및 모니터링을 위한 방법 및 기준

Keirstead 2013), ⑩ 에너지 수요의 관리 정책(Bomberg and McEwen 2012; Carley 2012), ⑪ 성과 평가 및 모니터링(Walker et al. 2007) 과 같은 도시 에너지의 자율성에 대한 요구사항이 포함된다. 이와 같은 이론적 틀은 도시 재생에너지 전환을 이해하는 데 쓰일 수 있다 (Martensson and Westerberg 2007). 이러한 주제들은 〈표 4〉와 같이 도시 에너지 전환이 어느 정도 달성되었는지를 결정하기 위한 질문을 제시한다.

3. 결과: 서울의 사례 분석 – '원전 하나 줄이기' 정책

이 장의 방법론은 다른 연구자들의 관련 연구에 대한 문헌 검토, 서울 시의 공식 문서, 참여 관찰, 그리고 인터뷰에 대한 면밀한 검토를 토대 로 하고 있다. 서울시의 공식 문서로 회의록, 행정 문서, '원전 하나 줄 이기' 정책의 다양한 보고서, 그리고 웹 페이지의 내용 등을 활용했다. 이 연구의 공동 저자 중 1명은 박원순 시장이 서울시의 시장 후보로 있 었던 2011년부터 정책 구상에 참여한 바 있으며 '원전 하나 줄이기' 정 책의 세부 계획을 수립하고 실행하는 데 관여했다. 또한 2012년 12월 12일, 2013년 7월 18일, 그리고 2013년 12월 23일에 박원순 시장이 참 석한 '원전 하나 줄이기' 정책 평가회의에 참석했다. 또한 이 연구를 위 해 '원전 하나 줄이기' 정책에 직접 관여하고 있는 기후환경본부의 관 계자들도 인터뷰했다.

약 1천만 명의 인구가 살고 있는 대도시인 서울은 에너지를 균등 하게 소비하고 생산한다. 서울은 2006년 7월에 청정서울추진본부의 산하기관으로 지구환경부가 만들어지기 이전에 대기질 보호 정책의 일환으로 에너지 정책을 시행했다. 청정서울추진본부가 2008년 1월에 청정환경본부로 바뀌었고, 2012년 1월에는 기후환경본부로 바뀌면서 기후변화, 에너지, 환경 문제를 다루는 업무를 맡게 되었다(Seoul 2012a). 기후환경본부의 설립과 함께 2007년 서울의 친환경에너지 선언 이후에 서울의 에너지 문제에 관한 실질적인 논의가 이루어지게 되었다(Lim et al. 2013). 이 선언에서 서울은 2020년까지 온실가스 배출량을 1990년 수준에서 25% 감축하고, 2020년까지 에너지 사용량을 2000년 수준에서 15% 감축하며, 2020년까지 신재생에너지 공급량을 10% 증가시키겠다는 목표를 세웠다(Seoul 2009). '원전 하나 줄이기' 정책은 온실가스 감축 프로젝트의 일환으로 추진되었다(Seoul 2009).

2012년 4월에 '원전 하나 줄이기' 정책을 수립함으로써 이전의 노력이 더욱 강화되었다. 이전의 노력은 서울의 일부 에너지 관련 문제를 해결하는 데 기여했지만, '원전 하나 줄이기' 정책은 여러 측면에서 에너지 정책을 강화했다. 앞 절에서 제안한 분석 틀을 기반으로 배경과 거버넌스를 통해 '원전 하나 줄이기' 정책을 분석한다.

1) '원전 하나 줄이기' 정책의 배경

첫째, 2011년 9월 15일에 폭염으로 인한 전력 수요가 급증하면서 전국적인 정전 사태가 발생했다. 전력이 복구될 때까지 서울과 다른 주요 도시의 정전은 약 65만 6천 가구에 영향을 미쳤다(경기연구원 2011). 이러한 정전은 대중의 불만을 불러왔고, 지식경제부 장관의 사임을 초래했다(Lee 2013a). 정전 사태는 국가의 경제와 정치에도 영향을 미쳤으며, 당시 시장 후보였던 박원순과 그의 팀이 '원전 하나 줄이기'를 추진하는 직접적인 이유가 되었다. 박원순 후보와 그의 팀은 도시 에너지 자급률이 2.95% 증가하지 않으면 서울의 기본 에너지 안보를 보장할 수 없다는 것을 인식하게 되었다(서울시 2012b).

둘째, 2011년 3월에 후쿠시마 다이이치 원자력 발전소에서 지진과 쓰나미로 인한 폭발이 발생한 후, 박원순 시장 후보는 환경과 에너지 분야에서의 선거 공약을 검토하고 2011년 10월에 원자력 발전소에 대한 우려를 표명했다(참여 관찰). 후쿠시마 원전 사고뿐만 아니라 다른 국가의 원전 폐지 선언도 '원전 하나 줄이기' 정책을 수립하는 데 큰 영향을 미쳤고 정책에 정당성을 부여했다.

셋째, 전력 수요가 지속적으로 증가함에 따라 중앙정부는 더 많은 발전소를 건설하고 송전시설을 개선하기로 결정했다. 새로운 발전소는 동해안의 원자력 발전소, 서해안의 화력 발전소와 같이 해안을 기반으로 한다. 발전소는 내륙에 위치한 주요 도시에 전력을 공급하기 위해 수많은 송전탑과 송전선을 필요로 한다. 최근에 한국의 남부지역인 밀양에 69개의 송전탑이 건설되어 남해안의 신고리 원자력 발전소에서 국내 3위 도시인 대구로 전력을 공급하게 되었다. 밀양 지역의 주민들은 그들의 거주지역과 멀리 떨어진 대도시 사람들에게 혜택을 주기 위해 머리 위로 교차하는 수십 개의 765kV 송전선을 추진하는 것을 강력히 반대했다. 정부기관인 한국전력은 신고리 원전을 잠재적으로 수익성이 있는 원자력 발전소 건설 사업을 해외로 수출하기 위한 중요한 시험 사례로 인식했다(Choi 2013a; 2013b). 그러나 정부가 위와 같은 프로젝트를 추진함에 따라 이 논쟁은 국가적 이슈가 되었다(Ha 2014). 박원순 시장 후보는 지역 주민과 한국전력 간의 사회적 갈등이 심화되면서 밀양과 같은 농촌 지역에 원자력 발전소를 확충하고 송전탑을 건설하는 것은 대도시에 거주하는 주민들에게는 도움이 되지만 실제로 발전소와 송전탑이 건설되는 지역에 거주하는 주민들에게는 도움이 되지 않을 것이라는 점을 지적했다. 또한 그는 "서울은 농촌 지역과의 공존을 위해 책임 있는 에너지 정책을 마련해야 한다."라고 강조했다.[1] 서울의 새로운 정부는 도시와 농촌 지역 간의 에너지 생산 및 소비에 대한 책임 분담 문제를 해결해야 하기 때문에 이러한 규범적인 아이디어를 '원전 하나 줄이기' 정책에 포함하게 되었다.

넷째, 2011년 선거 당시 이명박 대통령에 대해 비판적이었던(Choi 2012) 시민 운동가 박원순 후보는 '원전 하나 줄이기' 정책을 수립하기 위한 추진력을 제공했다. 2004년 2월에 전라북도 부안 주민들이 핵 폐기물 저장시설을 건설하는 것에 대해 중앙정부의 계획에 강력하게 반대했을 때 프로젝트의 주민 투표 감독위원회에서 선출된 대표자로서 겪었던 경험은 박원순 후보가 탈원전 정책을 제안한 동기가 되었다.[2]

2) 거버넌스

앞서 언급한 요인들을 통해 '원전 하나 줄이기' 정책에서는 다음과 같은 목표를 제시했다. 첫 번째 목표는 2014년까지 하나의 원자로 용량(2백만 톤)을 신재생에너지에서 생산되는 에너지로 대체하는 것이었다(Seoul 2013). 이러한 정책은 전기에서 79만 톤, 석유와 도시가스에서 121만 톤을 줄이는 것과 동시에 도시 전력의 자체 공급률을 2011년 2.95%, 2014년 8%, 2020년에는 20%까지 올리는 것과 관련되어 있다(Seoul 2013). 전 세계의 기후변화 대응 문제를 다루는 대부분의 도시들은 온실가스의 감축을 주요 목표로 삼는 반면, 서울은 원자력 발전소로부터 생산되는 에너지의 감축 및 대체를 목표로 삼는다. 서울에는 원

---

1   2011년 9월 26일 박원순 후보와의 인터뷰.
2   2011년 9월 26일 박원순 후보와의 인터뷰.

자력 발전소가 없지만, 환경과 사회적 지속 가능성으로 인해 서울의 외부에 추가적인 원자력 발전소를 건설할 필요성을 제거하고자 했다. 서울의 '원전 하나 줄이기' 정책의 궁극적인 목표는 "세계의 환경 수도로서 에너지 독립의 토대를 마련하는 것"이다(Gwon 2014a, 76). 특히 '원전 하나 줄이기' 정책을 통해 서울은 ① 에너지의 자체 공급률을 높이고, ② 안전하고 지속 가능한 에너지원을 확보하며, ③ 온실가스의 배출을 감축하는 것을 추구한다(Seoul 2012b).

　'원전 하나 줄이기' 정책의 의사결정 과정은 특별한 관심을 끌게 되었다. 박원순 시장은 서울시의 시장으로 당선된 직후에 50명의 전문가와 시민, 시민단체로 이루어진 희망 정책 자문 패널을 구성했다. 패널의 환경문화분과위원회는 2011년 11월부터 2012년 12월까지 서울시의 관계자, 녹색연합이나 환경운동연합과 같은 환경시민단체들과 총 16번의 회의를 열었으며 '원전 하나 줄이기' 정책의 초안을 함께 작업했다. 시민사회의 시민단체는 정책 결정 과정에 적극적으로 참여했다. '원전 하나 줄이기' 정책의 최종안은 2012년 2월 21일의 정책 심의 워크숍과 2012년 4월 16일에 '원전 하나 줄이기' 정책의 최종안을 검토하기 위해 구성된 시민 의회 이후인 2012년 4월 26일에 발표되었다(Seoul 2013). 시민 의회에는 총 109개의 정책 제안을 산출하기 위해 22개 단체에서 400명의 시민들이 참석했다(Seoul 2013). 참가자들은 일상생활에서 실천하기 쉬운 에너지 절약 조치의 중요성과 급증하는 교육 및 홍보 캠페인의 중요성을 강조했다. 서울시는 에너지 이니셔티브를 이행하기 위해 기후환경본부 산하에 '원전 하나 줄이기' 추진위원회를 설립했으며, 환경정책 부서와 녹색에너지 부서가 정책을 추진하는 주도적인 역할을 수행했다. 또한 서울시는 에너지 효율 추진 부서를 조직하여 시민들의 적극적인 참여를 유도했다. 서울시는 대표 시민으로 구성된 시민위원회와 에너지 정책 참여 거버넌스를 추진하는 일환으로 기업, 연구소, 시민사회, 종교 지도자들로 구성된 이행위원회를 출범시켰다(Seoul 2013). 서울시는 '원전 하나 줄이기' 정책의 이행 과정에서 정책의 에너지 거버넌스를 높이기 위해 공공과 민간의 파트너십을 체결했다.[3] 이는 민간의 참여와 정부의 리더십을 보장함으로써 도시 에너지 실험을 계획하고 구현하기 위한 하향식 및 상향식 거버넌스의 공존을 보여준다.

'원전 하나 줄이기' 정책에서는 다른 도시에서 관찰된 것과 유사하게 도시 에너지 실험을 시작하고 홍보하는 데에서 리더십의 중요한 역할이 두드러졌다. 2011년 10월 26일에 선출된 박원순 시장은 '원전 하나 줄이기' 정책을 추진하는 데 중요한 역할을 수행했다. 중앙정부는 원자력 정책을 계속해서 지원하고 있었고 지방의 에너지 정책은 여전히 중앙정부에 재정적으로 의존하고 있었기 때문에 '원전 하나 줄이기' 정책은 서울시의 관계자들에게는 도전적인 것이었다. 서울시가 '원전 하나 줄이기'라는 이름으로 정책을 시행할 수 있게 된 것은 박원순 시장의 리더십 때문이라고 할 수 있다.[4] 정책을 효과적으로 이행하기 위해서는 정책의 우선순위가 높아야 하는데, '원전 하나 줄이기' 정책의 우선순위가 높을 수 있었던 이유는 이러한 박 시장의 리더십 덕분이었던 것이다. 박 시장은 정책의 진척도를 평가하기 위해 2년마다 성과 평가회의와 몇 차례의 소규모 회의를 주최했다. 녹색에너지 부서의 국장은 "과거에는 에너지 정책을 수립한 주체가 중앙정부였으며, 지방정부는 그 정책을 그저 충실히 이행하는 역할을 했습니다. '원전 하나 줄이기' 정책은 시청에서의 제 20년 이상의 경력에서 도시 리더십을

---

3   2012년 12월 20일 기후환경 부시장과의 인터뷰.
4   2012년 4월 26일 녹색에너지 부서 관계자 인터뷰.

최우선순위로 두는 서울시의 첫 번째 에너지 정책입니다."라고 답했다
(Choi 2012).

3) 정책 내용

'원전 하나 줄이기' 정책의 내용에는 재생 가능한 에너지의 촉진, 에너
지 효율, 에너지의 수요 측면 관리, 그리고 성과의 평가 및 모니터링이
라는 네 가지 주요 영역이 포함된다. 정책의 야심 찬 목표 중 하나는
재생에너지의 생산을 늘리는 것이다. 서울시는 수자원 재활용센터에
서 저낙차(low head) 수력 기술을 적용할 계획이며 여러 수소연료 전
지 발전소를 건설하고 있다. 또한 음식물 쓰레기를 이용한 바이오가
스 발전소를 건설하기 위해 민간회사와 계약을 맺었으며, 목재 및 펠릿
(pellet) 가열을 지원하고 있다(서울시 2014c). 태양광 발전은 전 세계
여러 도시에서 재생 가능한 에너지 생산을 늘리기 위한 대중적인 방법
이다. 서울시는 2013년 5월부터 시민들이 서울의 태양광 발전 정책에
대한 정보를 얻기 위해 쉽게 접근할 수 있는 웹사이트에 태양광 지도
를 제공하고 있다. 또한 옥상 공간과 미사용 토지를 제공하여 태양 전
지판을 설치하는 한편 기업과 시민이 건물과 가정에 태양 전지판을 설
치하는 데 적극적으로 참여하도록 권장했다. 2012년 중앙정부의 재생
가능한 에너지 정책은 FIT에서 RPS로 바뀌었다. 이후 소규모의 태양광
회사들은 재정적으로 어려움을 겪었는데, 그럼에도 불구하고 태양광
발전을 촉진하기 위해 시민들이 자발적으로 조직한 서울 시민 태양광
협동조합의 수가 증가했다. 서울시는 특별대출 혜택과 서울형 FIT를
통해 중소형 태양광 발전을 지원하고 있다(Seoul 2014c). 서울형 FIT
는 다른 지역보다 서울에서 맑은 날이 적고 미세먼지가 높아 발생하는

재생에너지 생산자의 손실을 kW당 보조금(kW당 50원)으로 보상한다. 또한 서울의 옥상 공간은 공공건물의 경우에도 임대료가 비싼데, 서울시는 2012년 7월 30일에 에너지 조례를 수정하여 옥상에 태양 전지판을 설치한 건물의 임대료를 낮추었다. 게다가 도시에는 아파트가 많기 때문에 다중주거 단위의 발코니에 200W 혹은 그 이하의 태양 전지판을 설치하는 것을 지원한다(Seoul 2014c).

서울시는 에너지 효율 개선 분야에서 건물을 개조하고 오래된 조명을 LED 조명으로 대체하는 데 중점을 두고 있다. 그 일환으로 주택 및 상업용 건물의 소유자에게 저금리 대출을 제공하여 건물 개조 프로젝트(Building Retrofit Project: BRP)를 통해 건물의 단열재를 개선할 수 있게 했다. 2013년 말에 총 1,360가정이 이 프로젝트에 참여했다(Gang 2013). 서울시는 오래된 조명을 LED 조명으로 대체하기 위해 한국 LED 협회와 양해각서(MOU)를 체결했다. 이로 인해 주택과 건물의 소유자는 조명을 LED 조명으로 대폭 할인된 가격으로 교체할 수 있게 되었다. 실제로 LED 조명으로 교체하는 비용이 절감되어 설치 개선 비용을 지불할 수 있게 되었다(Lee 2013b). 서울시는 2014년에 지하철역의 조명기구를 LED 조명으로 교체하는 데 주력했다.

서울의 에너지 소비는 상업 부문(60%), 주거 부문(28%), 산업 부문(5%) 순으로 이루어진다(Seoul 2013). 따라서 '원전 하나 줄이기' 정책에서는 상업 및 주거 부문을 대상으로 시민이 적극적으로 참여함으로써 냉난방과 조명 및 운송 부문의 에너지 소비를 감소시키는 것을 촉진하고 있다. 서울시는 가정과 학교, 종교기관, 상업시설에 대한 에너지 절약 조치를 발표하고 종합 교육을 제공했으며, 에너지 절약 노력에 대해 가정에 보상하는 에코 마일리지 시스템을 구축했다. 2014년 4월 6일 기준으로 총 1,590,474가구가 이 프로그램에 참여했으며 매년

에너지 절약에 대한 금전적 보상을 받는다. 지금까지 에코 마일리지 시스템을 통해 16만 톤이 절약되었다(Seoul 2014b). 서울시는 2013년에 에너지 컨설팅 사업을 통해 20,255세대, 2,099개의 매장에 에너지 감사 서비스를 제공했다(Jeong 2013). 또한 2013년에는 청년 구직자들이 에너지 감사원으로 일할 수 있도록 교육하기 시작했다. 총 150명의 감사원이 연중 36,872개의 학교 및 상업 건물에 에너지 감사 서비스를 제공했다(Jeong 2013). 한편 서울시는 에너지 전환 모델로 '에너지 자급자족 마을'을 설립했다. 50가구 이상의 지역사회가 에너지 자급자족 마을로 지정해줄 것을 신청할 수 있으며, 승인을 받으면 지역사회는 에너지 절약, 에너지 효율의 개선 및 에너지 생산 조치를 이행한다는 조건으로 보조금과 컨설팅 서비스를 받을 수 있다(Lee 2013b).

3) 모니터링 수행

2014년 3월 기준으로 서울시는 2014년까지 하나의 원자로 용량 2백만 톤을 감축한다는 목표의 73%(134만 톤)를 달성했다(Park 2014; Seoul 2014b). '원전 하나 줄이기' 정책을 시행함으로써 서울시의 에너지 자급률은 2011년에 2.95%(Seoul 2013)에서 2013년에 4.2%(Gwon 2014b)로 증가했다. 에너지 절약에 대한 노력으로 87만 톤이 감소했고, 에너지 효율의 개선으로 65만 톤을 절약했으며, 재생 가능한 에너지의 생산은 25만 톤에 이르렀다(Seoul 2014b). 2012년에 서울의 전기와 가스의 소비는 0.1% 증가한 반면 국가 에너지의 소비는 4.5% 증가한 것으로 나타났으며, 2013년에 전국의 에너지 소비는 0.04% 증가한 반면 서울은 3.2% 감소했다(Seoul 2014c). 추가적으로 2013년에 실시된 2년 단위 설문조사에서 '원전 하나 줄이기' 정책은 상반기에 가장 중요한 프로젝트로, 하반기에는 두 번째로 중요한 프로젝트로 시민들에게 인정받았다(Seoul 2014c). 이는 "서울의 모든 버스에 '함께 절약하는 에너지, 함께 줄이는 하나의 원자력 발전소' 같은 문구를 붙이는 등의 적극적인 홍보 캠페인과 2013년 원자력 발전소의 기계 부품 공급과 관련된 대규모 스캔들과 부패에 기인한 것이다".[5]

2012년부터 2014년까지 '원전 하나 줄이기' 정책에 책정된 비용은 2.78조 원이다. 비용의 대부분(2.18조 원)은 민간 부문에 쓰일 것으로 예상되고, 비용의 89%는 신재생에너지의 생산에 할당되며, 6%는 건물 개조 프로젝트에 할당된다. 정책의 목표가 달성되면, 서울시는 2014년 이후 매년 약 2.8조 원의 시장 가치로 1,560만 배럴의 원유 수입 대체 효과를 창출할 것으로 예상된다(Seoul 2014a).

정책은 성공적인 성과를 거두었다고 할 수 있지만 추가적인 개선 역시 필요하다. 예를 들어, 건물 개조 프로젝트에 대한 혜택의 96%가 창문 교체에 활용되어 비판을 받은 바 있다(Seoul 2014b). 또한 건축 부문에 대한 의무적인 감사는 연간 에너지 사용량이 2천 톤 이상인 건물에만 해당되므로 2천 톤 미만의 에너지를 사용하는 건물은 에너지 감사의 대상이 아니다(Gwon 2014b). 게다가 정책의 총 비용의 89%가 재생에너지의 생산에 쓰였다는 것을 감안하면(Seoul 2013) 재생에너지의 생산 목표를 달성하지 못한 것은 주로 서울의 재생에너지 생산과 그리드 연결과 관련된 문제에 기인한다. 이에 대한 해결책은 송전 네트워크를 개선하고 기존의 한국전력의 그리드와 마이크로 태양광 발전기의 생산업체 간의 전달(transmission) 네트워크와 연결을 향상시키는 것을 포함한다(Gwon 2014b). 대부분의 비용은 민간 부문에서 쓰일

---

5   2013년 12월 20일 기후환경본부 환경정책 본부장과의 인터뷰.

것으로 예상되기 때문에, 정책의 성공과 지속은 도시가 재생 가능 에너지를 생성하고 에너지 효율을 향상시키는 것에 대한 민간 부문의 투자를 얼마나 성공적으로 유치할 수 있는지에 달려 있다. 이를 위해서는 철저한 조사와 자금 조달 및 인센티브 메커니즘과 같이 민간 부문을 유치할 수 있는 아이디어가 필요하다. 또한 김(Kim)이 언급했듯이 (Kim 2012), 단기적으로는 하나의 원자력 발전소가 생산하는 만큼의 에너지를 절약하고 생산하는 것이 원자력 발전소가 아닌 가스나 석탄 발전에서 생산된 에너지의 사용을 줄일 수 있다. 이는 원자력 발전으로 인한 발전량이 화석연료 발전소에 비해 단기적으로 변동이 적기 때문이다. 따라서 '원전 하나 줄이기' 정책(하나의 원자력 발전소에서 생산하는 에너지와 동등한 에너지 사용의 감소)의 목표를 달성하기 위해서는 향후 더 많은 원자력 발전소를 건설할 필요성을 줄이기 위한 정책을 장기적으로 시행할 필요가 있다. 이와 관련하여 2015년과 2018년 사이에 시행할 예정인 정책의 두 번째 단계를 통해 아직 해결되지 않은 이슈와 문제를 해결해야 할 것이다(Gwon 2014b).

4. 논의

위와 같은 사례 연구 분석에서 정책 배경, 거버넌스 구조, 정책 내용과 같은 분석틀의 구성요소가 서울의 도시 에너지 실험을 시작하고 실현하는 데 밀접한 관련이 있다는 것을 발견했다. 후쿠시마 원전 사고, 정전, 송전선의 건설과 관련된 사회적 갈등, 그리고 새로운 시장의 선출과 같은 정책의 배경은 서울의 도시 에너지 실험이 등장할 수 있었던 근본 조건이었다. 경제적, 환경적 및 사회적 맥락은 '원전 하나 줄이기'

정책의 목표를 설정하기 위한 정당성을 제공했다. 정치적 맥락에서 새로운 리더십은 정책을 만들고 추진했으며, 정치적 리더십이 지원하는 참여 의사결정 과정은 혁신적인 내용의 정책을 개발하는 데 기여했다. 추가적인 논의는 도시 에너지 실험의 분석 틀의 각 구성요소가 어떻게 도시 에너지 전환을 촉진하는지로 이어진다.

서울시 사례 연구의 함의는 도시 에너지 전환의 목표와 의제를 설정하는 데 리더십의 역할이 중요하다는 것이다. 새로운 시장은 정책을 수립하고 시행함으로써 서울의 에너지 정책의 비전을 넓히는 데 기여했다. 시장은 이전의 도시 에너지 실험과 달리 '상호 공존'을 강조하면서 사회적이고 도덕적인 차원을 에너지 정책에 포함했다. 박원순 시장은 시민단체에서의 경험과 지역 사무소 및 시민단체와의 정기적인 회의를 통해 정책 결정 과정에서 행위자들 간의 적극적인 의사소통을 가능하게 했다. 이러한 적극적인 상호작용을 통해 정책 이름의 지정, 목표 및 의제의 설정, 전략 및 이행 방법의 결정 등 정책을 결정하기 위한 새로운 아이디어를 구상할 수 있었다. 정치 리더십의 역할은 특정한 도시 에너지 실험을 조율하는 것에서부터 에너지 전환을 위한 의제 설정과 같이 도시 에너지 실험의 의미를 심화하는 것까지 확대되었다.

또한 서울 시장과 그의 정부는 서울의 에너지 실험을 구성하고 이행하는 과정에 시민과 이익집단이 참여할 수 있는 더 넓은 정치적 공간을 마련했다. 의사결정 및 이행 과정에서 새로운 아이디어를 만드는 데 서울의 에너지 사무소의 전문가와 시민들의 참여를 결합한 거버넌스 구조를 활용했다. 따라서 시민들의 참여는 정치적 리더십과 함께 실험 의제를 설정하는 데 도움이 되었다. 또한 모든 주제의 정책 내용에 대한 시민들의 참여는 실제로 에너지의 소비를 줄이고 재생에너지를 창출함으로써 도시 에너지 전환을 현실화했다. 또 다른 함의는 하향식과 상향식 접근법이 혼합된 참여 거버넌스가 실제로 도시 에너지 전환을 위한 주요 동인이 될 수 있다는 것이다.

이 장에서는 서울이 '원전 하나 줄이기' 정책에서 다양하고 새로운 아이디어와 기술을 채택하고 시험하고 있다는 것을 확인했다. 서울형 FIT, 에너지 감사원의 고용, LED 조명의 교체 및 재생 가능 에너지 기술의 채택을 그 예로 들 수 있을 것이다. 여기에서의 함의는 정치 리더십 및 거버넌스 구조와 더불어 정책의 내용에서 도출된 물질적인 결과가 에너지 전환에 실질적인 기여를 한다는 것이다.

'원전 하나 줄이기'로 정책의 이름을 명명한 것은 서울의 에너지 정책을 '보이지 않는' 정책에서 '보이고 이해하기 쉬운' 정책으로 바꾸었다. 또한 정책의 정기적인 성과에 대한 평가는 시장과 그의 팀에 의해 실험 정책을 개선하기 위해 수행되었다. 정기적인 성과에 대한 평가 없이는 실험 결과를 측정하고 모니터링하며 개선하여 실질적인 변화를 만들 수 없다. 따라서 가시적인 목표를 설정하고 정기적인 성과를 평가하는 것이 도시 에너지 전환을 위한 효과적인 전략이다.

벌켈리와 브로토가 지적한 것처럼(Bulkeley and Broto 2012, 367), 실험은 "도시의 미래에 관한 담론과 비전이 실용적이고 통제가 가능하게 되는 수단"으로 작용한다. 이 장에서는 서울의 도시 에너지 실험이 도시만의 미래뿐만 아니라 에너지의 공급과 송전이 일어나는 도시와 도시 외의 미래로 중점을 확장했다는 것을 밝혔다. 정책은 지역(서울뿐만 아니라 서울의 행정관할권을 넘은 에너지 정의의 실현), 국가(국가 전체를 위한, 화석연료와 핵이 없는 에너지 미래) 및 세계적 규모(기후변화의 완화)에 대한 에너지 관련 문제에 대응하기 위해 고안되었다. 이와 같이 '다른 규모의 우려에 대응하는 것'은 기존의 도시 에너지 실험에 상당히 기여한다. 특히 서울 이외의 다른 지역에 환경적으로나 사회적으로 부담이 되는 에너지의 생산 및 송전 영역에 대한 의존도를 낮추겠다는 정책 목표를 선언함으로써, 서울은 부담의 도덕적(또는 사회적) 차원을 강조하고 기후변화나 오염의 완화 같은 도시 에너지 전환과 경제 및 환경 정책을 통합했다. 환경과 경제 영역에서 사회, 환경, 경제 영역으로의 규범적 변화가 에너지 전환에서 도시의 실험에 대한 '원전 하나 줄이기' 정책의 독특한 기여라고 할 수 있을 것이다.

그러나 '원전 하나 줄이기' 정책에는 몇 가지 한계점이 있다. 우선 2012년과 2014년 초 사이에 발생한 재생에너지의 양이 2012년 이전의 전체 기간 동안 생성된 재생 가능 에너지보다 많았다는 사실은 미래의 재생 가능 에너지를 개발하는 것이 전도유망하다는 점을 보여준다.[6] 하지만 정책 조치들 중에서 도시의 재생에너지원을 개발하는 데 대한 의도적 개입은 원래 의도했던 것만으로는 충분하지 않았다. 게다가 서울의 재생 가능한 에너지 개발을 지원하기 위한 주요 투자가 민간 부문에서 이루어질 것이라고 예상되기 때문에 이 정책의 미래는 여전히 불확실하다. 이는 자금 및 인센티브 메커니즘을 통해 민간 부문을 유치하는 데 의도적인 개입이 중요하다는 것을 의미한다.

이 장에서는 '원전 하나 줄이기' 정책을 개발하기 위한 정치적 리더십의 역할을 확인했다. 그러나 동시에 사례 연구에서 특정한 도시 에너지 실험을 만드는 주요 동인인 리더십 이외에 법적 및 제도적 틀에서 거버넌스 구조가 보장되지 않으면 선거에 의해 정치적 리더십이 쉽게 해체되거나 제거될 수 있다는 점을 인정한다. 따라서 성공적인 도시 에너지 실험을 유지하기 위해서는 특정한 정치 지도자에게 의존하기보다는 새로운 아이디어와 도구를 거버넌스 구조에 지속적으로 통합

---

6   2014년 4월 9일 녹색에너지 부서, 기후환경본부 디렉터와의 인터뷰.

할 수 있는 법적·제도적 틀을 보장하는 것이 필수적일 것이다.

5. 결론 및 정책적 함의

지금까지 에너지 정책의 초점은 기후변화를 완화하기 위한 도시의 세계적인 책임이었다(Lee and van de Meene 2013). 그러나 에너지 수요를 위해 거리가 먼 지역에 의존한다는 점 때문에 도시 에너지에 대한 연구를 도시 에너지 실험과 거의 연관시키지 않았다. 이 장에서는 서울에서 도시 에너지 실험이 어떻게, 왜 시작되고 실현되었는지, 실험에 참여한 주요 행위자가 누구이며 실험의 개입이 도시 에너지 전환에 주는 의미가 무엇인지 밝히고자 했다.

서울에서 약 2년간 실험을 실시한 결과 이 실험이 에너지 소비를 줄이고 재생에너지의 생산을 늘림으로써 목표의 상당 부분을 달성한다는 것을 알게 되었다. 서울의 에너지 사용의 감소와 지난 몇 년간 국가 차원의 에너지 사용의 증가를 고려할 때, 서울의 에너지 실험은 다른 도시와 정부가 지속 가능한 에너지의 미래를 향해 에너지 정책을 재조정하는 데 중요한 정책적 함의를 제공할 것으로 기대한다.

첫째, 서울의 에너지 정책은 서울뿐만 아니라 서울 이외의 지역에서도 더 나은 결과를 달성한다는 목표를 가진 혁신적인 아이디어를 실험하는 과정에서 형성되고 실행되었다. 서울의 '원전 하나 줄이기' 정책의 독특한 특징 중 하나는 전기 발전과 송전 비용의 타격을 받을 수 있는 지역을 고려한다는 것이다. 에너지 정책을 통해 다른 지역과의 공존을 추구하는 것이 이 실험의 핵심적인 메시지이다. 따라서 사례 연구에서 실험을 통해 서울의 정책 입안자, 시민, 전문가 및 다른 이해관계자에게 특정 가치나 규범을 전달했다는 것을 알 수 있었다. 정책에 대한 여러 단계에서의 개입은 도시 에너지 실험의 사회적 차원을 강조하는 가치 또는 규범을 전달하고 강화했다. 그러므로 전환을 위한 에너지 실험을 추구하는 다른 도시나 정부는 정치적, 사회적 및 기술적 혁신과 함께 규범적 차원을 고려해야 할 것이다.

둘째, 거버넌스에 대하여 누가, 어떻게 의도적인 개입을 시작했는지에 관한 것이다. 사례를 통해 정책을 형성한 초기부터 정책을 이행하고 성과를 평가하기에 이르기까지 도시 에너지 실험의 핵심 조치인 '의도적 개입'이 있었다는 것을 확인했다. 서울의 에너지 실험의 목표를 설계하고 의사결정 과정을 시행하는 데 가장 중요한 행위자는 시장과 서울시 기후환경본부의 녹색에너지 부서 등의 행정부서였다. 또한 시민사회 단체와 시민, 전문가는 서울의 에너지 실험을 가능하게 한 의도적인 개입의 주요 행위자였다. 시장과 서울시의 지원으로 만들어진 정치적 공간으로 인해 모든 행위자가 실험을 위한 의도적 개입 과정에 적극적으로 참여할 수 있었다. 따라서 전환을 위한 도시 에너지 실험에서는 정치적 리더십과 참여적 의사결정 과정을 조화시키는 거버넌스 구조를 구축해야 한다.

이 장에서는 개념적으로나 이론적으로, 그리고 경험적으로 도시 에너지 정책에 관한 문헌에 기여하고자 했다. 개념적으로는 도시 기후 변화 실험, 특히 도시 내외의 에너지 공급과 사용에 중점을 두어 도시 에너지 실험을 정의했다. 또한 도시 에너지 실험과 도시 에너지 전환의 관계를 이론적으로 확립했다. 의도적인 개입을 통한 도시 에너지 실험은 화석 에너지와 원자력 에너지를 중심으로 한 시스템에서 재생에너지와 에너지 수요 관리 기반 시스템으로의 도시 에너지 전환을 달성하게 해준다. 서울시의 사례를 통해 자체 관할권 내에서 도시가 에너지를

생산하고 전달해야 하는 책임을 강조함으로써 도시 에너지 정책의 사
회적 규범을 어떻게 변화시킬 수 있는지를 경험적으로 알 수 있다.

이 특별한 사례는 이 정책의 성공이 결국 이 실험이 다른 도시로
확산되어 궁극적으로 국가의 정부가 핵과 화석연료 에너지에 대한 과
도한 의존을 재고하도록 한다는 것을 암시한다. 따라서 이 장에서는 서
울의 에너지 실험이 주는 메시지가 다른 도시 또는 정부로 확산될 수
있는지, 그리고 이러한 확산이 어느 범위까지 이루어질 수 있는지에 관
해 도시 에너지 실험에 대한 후속 연구에서 다룰 것을 제안한다.

참고문헌

Aall, C., K. Groven, and G. Lindseth. 2007. "The scope of action for local climate policy: the case of Norway." *Global Environ. Polit* 7: 83-101.

Azevedo, I., E. Delarue, and L. Meeus. 2013. "Mobilizing cities towards a low-carbon future: tambourines, carrots and sticks." *Energy Policy* 61: 894-900.

Bomberg, E. and N. McEwen. 2012. "Mobilizing community energy." *Energy Policy* 51: 435-444.

Broto, V. C. and H. Bulkeley. 2013. "Maintaining climate change experiments: urban political ecology and the everyday reconfiguration of urban infrastructure." *Int. J. Urban Reg. Res* 37: 1934-1948.

Bulkeley, H. and V. C. Broto. 2012. "Government by experiment? Global cities and the governing of climate change." Trans. *Inst. Br. Geogr* 38: 361-375.

Bulkeley, H., and V. C. Broto, M. Hodson, and S. Marvin. 2011. *Cities and Low Carbon Transitions.* London: Routledge.

Byrne, J. and N. Toly. 2006. "Energy as a social project: recovering a discourse." In *Transforming Power: Energy, Environment, and Society in Conflict.* Eds. J. Byrne, N. Toly and L. Glover. New Brunswick: Transaction Publishers, pp. 1-32.

C40 Cities. 2011. *Climate Action in Megacities: C40 Cities Baseline and Opportu- nities.* C40. New York.

Carley, S. 2012. "Energy demand-side management: new perspectives for a new era." *J. Policy Anal. Manage* 31: 6-32.

CDP. 2012. *Measurement for Management: CDP Cities 2012 Global Report.* Carbon Disclosure Project, London.

Choi, D. 2012. "Energy as the Center of SMG Policies for the First Time: Interview with Director Lee, In-Geun of Climate and Environment Headquarters of the Seoul Metropolitan Government." Available at ⟨http://www.e2news.com/news/articleView.html?idxno=63115⟩. accessed on March 2, 2014.

Choi, S. 2013a. "As Power Line Grows, so Does Fight Between Ancient and Modern Korea." *New York Times.* October 29, 2013. Available at ⟨http://www.nytimes.com⟩. accessed on February 15, 2014.

_____. 2013b. "Critic of South Korean Leader Elected as Seoul Mayor." *New York Times.* October 26, 2013b. Available at ⟨http://www.nytimes.com/2011/10/27/world/asia/vote-on-seoul-mayor-seen-as-having-wider-implications.html?_r=0⟩, accessed on April 7, 2014.

Droege, P. 2008. *Urban Energy Transition: From Fossil Fuels to Renewable Power.* Amsterdam: Elsevier.

Emelianoff, C. 2013. "Local energy transition and multilevel climate governance: the contrasted experiences of two pioneer cities(Hanover, Germany, and Växjö, Sweden)." *Urban Stud.* 51: 1-16.

Evans, J. P. 2011. "Resilience, ecology and adaptation in the experimental city." Trans. Inst. Br. Geogr. 36: 223-237.

Gyeonggi Research Institute(GRI). 2011. *2011 Issue Analysis: September 15 Power Outage: Evaluation and Policy Direction.* Suwon: GRI.

Gwon, M. 2014a. "Path of Seoul from Energy Consumer to Energy Producer." A presented paper at the Policy Forum on Local Energy Titled "Balanced Regional Development and Energy Democracy". Held at the National Assembly Library on January 28, 2014.

_____. 2014b. "Seoul's Energy Policy: The Transition Towards Energy Producing City." A Presentation of Green Experts Forum. The Institute for Legal Studies, Yonsei University on April 9, 2014.

Ha, S. 2014. "Miryang Questions about Energy Democracy." A presented paper at the Policy Forum on Local Energy Titled "Balanced Regional Development and Energy Democracy". Held at the National Assembly Library on January 28, 2014.

Hammer, S. A. 2008. "Renewable energy policy making in New York and London: lessons for other 'World Cities'?" In Urban Energy Transition: From Fossil Fuels to Renewable Power. Ed. Peter Droege. Amsterdam, The Nether-lands: Elsevier. pp. 143-172.

Hodson, M., and S. Marvin. 2007. "Understanding the role of the national exemplar in constructing 'strategic glurbanization'." *Int. J. Urban Reg. Res* 31: 303-325.

Hoffmann, M. J. 2011. *Climate Governance at the Crossroads.* New York, NY.: Oxford University Press.

International Energy Agency(IEA). 2012. *Energy Policies of IEA Countries: The Republic of Korea 2012.* Paris: IEA Publications.

Jeong, H. 2013. "Current Status and Performance Evaluations of Energy Designer, Energy Clinic and Good Store Programs." A Presentation from the Performance Evaluation Meeting of One Less Nuclear Power Plant Policy Organized by SMG at the Franscesco Education Center on December 20, 2013.

Gang, M. 2013. "Current Status and Performance Evaluations of Seoul Energy Efficiency Projects." A Presentation from the Performance Evaluation Meeting of One Less Nuclear Power Plant Policy Organized by SMG at the Franscesco Education Center on December 20, 2013.

Keirstead, J. and N. B. Schulz. 2010. "London and beyond: taking a closer look at urban energy policy." *Energy Policy* 38: 4870-4879.

Keirstead, J. 2013. "Benchmarking urban energy efficiency in the UK." *Energy Policy* 63: 575-587.

Kim, H., E. Shin, and W. Chung. 2011. "Energy demand and supply, energy policies, and energy security in the Republic of Korea." *Energy Policy* 39: 6882-6897.

Kim, J. 2012. "Shallowness of One Less Nuclear Power Plant Policy." Available at ⟨http://news.mk.co.kr/v3/view.php?no=275230&year=2012⟩. accessed on March 2, 2014.

Korea Energy Economics Institute(KEEI). 2013. *2012 Yearbook of Energy Statistics.* Uiwang: KEEI.

Koski, C. and T. Lee. 2014. "Policy by doing: formulation and adoption of policy through government leadership." *Policy Stud. J.* 42: 30-54.

Lee, M. 2013a. "South Korea Blackout Risk Rises." Available at ⟨http://blogs.wsj.com/korearealtime/2013/08/12/urgency-for-south-koreans-to-cut-power-use-heightens/⟩. accessed on March 17, 2014.

Lee, T.,and C. Koski. 2012. "Building green: local political leadership addressing climate change." *Rev. Policy Res* 29: 605-624.

Lee, T. and S. van de Meene. 2012. "Who teaches and who learns? Policy learning through the C40 cities climate network." *Policy Sci.* 45: 199-220.

_____. 2013. "Comparative studies of urban co-benefits in Asian cities." *J. Cleaner Prod.* 58: 15-24.

Lee, Y. 2013b. "Seoul's energy service policy for local energy transition." In A Presentation at an International Conference titled "Energy Transition Towards a Sustainable City—Challenges and Opportunities for Seoul". Held in City Hall of Seoul in November 13, 2013.

Lim, S., J. Kim, and S. Suh. 2013. "A comparative analysis on the low carbon urban management system in Seoul and Tokyo." *Seoul Stud.* 14: 117-129.

Martensson, K. and K. Westerberg. 2007. "How to transform local energy system towards bioenergy? Three strategymodels for transformation." *Energy Policy* 35: 6095-6105.

Michalena, E. and V. Angeon. 2009. "Local challenges in the promotion of renewable energy sources: the case of Crete." *Energy Policy* 37: 2018-2026.

Monstadt, J. 2007. "Urban governance and the transition of energy systems: institutional change and shifting energy and climate policies in Berlin." *Int. J. Urban Reg. Res* 31: 326-343.

Muller, M. O., A. Stampfli, U. Dold, and T. Hammer. 2011. "Energy autarky: a conceptual framework for sustainable regional development." *Energy Policy* 39: 5800-5810.

Park, W. 2014. A Welcoming Speech by Mayor Won-Soon Park at the Social Fiction Conference for Creating the Second Phase of OLNPP Policy. Held in Seoul City Hall in March 12, 2014.

Puig, J. 2008. "Barcelona and the power of solar ordinances: political will, capacity building and people's participation." In *Urban Energy Transition: From Fossil Fuels* to *Renewable Power*. Ed. Peter Droege. Amsterdam, The Netherlands: Elsevier. pp. 433-449.

Rae, C. and F. Bradley. 2012. "Energy autonomy in sustainable community—a review of key issues." *Renewable Sustainable Energy Rev.* 16: 6497-6506.

Rickwood, P., G. Galzebrook, and G. Searle. 2008. "Urban structure and energy—a review." *Urban Policy Res* 26: 57-81.

Rogers, J. C., E. A. Simmons, I. Convery, and A. Weatherall. 2008. "Public perceptions of opportunities for community-based renewable energy project." *Energy Policy* 36: 4217-4226.

Seoul. 2009. *2030 Seoul Low Carbon Green Growth for Realizing a Globally Leading Green City*. Seoul: Seoul Metropolitan Government.

_____. 2012a. *2011 Energy White Paper*. Seoul: Seoul Metropolitan Government.

_____. 2012b. *Comprehensive Plan for One Less Nuclear Power Plant*. Seoul: Seoul Metropolitan Government.

_____. 2013. *One Less Nuclear Power Plant 2012*. Seoul: Seoul Metropolitan Government.

_____. 2014a. *One Less Nuclear Power Plant 2013*. Seoul: Seoul Metropolitan Government.

_____. 2014b. "Performance Evaluation Conference about the Self-Sufficiency Villages." A Conference Organized by Seoul Metropolitan Government on January 14, 2014.

_____. 2014c. *A Report of an Executive Committee Meeting for the One Less Nuclear Power Plant Policy*. Seoul: Seoul Metropolitan Government.

Sovacool, B. K. and M. A. Brown. 2009. "Scaling the policy response to climate change." *Policy Soc.* 27: 317-328.

Späth, P. and H. Rohracher. 2012. "Local demonstrations for global transitions: dynamics across governance levels." *Eur. Plann. Stud* 20: 461-479.

Vajjhala, S. D. and P. S. Fischbeck. 2007. "Quantifying siting difficulty: a case study of US transmission line siting." *Energy Policy* 35: 650-671.

Walker, G. 2008. "What are the barriers and incentives for community-owned means of energy production and use?" *Energy Policy* 36: 4401-4405.

Walker, G., S. Hunter, Devine-Wright, B. Evans, and H. Fay. 2007. "Harnessing community energies: explaining and evaluating community-based localism in renewable energy policy in the UK." *Glob. Environ. Politics* 7.

제5장   에너지 전환에서 중간지원조직의 역할

1. 서론

한국은 에너지의 공급 측면에서 볼 때 자체적으로 활용할 수 있는 에너지가 적고 해외 에너지에 대한 의존도가 높은 국가이다.[1] 인접한 다른 국가와 에너지-전력 연계도 되어 있지 않기 때문에, 에너지의 공급과 수요에서 고립된 섬과 같은 체계이다. 이는 해외로부터 에너지 수급이 원활하지 못할 경우에 당장 국가 내에서 국민의 생활을 보장할 수 있는 에너지의 공급이 불확실하다는 것을 의미한다. 따라서 이에 대비하기 위해 원자력 발전의 비중을 높이고자 하지만 원자력 발전은 안전 문제와 핵폐기물의 처리 등과 같이 단기간 내에 해결이 어려운 문제를 안고 있다.

불안정한 에너지 수급 문제를 타개하기 위한 방안으로 농어촌, 도시, 산촌, 섬 등에서 진행된 지역 단위의 에너지 자립 마을 사업은 안보적 차원과 국내 에너지 자립도의 증대 측면에서 필요한 시도이다. 그러나 해당 사업은 정부의 기술적·재정적 지원에도 불구하고 큰 성과를 내지 못했다. 사업이 진행되었던 마을 중 에너지 전환이 성공적이라고 평가받는 마을은 소수에 불과하다.[2] 한 국가 내에서 마을 단위의 에너지 전환을 위해 동일한 정책이 시행되었지만 상이한 정책 결과를 보여주고 있다.

이 장에서는 위와 같은 상황에서 '어떤 조건에서 마을 단위의 에너지 전환이 가능한가?'라는 질문을 던진다. 이를 실증적으로 규명하

---

1   2015년 기준으로 대한민국의 에너지 수입의존도는 95.18%(2013년 기준으로 원자력을 제외할 때 85.2%)이다(통계청).

2   2010년까지 저탄소녹색마을 600여 개를 조성하려던 목표를 최근 40개로 하향 조정했고, 현재 사업을 실제로 진행 중인 마을은 7곳에 불과하다(전기신문, 2013/05/20: 9면).

기 위해 '에너지 자립 마을'[3] 중 에너지 전환에 대한 노력을 지속한 마을과 거의 중단 상태인 마을을 선택하여 소수 사례 연구로 비교했다. 사례 분석에서는 레짐의 변화가 실질적으로 발생했는지, 바뀐 레짐이 마을의 구성원 및 기타 관계자에게 어떤 영향을 미치고 있는지를 확인할 필요가 있다. 현장에서 드러나는 현상을 확인해야 하므로 현장 연구(Field Study)와 심층 면접(in-depth interview)을 활용했다.

이 장에서 하고자 하는 질문은 두 가지이다. 첫 번째는 레짐의 전환이란 무엇이며 그 구성요소는 무엇인가이다. 레짐은 정책 결정 구조인 거버넌스, 그리고 인식, 가치, 원칙을 포함한 규범으로 구성된다. 즉, 레짐의 전환은 기술적 전환뿐만 아니라 거버넌스와 규범의 전환을 포함한다. 두 번째는 레짐의 전환을 촉진하는 요소는 무엇인가이다. 레짐의 전환에는 위에서 아래로(top-down) 혹은 아래에서 위(bottom-up)로 이루어지는 일방향적 정책 결정 과정보다 민(Private)-관(Public)의 쌍방향적 협력 네트워크가 필요하다. 이는 에너지 레짐의 전환이 화석 연료 중심의 중앙집중형 공급 체계에서 재생에너지 중심의 분산형 생산과 소비로의 전환이라는 기술적 전환과 동시에 참여적 거버넌스와 에너지 생산자로서의 규범의 전환을 요구하기 때문이다. 기존의 에너지 시스템에 익숙한 관과 주민-에너지 소비자들은 에너지 레짐의 전환을 추동할 인적, 기술적, 조직적 자원을 갖지 못한 경우가 대부분이다. 이에 이 장에서는 에너지 레짐을 전환하는 촉진 요소로 중간지원조직의 역할에 주목한다. 중간지원조직은 에너지 전환 이슈를 관과 주민들에게 제시하고, 민과 관의 가교 역할을 수행하며, 참여자들에게 정

---

3   여기에서 에너지 자립 마을이란 지역 공동체가 재생 가능한 에너지원을 생산하고 소비하는 체제를 갖추어서 스스로 필요한 에너지를 생산하고 소비하는 마을을 의미한다. 에너지 자립 마을은 마을 공동체의 한 형태라고 볼 수 있다.

보와 교육을 제공하는 역할을 함으로써 에너지 레짐의 전환을 활성화한다.

이 장의 구성은 다음과 같다. 2절에서는 에너지 레짐의 전환에 대한 이론적 논의와 분석 틀을 제시할 것이다. 3절에서는 에너지 레짐의 전환을 가능하게 하는 요소로 중간지원조직에 대한 이론적 고찰을 바탕으로 분석 틀을 제시한다. 4절에서는 앞서 정립한 개념과 분석 틀을 이용하여 에너지 전환이 지속적으로 이루어지고 있는 통영의 연대도 마을과 에너지 전환이 중단된 제주의 마라도 마을을 비교할 것이다. 이어서 5절에서는 사례 분석에 대해 토론하고 중간지원조직의 역할이 무엇이었는지를 확인한다. 마지막으로 6절에서는 결론을 도출할 것이다. 이와 더불어 연구의 한계를 밝히고 향후에 연구가 더욱 필요한 부분이 무엇인지를 밝힐 것이다.

2. 에너지 레짐의 전환에 대한 이론적 논의

에너지 전환이란 화석연료 중심의 에너지원을 재생에너지원으로 바꾸는 동시에 에너지 효율화를 꾀함으로 에너지의 공급과 소비가 지속 가능하며 자기충족(self-sufficient)적인 상태로 변화되는 것을 의미한다(Lee et al. 2014). 이때 기술적인 전환뿐만 아니라 정치적 리더십과 전환을 추구할 거버넌스 구조가 필요하다.

에너지 전환이 필요한 이유는 크게 공급 측면과 수요 측면, 그리고 에너지를 사용한 후의 결과 측면에서 찾아볼 수 있다. 첫째, 에너지의 공급 측면에서 볼 때 화석연료 중심의 에너지 공급은 국제시장의 가격과 생산량에 크게 영향을 받을 수 있다. 이는 안정적인 에너지 수급에 대한 관리가 힘들다는 것을 의미한다. 이에 재생에너지 중심의 에너지 자원을 활용하는 것을 추구한다. 둘째, 에너지의 수요 측면에서 볼 때 에너지 절약과 에너지 효율화는 에너지의 공급을 축소하는 동시에 소비의 효율성과 경제적 이익을 가져다줄 수 있다. 셋째, 에너지를 사용한 후의 결과 측면에서 볼 때 공급과 수요 측면에서의 전환은 화석연료를 연소함으로써 생기는 온실가스의 배출을 줄이는, 기후변화 저감의 주된 방안이기도 하다(안정배·이태동 2016).

　이 장에서는 레짐 이론을 적용하여 에너지 전환을 분석한다. 이는 기술적인 전환(화석 에너지 중심의 중앙집중형 에너지를 공급하는 기술에서 재생에너지 중심의 분산형 에너지를 생산하고 소비하는 것으로의 전환)에 더하여 전환의 정치사회적 요소를 살펴보려는 접근이다. 여기에서 레짐은 정책 결정 과정, 규범, 원칙, 규칙으로 구성되는데, 정책 결정 과정과 규칙은 정부 정책이나 형식적 제도를 의미한다.[4] 따라서 정책 결정 과정과 규칙은 여러 행위자가 협의하는 과정과 제도적 형태를 의미하기 때문에 거버넌스라고 지칭할 수 있다(Okereke et al. 2009). 원칙과 규범은 공동 목적이나 규정을 생성하는 가치이며 질서와 규칙에 대한 특정 생각을 뜻한다(Haas 1980). 이는 레짐 내의 행위자들에게 공통적인 인식과 가치로 볼 수 있다. 즉, 레짐은 단순히 일련의 제도가 아닌 사회의 종합적인 구조를 지칭하면서 동시에 한 집단을 구성하는 규범과 그것을 도출하는 특정 가치를 포함한다. 레짐을 구조와 규범으로 나눌 때 구조가 거버넌스이며, 해당 거버넌스의 형태는 민관 협력

4　크래스너(Krasner 1982)는 레짐을 주어진 분야에서 행위자들의 기대가 일치되거나 중첩될 때 발생하는 내재적이고 외재적인 정책 결정 절차, 규범, 규칙, 원칙의 집합이라고 정의한다. 레짐의 개념에 대해서는 논쟁이 끊이지 않는다. 하나는 크래스너의 넓은 정의와 코헤인(Keohane)의 좁은 정의 간의 대립이고, 다른 하나는 행위, 인식, 형식 중 가장 중요한 요소가 무엇인지에 관한 것이다. 상세한 내용은 조경근(2001, 8-10)을 참고하라.

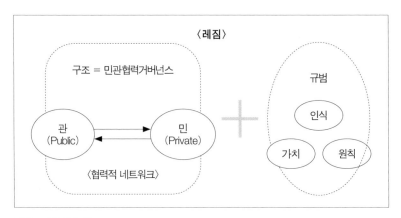

그림 2 레짐의 구성

이라고 설명할 수 있다. 그리고 행위자들을 순응하도록 하는 공유된 규범이 존재한다면 레짐으로 확장될 수 있을 것이다.

　이 장의 분석 틀로 레짐의 구성은 〈그림 2〉와 같이 시각화할 수 있다. 에너지 전환은 기술과 정책을 도입하는 것만이 아니라 민관 협력 거버넌스를 형성하고 유관 행위자의 규범을 변화시키는 것이 함께 맞물려 움직여야 도달할 수 있다. 에너지 전환 정책의 상이한 결과에 대한 연구에서는 거버넌스뿐만 아니라 거버넌스를 구성하는 행위자들과 정책 대상자들의 인식과 가치도 확인해야 한다는 것이다. 이에 이 장에서는 구조와 규범을 동시에 고려하여 전환의 양태를 종합적으로 볼 수 있는 레짐의 개념을 분석 틀로 활용한다. 레짐의 개념을 에너지 분야에 적용해보면, 에너지 레짐이란 에너지라는 특정한 쟁점 영역에서 행위자들이 공유하고 있는 일정한 규범과 구조를 지칭하는 것이다. 에너지는 단순한 자원이 아니며, 사회 전반에 생산과 소비가 반복되는 에너지 순환에 관련되어 있다(윤순진 2008). 따라서 에너지와 연관된 규범과 구조가 상호작용을 통해 다양한 형태의 에너지 레짐을 형성한다고 볼 수 있다.

여기에서 에너지 레짐의 전환이란 자원의 형태나 기술의 전환뿐만 아니라 크래스너(Krasner 1982)가 정의한 "레짐 자체의 전환"[5]의 연장선인데, 에너지라는 영역에 대한 행위자들의 규범과 그것을 둘러싼 구조가 전환되어야 달성할 수 있다. 에너지원과 관련된 기술은 물론 경제 구조, 개인의 습관, 정책, 문화적 담론 등이 변모해야 에너지 레짐이 전환되었다고 표현할 수 있을 것이다(Lee et al. 2014; Monstadt and Wolff 2015).

그렇다면 에너지 레짐이 전환되었다는 것을 어떻게 측정할 수 있는가? 이 장에서는 아래의 〈표 5〉에 정리된 것처럼 기술적 측면의 전환, 거버넌스와 규범의 전환이라는 분석 틀로 에너지 레짐의 전환을 평가할 것이다. 기존의 레짐 이론에서는 레짐의 구성요소로 정책 결정 과정, 규칙, 규범, 원칙을 중시한다. 이 장에서는 정부 정책이나 형식적 제도를 의미하는 정책 결정 과정과 규칙을 하나로 묶어 거버넌스로 분류하고, 원칙과 규범은 공동의 생각이나 가치를 뜻하므로 규범으로 묶어서 분류한다. 또한 에너지 레짐의 특성상 에너지원의 종류와 에너지의 생산과 소비와 관련된 기술을 간과할 수 없다. 따라서 레짐의 전환을 확인하는 변수로 기술, 거버넌스, 규범의 변화를 살펴볼 것이다. 위의 변수들에서 변화가 확인되면 에너지 레짐은 전환되었다고 볼 수 있다.

첫 번째, 기술적 측면에서 에너지 자원이 화석연료, 석유, 원자력에서 풍력, 지열, 태양열 등의 재생 가능한 에너지로 변화하는지를 확

---

5   크래스너(1982)는 레짐의 변화를 두 가지로 구분하고 있다. 하나는 레짐 내의 전환(changes within regimes)으로, 규범이 대체되지 않은 채로 규칙과 정책 결정의 절차만이 변화한 것이다. 다른 하나는 레짐 자체의 전환(changes of the regime itself)으로, 해당 레짐에서 통용되던 규범이 변화한 것이다. 이 경우에 이전의 레짐이 사라지고 새로운 레짐으로 변화하거나 새로운 쟁점 영역에서 레짐이 발생한다.

인할 것이다. 그리고 대규모로 에너지를 생산하여 분배하던 방식에서 여러 장소로 생산 공간이 분산되고 소규모로 자급자족할 수 있는지를 확인해야 할 것이다.

두 번째, 거버넌스의 측면에서 정책의 방향성과 정책 도출 과정의 변화를 분석하고자 한다. 먼저 에너지 정책이 재생에너지의 사용과 소규모 생산을 장려하는 방향으로 바뀌는지를 살펴볼 것이다. 또한 정책을 이행해나가는 과정에서 주민들과 관련 이해관계자들이 참여할 수 있는 공간이 존재하는지, 그리고 다양한 행위자가 정책에 대해 논의하고 협의하며 적극적으로 참여하는지를 평가할 것이다.

세 번째, 규범적 측면에서 에너지 소비자가 자신을 에너지의 생산 과정에 참여하는 생산자로 인식했는지, 재생에너지의 가치를 어떻게 평가하는지, 경제적 이익과 에너지 사용의 관계에 대한 원칙은 무엇인지를 살펴볼 것이다. 규범의 요소인 인식 차원에서 에너지 생산자로서의 자각이 중요한데, 이를 위해서는 재생 가능한 에너지와 관련된 지식을 어느 정도 보유하고 있어야 한다. 기술과 거버넌스가 전환되어도 마을의 주민이나 정부 관료들이 스스로의 역할과 기술적인 요소를 이해하지 못한다면 앞서 발생한 전환은 큰 효과를 내지 못할 수 있기 때문이다.[6] 또한 재생에너지 자체의 가치에 대한 평가도 중요하다. 재생에너지는 에너지원을 재생할 수 있지만 간헐적으로 제공되는 특성이 있다. 재생에너지의 장점과 단점을 비교하여 그 가치를 어떻게 평가하는지도 에너지 레짐의 규범이 변화하는 요소이다. 원칙적인 측면에서 에너지 전환과 관련된 행위자들이 경제적 이익과 에너지 소비 간의 균형

---

6   실제로 공주시에서 시행한 녹색마을사업 중 월암 마을의 경우에 주민들의 인지도가 부족하고 공주시청이 무리하게 사업을 추진함으로써 사업이 성공적으로 진행되지 못했다 (권용덕·김덕주 외 2012).

표 5 에너지 레짐의 전환

		레짐의 전환	
		화석 에너지 레짐　➡	재생에너지 레짐
레짐의 구성 요소	기술	화석 에너지 중심의 기술, 대규모, 집중형 기술	재생에너지 중심의 기술, 소규모, 지역 분산형 기술
	거버넌스	화석연료 중심의 정책 기조, 하향식 제도, 민관 협력관계의 미발달	재생에너지 중심의 정책 기조, 상향식 제도, 민관 협력관계의 발달
	규범	에너지 소비자로서의 인식, 낮은 재생에너지의 가치, 경제적 이익 우선의 원칙	에너지 소비자인 동시에 생산자로서의 인식, 높은 재생에너지의 가치, 경제적 이익과 에너지 사용의 조화의 원칙

자료: 이정필·한재각(2014, 84)의 〈표 1〉을 의도에 맞추어서 구성과 용어를 수정했다.

을 추구하는 것도 평가해야 할 요소이다.

　이 장의 분석 틀로 에너지 레짐의 전환이 이루어졌는지의 여부를 확인할 수 있는 세 변수와 그 내용을 정리해보면 〈표 5〉와 같다.

3. 중간지원조직의 역할

기존의 연구들에서는 민관 협력을 활성화하기 위한 조건으로 중간지원조직에 주목해왔다. 지칭하는 용어는 다양하지만, 공통적으로 민과 관의 중간에 위치하여 연결을 담당할 조직의 필요성을 인식하고 있다. 오늘날에는 새로운 개념처럼 간주하고는 있으나 중간지원조직과 관련된 논의는 이미 오래전부터 존재해왔다. 개인 수준에서는 마이어(Meyer 1960)가 논쟁의 변화를 이끌고 촉진시키는 행위자의 역할을 다루었고, 국제적 수준에서는 영(Young 1967)이 국가 간의 중간 매개 역할을 이행할 기관과 조직의 중요성을 지적했다. 에스먼과 어포프는 지역 수준에서 중개 역할을 수행하는 지역조직을 강조했다(Esman and Uphoff 1984). 이 조직은 자신의 기반이 되는 지역 주민들의 요구를 정부에 전달하는 동시에 정부에서 진행되는 여러 정책의 전반에 대한 정보를 주민들에게 제공한다.

최근에는 유럽에서 에너지 자립 마을을 형성하는 것을 유도한 중간지원조직의 개념을 고찰한 연구(고재경·주정현 2014)가 등장하고 있으며, 에너지 자립 분야뿐만 아니라 커뮤니티 비즈니스(나주몽 2012), 마을 만들기(한승욱 2013), 농촌 지역의 활성화(이차희 외 2014) 등 여러 분야에서 민과 관의 매개 역할을 하는 조직에 대한 연구가 꾸준히 진행되고 있다. 에일렛(Aylett 2013) 역시 포틀랜드의 에너지 정책에서 지역을 기반으로 한 소규모 기업의 역할을 제시하고 이 기업이 다양한 집단 간의 소통 창구로 활동할 수 있다는 점을 강조한다.

이 장에서는 에너지 레짐의 전환을 촉진하는 요인으로 중간지원조직의 역할에 주목한다. 중간지원조직은 다음과 같은 특성을 가진다. 우선 '중간'은 위치상 민과 관 사이에 입지한다는 것을 의미한다. 물리적 위치뿐만 아니라 시민과 정부의 공론장을 한곳으로 연결해준다는 의미에서도 '중간'적이다(김호기 2007). 즉, 중간지원조직은 동떨어져 있는 정부와 시민사회의 공론장을 하나의 통로로 연결해주는 '중간' 장소를 제공하는 조직이라고 할 수 있다. 그리고 중간지원조직이 '지원'하는 내용은 에너지 전환 이슈를 제시하고 정보와 교육을 제공하며 민관의 가교 역할을 하고 정책 대안을 제시하는 것을 포함한다. 국가, 시장, 시민사회는 서로 상이한 원리에 따라 움직이고 재생산되므로 상호 간의 '공유되는 규범'을 형성하기 어렵다. 이에 동떨어진 국가와 시민사회의 '중간'에 위치하여 이들이 전환된 기술과 거버넌스, 규범을 공유할 수 있도록 '지원'하는 것이다. 마지막으로, 이러한 역할을 하기 위해서는 구성원 개개인을 뒷받침할 조직적 기반이 필요하다. 피네모어와 시킹크에 따르면, 규범을 확산하고 설득하기 위해서는 개별적으로 행동하기보다는 조직적 기반을 바탕으로 활동하는 것이 효과적이다(Finnemore and Sikkink 1998). 여기에서 조직은 체계 있는 집단(동일한 목적을 가진 사람들의 모임)을 의미하며, 전환에 필요한 인력과 재원을 바탕으로 목표를 성취하기 위한 실행력을 갖는 경우가 많다.

이러한 논의를 바탕으로 중간지원조직을 정의하면, 민과 관의 중간에 위치하여 상호작용을 활성화하고 민과 관 두 부문의 기술과 거버넌스, 규범의 변화를 추동하며 규범의 촉진자들을 구성원으로 하여 체계적으로 집단을 이루고 있는 제도적 형태라고 할 수 있다.

중간지원조직의 역할은 세 가지로 볼 수 있다. 첫째, 중간지원조직은 중앙정부 및 시정부에 시의적절하다고 판단되는 새로운 이슈를 소개하고, 나아가 해당 이슈에 적합한 정책 대안을 제시할 수 있어야 한다. 둘째, 중간지원조직은 민과 관 두 부문의 중간에 위치하여 협력 네트워크를 촉진하고 민과 관이 소통할 수 있는 공론의 장을 제공하여 다양한 행위자가 정책 결정 과정에 참여할 수 있는 기회를 제공해야 한다. 셋째, 중간지원조직은 제시한 이슈와 정책 대안과 관련하여 정확한 정보와 교육을 민과 관에 제공할 수 있어야 한다. 이를 통해 다양한 정책 참여자들의 이해도를 증진해서 규범의 변화를 촉진할 수 있어야 한다. 따라서 이 역할을 통해 에너지 레짐의 구성요소인 기술과 거버넌스, 규범에 영향을 미칠 수 있을 것이다.

물론 중간지원조직의 독립성이나 자율성이 충분하지 않으면 제대로 그 역할을 이행하지 못할 가능성이 크다. 그럼에도 불구하고 특정 조직에서 이러한 공통적인 역할과 성격이 드러난다면 조직 활동의 성과나 정부로부터의 독립성 수준과는 별도로 해당 조직을 중간지원조

표 6 중간지원조직의 에너지 전환 과정에서의 역할과 그 영향

중간지원조직의 역할			에너지 전환 시에 영향을 받는 변수와 내용
1	이슈 및 정책 대안 제시	기술, 거버넌스	새로운 에너지원의 소개, 재생에너지를 사용하는 에너지 자립 마을 정책의 제안
2	가교 역할	거버넌스	민과 관 사이에서 양측의 요구를 적절하게 전달하고, 양측이 협력할 수 있도록 공론의 장을 제공하며, 여러 행위자가 참여하여 정책을 도출하는 공간을 제공한다.
3	정보 및 교육 제공	규범	환경 문제와 기후변화, 에너지 자원 등에 대한 여러 정보와 교육을 제공하여 참여자들이 에너지에 대한 가치를 변화시킬 수 있도록 유도하고 에너지 자립에 적극적으로 참여하도록 주민과 공공 부문의 관계자를 설득한다.

직으로 보고자 한다. 이러한 중간지원조직의 역할과 각 변수에 미치는 영향을 간략히 정리하면 〈표 6〉과 같다.

위에서 논의한 바와 같이 중간지원조직을 통해 에너지 레짐의 구성요소가 영향을 받을 수 있으며, 이들의 역할이 효과적으로 작동하면 각 변수가 변동하게 된다. 이를 통해 에너지 레짐이 화석연료 중심에서 재생 가능한 에너지로 새롭게 전환하게 되는 것이다.

4. 사례 연구

1) 연구 방법

이 장에서는 에너지 레짐이 전환되는 모습과 그 원인을 살펴보기 위해 비교 사례 분석 방법을 이용한다. 비교 사례 분석 중 비슷한 조건에서도 다른 결과가 나올 수 있는지를 살펴보는 데 적절한 일치법(the method of difference)을 사용한다(Liberson 1991). 즉, 사회경제적 요

건이 비슷한 곳 중 에너지 전환이 이루어진 곳과 이루어지지 않은 곳을 비교하여 그 원인을 유추해내고자 한다.

연구 범위는 통영시의 연대도와 제주도 서귀포시에 속한 마라도로 한정한다. 이 두 곳을 사례로 선정한 이유는, 통영의 연대도가 현재 재생에너지로의 전환이 지속되고 있는 데 반해 제주의 마라도는 재생에너지를 도입했다가 화석 에너지로 회귀하여 에너지 전환을 유지하기가 어려워졌다는 평가를 받고 있기 때문이다. 두 섬은 서로 에너지 전환의 결과가 다르지만 지방정부의 적극적 지원을 통해 에너지 전환 사업을 시작했다. 사업을 진행할 때 각각의 지자체, 즉 시정부는 해당 지역에서의 에너지 전환에 적극적으로 관여하려 했고 예산과 정책을 통해 사업을 지원했다. 두 마을 모두 태양광 에너지를 선택하여 발전 방식을 바꾸었고 정책 목표를 청정섬 혹은 친환경섬으로 설정하면서 유사한 형태를 보였다. 또한 관광과 어업 중심의 경제구조 아래 관광이 급격히 활성화되기 전에 에너지 전환 사업을 적용했다는 점, 관광객이 급작스럽게 증가하는 시점과 맞물려 해당 사업이 완공되었다는 점 등이 공통적이었다. 섬의 크기나 인구, 인구의 구성도 크게 차이가 나지 않았다.[7]

두 사례 간의 차이는 중간지원조직의 유무와 활동 내용이다. 마라

---

7 연대도는 53가구, 83명이 거주하고, 마라도는 54가구, 104명이 거주한다. 면적은 각각 785,189m², 299,346m²이다. 면적에 차이가 있으나, 연대도의 경우에 산이 대부분이어서 거주 가능 면적은 비슷하고 두 섬 모두 한 부락을 형성하고 있다. 두 섬 모두 세대당 인구 수는 1~2명이고, 두 섬 모두 각각 달아항과 모슬포항에서 15분 남짓, 30분 남짓 걸리며 육지와 그리 멀지 않은 편이다. 또한 연대도는 어업과 소규모의 농업을 중심으로 생활을 영위하는 반면, 마라도의 경우 1980년대 중·후반까지 농사를 짓거나 잠수어업을 하다가 1990년대부터 관광객이 증가하면서 더 이상 농사는 짓지 않는다. 청장년층은 민박이나 식당을 운영하고, 여성들은 주로 잠수어업을 하면서 생활하고 있다(산양읍지편찬위원회 2013; 남제주군 2001).

도의 경우에 에너지 전환과 관련된 중간지원조직이 존재하지 않은 데 반해 연대도에서는 푸른통영21이라는 에너지 전환 중간지원조직이 존재하고 활동했다. 인터뷰와 문헌 연구를 통해 에너지 레짐의 전환과 그 원동력으로 중간지원조직의 역할을 비교할 수 있을 것이다.

현장 연구는 두 사례의 해당 지역에서 진행되었다. 각 지역에서 주민들과 심층 인터뷰를 진행했고, 그 외에 정부 관계자나 특정 조직의 관계자 등과 불특정 다수 혹은 일대일로 대화를 나누었으며, 면접 소요 시간은 평균 30분에서 1시간 정도였다. 연구 참여자에 대한 접근에는 최초의 1인을 섭외하고 그 1인에게 또 다른 1인을 소개받는 눈덩이 표집을 사용했다. 면접은 연구 참여자가 편안해 하는 장소와 그의 활동 장소에서 진행되었다. 연구 윤리를 위하여 연구 내용을 간략히 소개하고 연구자의 견해가 반영되지 않도록 유의하면서 질문과 답변을 반복했다. 연구 질문으로 반구조화된(semi-closed) 질문을 사용하여 연구의 일관성과 신뢰성(reliability)을 높이려고 했다. 연구 참여자에게는 면접에 앞서 익명성을 약속했다. 이를 위해 참여자들을 아래와 같이 표기한다. 제주의 마라도와 통영의 연대도는 A와 B로 표기하고, 소속된 단체의 속성에 따라 1, 2, 3으로 표기한다. 같은 지역 내에 소속된 집단의 속성이 유사하여 표기가 겹치는 경우에는 가나다 순으로 구분한다. 인터뷰한 인원은 제주의 마라도와 통영의 연대도와 관련된 인원이 각 9명씩 총 18명이다. 마을 주민에 대한 인터뷰는 주로 마을에 머무르며 진행되었고, 연대도에서는 5월 12~15일, 마라도에서는 5월 20~23일에 인터뷰가 이루어졌다. 일부 정부 관계자와 전문가들과는 개별적으로 전화와 직접 면담을 진행했다. 정부 관계자들과의 전화 인터뷰는 3~4월부터 접촉을 시도하여 5월까지 간헐적으로 이루어졌고, 마라도와 관련된 전문가는 5월 28일에 인터뷰를 진행했다. 그 외에 통영의 중

표 7 연구 참여자의 개요

지역	속성에 따른 표기		성별	속성
A	1	가	남	정부
		나	남	
	2	가	남	시민 조직/유사 단체
		나	여	전문가
	3	가	여	마라도 섬마을
		나	여	
		다	남	
		라	남	
		마	남	
B	1	가	여	정부
	2	가	여	중간지원조직
		나	남	
	3	가	남	연대도 섬마을
		나	남	
		다	남	
		라	남	
		마	남	
		바	여	

간지원조직의 1인은 5월 9일에 인터뷰를 진행했다.

2) 제주 마라도의 에너지 레짐 전환의 중단

(1) 기술적 전환

남제주군은 2004년에 26여억 원을 들여 청정환경특구로 지정된 마라도에 150kW급 태양광 발전기를 설치했다(서귀포신문 2011/10/4). 해당 사업에는 국비 18억 7,100만 원, 군비 8억 1,000만 원이 투입되었고, 2005년에 완공되어 2006년부터 전력 공급을 하기 위해 가동되었다(충청남도청 2013, 34-35; 이유진 외 2007, 123). 해당 시설은 태양광 발전이 부족하면 디젤 발전기로 보완하는 시스템이었다. 발전 시설의 설치 초기에는 태양광 발전기가 150kW, 디젤 발전기가 120kW로 약 '57% : 42%'의 비율이었고, 태양광 발전의 효율을 너 높이고자 계획했다(남제주군 2001). 그러나 마라도의 전기 수요가 증가하면서 2009년에 200kW급 1대, 2011년에 300kW급 1대, 2013년에 200kW급 1대의 디젤 발전기가 추가되었다(서귀포시청 2015).

결과적으로 마라도에서는 시간당 150kW급의 태양광 발전 시설과 시간당 820kW급의 디젤 발전 시설을 통해 전기를 공급받게 되었고, 태양광을 통한 에너지 공급이 약 18% 정도만 이루어지고 있다. 2010년과 2012년에 각각 약 4억과 약 1억 9,000여만 원을 투입해 태양광 발전 시설의 축전지와 인버터, 부식물 등을 보수공사하는 등 보강을 했지만, 여름철에 관광객이 증가하고 전력 사용이 증가하면서 태양광 발전에서 생산된 전기만으로는 수요를 충분히 따라가지 못했다. 결국 태양광 시설을 늘리기보다는 디젤 발전기로 전력을 생산하고 있다(충청남도청 2013). 실상 마라도의 기술적 에너지 전환은 충분히 진행되지 못한 상태이다.

(2) 거버넌스 전환

제주도는 2004년에 "제주시 에너지 관리 조례"[8]를 제정하면서 그 목적을 에너지의 효율적 사용과 절약, 환경 피해의 감소로 규정했다. 그리

---

8   이 조례는 2006년 10월 11일 이후로 "제주특별자치도 에너지 기본 조례(제주특별자치도 조례 제59호)"로 통합된다. 자치법규정보시스템, 2006, "제주특별자치도 에너지 기본 조례." http://www.elis.go.kr/(검색일: 2015. 5. 12).

고 재생에너지를 적극적으로 활용하는 것과 함께 시민 참여를 독려하는 원칙을 명시했다. 조례안의 제정과 그 내용, 그리고 태양광 발전 시설의 준공은 제주도의 정책 방향이 환경 보호와 지속 가능한 발전으로 변화했다는 것을 보여준다.

정책의 도출 및 이행 과정에서 민관 협력을 창출하기 위한 시도 역시 존재했다. 우선 2008년에 마라도 자가발전시설관리 운영위원회가 구성되어 지금까지 운영 중이다. 총 7명으로 이루어진 해당 위원회는 마라도의 행정지역인 대정읍 읍장이 위원장을 일임하고 공무원 1명과 마라도의 이장 등 마라도의 주민들이 나머지 5명을 구성한다. 이는 "도서 자가발전시설관리 운영 규정[9]에 근거한 것이고, 규정에 따라 주민들이 참여하고(A.1.나)" 있다. 제도적으로는 민간의 참여가 보장되어 있는 것이다.

그러나 실제로 마라도의 거버넌스는 민관 협력을 증진하는 형태가 아니라 정부가 하향식으로 정책을 적용했다는 것을 인터뷰를 통해 확인할 수 있었다. 주민과 시정부의 관계자가 소통할 장소와 기회가 부족했다는 지적이 있었다. 시정부에서 진행한 태양광 발전 사업에 관해 마을 주민과의 논의도 미진했고, 재생 가능한 에너지에 관한 교육이나 정책에 대한 논의 등도 적었으며(A.3.다), 마라도 주민들의 의견을 고려하지 않고 사업이 진행되었다고 밝혔다.

"민관 사이에 소통이나 협력이 없었죠. (중략) 주민들을 데려다놓고 사업하겠습니다 하면, (귀찮다는 듯한 어투로) "해~, 돈도 들어오고 좋

9   산업통상자원부, 2002, "(훈령 제39호) 도서자가발전시설관리 운영규정." http://www.motie.go.kr/motie/in/ay/instruct/directive/bbs/bbsView.do?bbs_seq_n=11&bbs_cd_n=28(검색일: 2015. 5. 21).

네!" 뭐 그렇게 되는 거죠. 거기다가 대고 뭐 디테일하게 설명을 하겠습니까? (격양되며) 우리한테도 안 해주는데? 사업의 본질에 대해서 제대로 얘기해주지 않고 사업이 진행되기 때문에 그 이후에 생기는 문제에 대해서는 고스란히 마을 주민들이 책임을 지게 되는 거죠. (A.2.가)"

"마라도는 추진력? 지속성? (한숨 쉬며) 그런 것 자체에 대해서 논의할 게 별로 없어요. 정부가 예산을 준비해서 마라도에 태양광 발전 시설을 설치하고 그런 것이기 때문에. 제주도 마라도는 민관 협력이 안되었던 대표적인 사례죠. (A.2.나)"

인터뷰에 따르면, 마라도의 태양광 발전 사업에서 민관 간의 협력 거버넌스가 제도적으로는 구성되었으나 실질적으로는 작동하지 않았다고 할 수 있다. 거버넌스를 형성하기 위해 기반이 되어줄 수 있는 중간지원조직 역시 마라도에는 부재했다. 정부와 마을 사이에서 이해를 증진하기 위한 활동을 할 기반이 없었기 때문에, 규범을 촉진하고자 개인이 나서더라도 "그저 추세를 지켜보고 잘못된 것이 있다는 것을 알리는 정도(A.2.나)"에 그칠 수밖에 없었다. 중간지원조직의 역할을 수행할 만한 조직인 "(제주)도의 제21이나 (제주/서귀포)시의 제21의 경우, 민감한 부분(예산 및 향후 정책 계획 등)에 있어서는 얘기를 하지 않는 데다(A.2.가)" 정부에 조언하고 한계를 지적하는 민간 단체는 "발전 허가 심의위원회에 들어갔는데도 잘리고 배척당하는(A.2.가)" 경우가 많았다고 한다.

현재에도 마라도의 거버넌스는 하향식 형태이다. 최근에 서귀포시는 마라도의 태양광 발전 사업을 한국전력으로 양도할 계획을 가지

고 있으며, 한국전력이 인수하기 전에 개선과 보완 사항을 조치할 예정
이다(서귀포시청 2015, 2). 그러나 이러한 상황을 마을 주민들은 인지
하지 못하고 있다. 또한 현장에서 확인한 결과 발전소에서 근무하는 사
람들을 제외하고 마라도의 주민들은 태양광 발전을 통해 생산되는 전
기가 얼마나 되는지, 어떻게 공급되는지 등에 대해 인지하지 못하고 있
다. 이는 곧 태양광 발전 사업에 마라도의 주민들이 참여하지 않았다는
것을 반증한다.

결론적으로 마라도에서는 정책의 방향성이 재생 가능한 에너지
자원을 지향하고 제도적으로 민간 부문의 참여를 보장하고는 있으나
실질적으로 민간의 참여가 활성화되어 있지는 않았다. 또한 마라도의
주민과 정부 간의 매개 단체가 부재했으며, 교육 및 가교 역할을 맡아
줄 단체 혹은 인물의 필요성에 대해 피력하고 있는데도 시정부는 이를
수용하지 않고 있다. 따라서 거버넌스의 변화가 상대적으로 미흡했다
고 볼 수 있다.

(3) 규범적 전환

마라도의 경우에 기술적으로 에너지원을 바꾸고 에너지 정책을 바꾸
며 민간 부문의 참여를 제도적으로 보장하려는 노력은 했지만 에너지
전환과 관련된 행위자의 규범은 크게 변화하지 않았다. 우선 에너지 생
산자로서의 인식이 미미했다. 마라도는 사업 초기에 기술적으로 재생
가능한 에너지원을 사용하고자 했으나 이 시도는 지속되지 못했고 석
유를 사용하는 디젤 발전기로 재차 회귀했다. 태양광 발전 시설은 발전
소의 직원만이 관리하고 인지하는 수준에 불과하며, 마을 주민들은 태
양광 발전을 통한 에너지의 생산과 관리에 참여하지 않고 있다. 또한
태양광 발전 시설은 주민들이 에너지의 생산자로서 자각할 수 있는 계

기를 제공하지 못했다.

　재생에너지에 대한 가치도 낮게 평가되었다. 마을 주민들은 태양광과 디젤 발전기를 오가는 전력 공급 방식에 불편함을 느꼈고, 재생 가능한 에너지가 증대되는 전력 소비량을 충당할 수 있을 만큼 대용량을 생산할 수 있어야 한다고 주장했다(이유진 외 2007). 그러나 시간당 150kW급의 발전 설비는 50가구가 한 달에 사용하는 전력량을 공급할 능력을 갖추고 있다고 볼 수 있다. 한국은 대다수 가구당 월 평균 300~400kW/h의 전력을 소비한다(서울연구원 2013). 한국에서 태양광 발전이 가능한 시간을 하루 3.5~4시간으로 보았을 때 시간당 3kW급 발전 설비에서 하루 평균 12kW 정도의 발전량이 얻어지고 한 달 동안 360kW/h의 전력량이 발생한다. 시간당 3kW급의 발전 설비로 하나의 가구에 필요한 전력량을 충분히 공급할 수 있는 것이다. 오히려 화력 발전이나 디젤 발전과 달리 상대적으로 효율성이 떨어지는 재생에너지원을 사용하려면, 그에 상응하는 주민들의 노력과 참여, 그리고 지식이 필요하다.

　또한 마라도에서 여러 주민들에게 태양광 발전에 대해 물었을 때 주민들이 서로 다른 대답을 했다는 점에서 무관심과 인식 부족을 확인할 수 있다.

　　"이쪽은 전부 다 그 전기(태양광과 풍력)로 다 쓰고 있어요, 태양광이랑 풍력이랑 해서.(A.3.라)"

　　"태양은 발전소서 한 것이 아니고, 저 물통 놔졌지요? 그 물통 놔진 그 안쪽에 할마이네 집캉 보믄은 할마이네 집캉 한 군데밖에 안 했어. 천둥번개 오믄은 신호 가는 거 혀니, 전기선으로 다 혀 맨들어놓고 갔어. (발전소를 가리키며) 저서 한 것이 아니고, 한 집만 한 집만. 저, 저 아래 내려가믄은 거기 바지걸랑(보이면은) 들어가 보세요.(A.3.가)"

"발전소는 저기 저 보건소신 바로 거기 있는디. 거기 가면 될 거. 왜 요? (퉁명스럽게) 태양 그거는 잘 몰라요.(A.3.나)"

"태양광 발전소는 보조적 수단이고요, 마을 발전기는 다른 게 있어요. 태양광 발전소랑 같이 있어요. 경유로 움직이는. 등대만 태양광 발전 으로 돌아갑니다.(A.3.마)"

"지금은 보조 역할밖에 못합니다. 초반에는 주요하게 생산했었는데, 디젤이 보조였고. 다시 시에서 해가지고 보수를 하긴 했는데, 지금은 20% 정도밖에, 보조밖에 못하는 실정입니다. (중략) 태양광이 제 역 할을 못 하니까, 지금은 80%가 디젤 뭐 다 그거하고 있습니다. 태양 광은 보조, 전기 많이 사용할 때, 그니까 디젤 발전기가 무리가 안 가 게.(A.3.다)"

위 인터뷰에서 주민들의 대답에 큰 차이가 있는데, 이것이 곧 태양 광 사업에 대한 인식과 참여 정도의 차이를 대변해준다. 발전소나 유사 기관에 근무하는 사람은 태양광 발전 사업의 내용은 물론 태양광 발전 을 통한 전력량과 디젤 발전을 통한 전력량을 인식하고 있었다. 그러나 그 외의 일반 주민들은 제대로 내용을 인지하지 못하고 있었다. 일반 마을 주민들이 사업 내용이나 재생에너지에 대해 모르고 알려고 하지 않는 태도에 대해 "발전소 근무 안 하면 어찌 알겠냐(A.3.다)"라며 당 연하게 여기기도 했다.

에너지 전환의 규범 중 원칙에서 경제적 이익이나 생활의 편리성
이 재생에너지의 전환과 에너지 자립의 원칙보다 우선시되고 있다는
점도 인터뷰를 통해 알 수 있었다. 정부 관계자들은 "정부 정책이나 뭐
그런 게 문제가 아니다. (억양이 올라가며) 신재생에너지의 특성 때문
에 사업이 잘 안 될 수밖에 없고, 태양이 떠야만 전력을 생산할 수 있기
때문에 항상 부족(A.1.가)"하다고 주장한다. 또한 "관광객이 점점 늘어
나면서 전력 사용량이 더 이상 태양광 발전만으로는 충당하기 어려워
졌다(A.1.나)"라고 언급했다. 마을 주민 역시 "에어컨이나 TV 등의 사
용이 점점 많아지고, 관광객들이 민박 등을 하면서 전기를 많이 쓸 수
밖에 없다(A.3.다)"라고 언급한다. 더 나아가 마라도의 태양광 발전 사
업에 대한 시도 자체를 의문스러워하면서 관광지라는 원인이 에너지
자립을 할 수 없는 가장 큰 걸림돌이라는 점을 지적했다.

"(놀란 말투로) 마라도에서의 에너지 자립 시도? 했었나요, 마라도
가? (단호한 어투로) 여기는 자립을 시도할 수가 없는 섬입니다, 관
광지라서. 관광의 특성이 전기를 다 써야 하는 게 많은데, 여기는 관
광 인구가 지속적으로 많이 유입되기 때문에. 그런 전기를 태양광 에
너지로만 충당하는 게 어렵습니다. 150kW로는 택도 없죠. 우도, 마
라도, 가파도의 특징은 굉장히 많은 관광 인구가 유입이 되니까, 이
사람들이 들어가면 결과적으로 전기를 더 많이 쓸 수밖에 없는 거예
요.(A.1.나)"

그러나 마라도에서 태양광 발전을 통한 에너지 전환이 지속적
이지 못했던 것은 "수요 관리가 안 되는 상태에서 생산만 됐을 때, 그
리고 참여하는 주체의 의식의 변화 없이 적용했을 때 발생하는 문제

(A.2.나)"이지, 단순히 관광객의 유입만으로 해당 사업의 문제를 모두 설명하기는 어렵다. 물론 관광객이 증가하면서 그들이 사용하는 전력 등의 자원 소비가 에너지 사용량에 영향을 미치고 나아가 마을 전체적 인 에너지 부족으로 연결되었을 수 있다. 이 지점을 초기 사업을 시행할 당시의 지자체였던 남제주군도 인지하고 있었고, 이를 방지하기 위해 주력 발전 방식은 태양광, 보조적 발전 방식은 디젤 발전을 목표로 하고 있었다(남제주군 2001). 그러나 현재 태양광 발전은 전체 전력 공급량의 18%에 불과하며, 주력 수단으로 디젤 발전 방식이 활용되고 있다. 관광 인구가 적은 봄과 가을에는 전력 소비 역시 줄어들어 태양광 발전을 통해 전력을 공급할 수도 있지만, 관광객이 급격히 증가하는 여름과 같이 여타 계절에도 디젤 발전 방식이 마라도의 주된 전력 공급원 역할을 수행한다. 즉, 관광객의 증가가 마라도의 에너지 소비량에 영향을 미치고는 있지만 주력 발전 방식으로 디젤 발전기가 활용되는 현재 상황은 관광객의 증가 때문이 아닌 마라도 주민들의 규범적 미전환 때문이라고 볼 수 있다.

관광객이 증가하여 에너지 소비량이 지속적으로 상승하더라도 재생에너지와 에너지 소비 등에 대한 참여 주체들의 인식이 바뀌어서 재생에너지의 공급을 확대하고 수요 관리를 시도했다면 결과는 다르게 나타났을 것이다. 그러나 인터뷰에서는 마라도의 태양광 발전 사업 관계자들과 마을 주민들이 이런 점에 대해서는 고려하지 않고 재생에너지의 사용은 무조건 전력 부족으로 이어진다는 가치 인식을 보여주고 있다. 이는 마라도의 태양광 발전 사업 전반과 관련이 있는 주민, 정부 관계자, 나름의 경험과 지식을 보유한 단체가 재생에너지에 대한 이해도와 인식이 부족했다는 것을 시사한다.

또한 2014년 4월까지는 마라도 선착장에서 내리자마자 손님을 끌기 위한 전기 활용 골프 카트가 늘어서 있었다. 전력 사용량을 크게 늘리고 자연을 훼손하는 골프 카트는 마라도에서 골칫거리였지만 철수하기까지 꽤 오랜 시간이 걸렸다. 주민들의 거센 반대에 부딪혔기 때문이다. 골프 카트를 운영해야 생계를 유지할 수 있다는 이유였다(제주의 소리 2013. 5. 14). 최초에 마라도에 전력 소비가 심한 골프 카트를 들여온 것도 마라도 주민이었다(서귀포신문 2011. 10. 4). 이러한 현상은 마라도의 에너지 전환 사업에 주민들이 큰 관심을 갖지 않았고 정확한 인식은 물론 자발적 참여 의지 역시 현저히 부족했다는 것을 보여준다.

마라도와 관련된 정부 관계자들은 여타 전문가나 활동가에게서 "에너지와 관련해서 사업을 진행하는 부서 쪽의 공무원들이 에너지와 관련된 의식 수준이 (강조하며) 굉장히 낮고 전문성도 떨어진다(A.2.가)"라는 평가를 받고 있다. 실제로 인터뷰를 진행했을 때, 정부 관계자들은 "한전에 곧 양도하려고 보수하고 있는 상태인데, 잘됐다 안 됐다거나 더 할 거다 안 할 거다 이거를 얘기하기가 어렵다(A.1.나)"라며 대답을 회피하는가 하면, 규범적 측면보다는 설비 용량의 증축이나 태양광 발전소의 보수 계획, 향후 운영 계획과 같은 객관적 자료와 기술적 지표(A.1.가)에 대해서만 지속적으로 언급했다.

결과적으로 제주 마라도의 경우에 정부 관계자, 마을 주민들이 에너지 레짐과 관련하여 공통된 규범을 지니지 않은 것으로 보인다. 마을 주민은 무관심 혹은 사실 인지 수준에 그치고 있으며, 정부 관계자의 경우에는 신재생에너지 사업을 진행하고는 있으나 경제적이고 산업적인 발전에 대한 가치를 중시하는 원칙을 가지고 있었다. 따라서 마라도에서는 에너지 전환의 기술, 거버넌스, 규범의 에너지 레짐 전환을 발견하기 어려웠다.

3) 통영 연대도의 에너지 레짐 전환과 중간지원조직

(1) 기술적 전환

통영시에서는 2008년에 생태섬 조례를 제정하면서 연대도에 태양광 발전기를 설치했는데, 그 발전량은 3kW급 50기로 총 150kW이다. 그리고 이 설비가 마을의 에너지 수요를 공급한다(통영시청 2010, 1). 2011년에 패시브 하우스와 주민 쉼터를 준공하고, 패시브 하우스에는 태양광 설비와 자전거 발전기를, 주민 쉼터에는 태양광 설비를 설치했다. 이와 함께 폐교를 리모델링하여 에코 체험센터를 설립하고 자가발전을 위해 25kW급의 태양광 발전 시설을 준공했다. 2012년에는 에너지 체험센터 내에 태양열 조리기, 자가발전 놀이기구, 자전거 발전기 등 총 14종의 에너지 체험 시설을 설치했다(권용덕 외 2012; 산양읍지 편찬위원회 2013). 현재 연대도에서는 태양광을 통한 전력 수급이 부족한 경우에 송전탑을 통해 들어오는 한국전력의 전기를 사용한다. 한전으로부터 공급받은 전력량과 태양광 발전의 공급량은 상계 처리하고, 주민은 한 달에 3~4천 원 정도의 전기 사용료를 낸다(중앙일보 2015. 5. 27, 23면). 즉, 태양광 발전을 통한 전력 공급이 대부분의 전력 소비량을 뒷받침하고 있다고 볼 수 있다.

물론 태양광 발전 시설을 준공한 이후 5~6년이 지난 최근에는 몇몇 가구로 들어가는 전력 공급에 문제가 발생하고 있다. 또한 기둥을 높게 올려 준공하면서 태풍 등으로 무너질 수 있다는 우려도 존재한다(충청남도청 2013). 그러나 기술적 측면에서 에너지 자원이 재생에너지로 변모했고, 마을의 전력 소비량 대부분을 재생에너지 중심 기술을 통해 공급받고 있다. 그리고 전력 공급 방식 역시 소규모의 마을 집단으로 발전 장소를 옮겨 지역 분산적인 방식으로 변화했다.

(2) 거버넌스 전환

2007년 11월에 푸른통영21[10]의 제안에 따라 통영시와 함께 연대도를 생태 마을로 지정하면서 에코 아일랜드 조성 사업이 시행되었다. 이후 2008년 5월 13일에 통영시는 생태섬 육성 조례를 제정했다. 통영시의 경우에 생태섬 육성 조례를 제정하여 생태섬의 육성과 에너지 전환을 위한 예산 지출의 근거를 만들었다. 또한 조례의 목적을 자연을 보호하고 자연 친화적인 방식으로 섬을 육성하는 것이라고 명시했다. 통영시의 정책 방향이 산업의 발전과 화석연료를 중심으로 하는 기조에서 녹색, 재생, 환경 보호라는 새로운 패러다임으로 변화한 것이다.

또한 통영에서는 시정부가 일방적으로 정책을 적용하는 하향식 제도를 지양했다. 지자체와 푸른통영21에서 적극적으로 나서서 마을 주민의 참여를 유도하고, 마을주민과 푸른통영21, 통영시가 논의를 거쳐 사업 시행 방식과 방향을 조율했다. 문헌상 통영시의 생태섬 육성 조례에 마을 주민을 위원회의 구성원으로 포함하는 조항이 있고, 실제로 연대도가 에코 아일랜드 사업을 시작한 당시의 위원회 역시 마을 주민 위주로 구성되었다. 구성을 상세히 보면, 위원회를 구성하는 총 16명 중 6명이 마을 주민, 1명이 공무원이었고, 그 외에 푸른통영21과 지역 언론, 전문가 등이 참여했다(통영시청 2012). 나아가 해당 위원회의 구성원으로 참여하지 않는 주민들도 마을의 열린 회의와 모임을 통해 섬에서 진행되는 사업과 관련하여 자유롭게 의견을 낼 수 있는 환경을 조성했다(윤미숙 2015).

---

10 푸른통영21은 의제21의 일환으로 국내에 적용된 지방의제21 중 하나이다. 지방의제21은 지속 가능한 발전을 추구하고 환경 친화적인 의제를 발굴하며 시도하는 역할을 한다. 푸른통영21 역시 이 일환으로 설립되었다. 이 조직에는 공무원, 전문가, 기업 등 다양한 행위자가 소속되어 있다.

작은 단위의 사업을 진행할 때도 마을 주민을 전부 모아 회의를 거친 후에 결정했다. 발전소 부지의 선정, 태양광의 작동 원리, 송전의 원리와 같은 중요한 일은 물론 산책로의 이름이나 빈집의 전기 공급 여부 등과 같은 사소한 일도 주민회의를 통해 결정했다(윤미숙 2015). 모든 사업을 진행하는 과정에 주민을 포함시켜서 포괄적이고 민주적인 방식을 사용하고자 노력한 것이다. 당시 통영시 정부는 예산의 지원과 시설의 설치를, 푸른통영21은 에코 체험 프로그램의 운영 및 주민 교육 사업을, 연대도 마을의 주민들은 에코 아일랜드 사업의 추진 및 운영을 맡아 진행했다. 해당 사업에 참여한 시정부와 푸른통영21, 마을 주민들은 각각의 역할이 명확하게 나뉘어 있었으나 서로 끊임없는 소통을 거듭했다.

이러한 배경에는 마을 주민과 정부의 중간에 위치하여 매개 역할을 수행한 푸른통영21이 있었다. 연대도의 에너지 전환도 푸른통영21로부터 시작된 발상이었다. 통영시에서도 "섬이 아주 많은데 점차 사람들이 떠나가는 섬들이어서 이 섬을 가지고 뭔가를 해야만 하겠다고 생각했을 때, 마을 만들기를 섬으로 해보자는 제안을 받고, 떠나가는 섬이 아니라 사람들이 좀 올 수 있는 섬으로 만들어보자는 서로의 과제가 맞아떨어져(B.1.가)" 푸른통영21의 제안을 적극적으로 수용했다. 푸른통영21이 통영시에 새로운 의제와 정책을 제안하는 역할을 수행한 것이다.

이에 더하여 푸른통영21은 총 사업 기간 6년 중 2년 이상을 주민을 설득하는 데 할애했다. 관계자들은 이 과정을 거치는 데 오랜 시간이 걸렸고 가장 어려운 작업이었다고 토로했다.

"초반에 거의 뭐 주민들이 섬 자체에 발도 못 들이게 했기 때문에, 마을 사람들의 동의를 얻는 게 제일 중요했기 때문에 거의 4년간 섬을 왔다 갔다 했죠. 처음 갔을 때, 주민들한테 인사를 하러 갔어요. 배에서 딱 내리니까 '뭐 얻어먹을 게 있다고 왔노! 가라!' 이라믄서 막 정색을 하시는 거예요. 그래서 제가 인사드리러 왔다고 팔을 딱 잡으니까, 팍 뿌리치면서 '놔라!' 이러시더라고요.(B.1.가)"

"처음으로 주민들하고 이제 설명회 같은 거를 하는데, 난리 났어요. 그 자리에서 바로 결사 반대 위원회가 꾸려지더라고요. '안 돼!! 몬한다!! 나가라!' 이러면서. 섬 공동체가 육지 마을하고는 하늘과 땅 차이거든요? 하나의 작은 소공화국으로 봐야 돼요. 그리고 육지 사람들이 금방 왔다가 가버리는 데 대한 서러움, 슬픔들이 마음을 닫게 했어요. 그래서 섬마을 주민들이 굉장히 배타적이죠. (중략) 그래서 문을 여는데 한 1년, 2년을 소비한 것 같아요. 시간이 나면 계속 섬에 갔죠, 얼굴을 계속 봐야 되니까. 식당도 없는 동네였거든요? 누구 한 사람 밥 먹었냐고 묻는 사람도 없었고요.(B.2.가)"

"과거의 여러 경험으로 미루어 지속적으로 장기적으로 사업이 지속된 적이 없었으니까, 이분들에게 장기적으로 에너지 사업을 할 수 있도록 해드리겠습니다 했을 때, 기대도 없으셨고, 과연 관에서 길게 우리에게 관심을 갖고 사업을 해줄 것이냐에 대한 의심도 많으셨고, 태양광 발전에 대한 제대로 된 인식이 없으셨던 거죠. 그래서 2년 정도 섬을 들락거리면서, 관에 대한 불신을 해소시키고, 태양광 발전에 대한 제대로 된 이해를 시키기 위해 노력했습니다.(B.2.나)"

"반대도 많이 했지. 그래서 설득도 많이 했지, 거의 한 2년 걸렸지 설득하는데. (중략) 우리가 다른 곳보다 약간 폐쇄적인 그런 게 있어요. 지금은 많이 깨쳤는데, 타인 배척하고 그런 게 있었어요.(B.3.가)"

주민들을 설득하기 위해서 정부 관계자들과 함께 지속적으로 방문하는 것은 물론 농촌 사람들에게 상징적인 의미가 강한 통영 시장의 방문을 추진하고, 마을의 오피니언 리더라고 할 수 있는 남성들의 어머니들을 찾아가 다방면으로 친분을 쌓으면서 사업에 대한 이해도를 높여나갔다(B.2.가). 푸른통영21이 정부와 마을을 오가며 이해의 간극을 좁히는 작업을 했던 것이다. 또한 정부 관계자, 마을 주민, 푸른통영21은 공통적으로 이 과정이 가장 중요한 부분이었다는 점에 동의했다.

결과적으로 연대도에서는 일정 정도의 민관 네트워크가 형성되었고, 협력적인 운영 방식이 꾸려졌다. 연대도의 에코 아일랜드 사업에서 민관 협력 거버넌스가 형성된 것이다. 그 가운데에는 의제를 제시하고 협력을 도출하기 위해 주민을 설득하고 정부의 참여를 유도한 중간지원조직인 푸른통영21이 있었다.

그러나 현재 이 거버넌스는 통영 시장이 바뀌고 시정부의 정책 방향이 변하면서 위태로운 상황이다. 마을 주민들과 사적 관계를 형성하여 신뢰를 쌓았던 푸른통영21의 주요 인력이 사라졌고, 정부 부처 역시 공무원들의 순환 근무로 이전의 관계자가 아닌 새로운 인물들로 채워지면서 기존의 거버넌스가 유지되지 못하고 있다. 최근에는 풍파 작용 등으로 태양광 발전 시설의 "사후 관리가 좀 힘들고, 고장이 나면 몇 달을 방치(B.3.다)"하고 있으며, 시정부가 "수리 요청을 들어주지 않아서(B.3.라)" 문제가 발생하고 있다. 현재 수리와 관련하여 "정부 측에 대책과 예산을 건의해봤지(B.3.나)"만 예산이 없어 어렵다는 답변만 돌아오고 있다고 한다. 즉, 중간지원조직이 활성화되어 정부와 마을 주민이 함께 논의할 수 있는 공론장을 제공했을 때는 민관 협력 거버넌스가 지속성을 지녔지만, 해당 조직이 동력을 잃고 공론장이 와해되면서 민관 협력 거버넌스가 약화되고 있다고 볼 수 있다.

(3) 규범적 전환

연대도의 경우에 주민을 대상으로 교육과 견학, 그리고 에너지 전환에 대한 설명회를 여러 차례 진행했다. 또한 주민들을 에너지 전환에서 제외하고 수동적인 행위자로 만드는 것이 아니라 적극적으로 참여할 수 있는 환경을 조성하여 주민의 인식을 제고하고자 노력했다.

이를 통해 연대도의 주민들은 스스로 에너지 생산자라는 인식을 일정 정도 높일 수 있었다. 연대도에서 진행된 에코 아일랜드 사업은 단순히 에너지 자원의 형태를 바꾸는 것만이 아니라 마을의 경제적 구조를 바꾸고 마을 주민들에게 수입원이나 일터를 제공하는 형태였다. 에코 체험센터와 태양광 발전 시설, 패시브 하우스의 관리를 연대도 주민들이 책임지고 에코 아일랜드의 주인이자 관리자로서 운영한다. 현재 어촌계는 에코 체험센터의 운영을 맡고, 부녀회가 학교 식당을 운영한다(통영시청 2012; 윤미숙 2015).

실제로 현장에서 확인해보니 푸른통영21과 통영 시정부가 운영과 관리에서 철수한 최근에도 마을 주민들은 매주 일요일마다 단체로 에코 체험센터를 청소하고 비품 등을 관리하고 있다. 예약이 있는 경우에는 마을 부녀회가 나서서 적극적으로 일을 맡고 있다. 또한 주민 중 마을 해설사라는 직업을 가진 한 사람은 관광객들이 올 때마다 마을을 소개하는 일을 하고 있었는데, 본인의 직업에 자부심을 느끼고 있었다(B.3.다).

그리고 재생에너지에 대한 가치 역시 상대적으로 높게 평가되고

있다. 태양광 에너지를 어떻게 생각하냐는 질문에 대부분 "쓸모 있지
(B.3.라)"라든가 "좋은 것(B.3.마, B.3.가)"이라고 답했다. 사업 초기에
는 마을 주민들의 대다수가 태양광 발전 시설에 대해 반대했고 거부감
을 표현했으나, 현재에는 재생에너지가 상대적으로 더 가치 있다고 평
가받는 것이다.

또한 초기에 마을 주민들은 태양광 발전에 대한 지식이 전무하여
태양광 발전을 하면 눈이 부셔서 발전기를 설치한 장소를 쳐다볼 수도
없다는 등의 이유로 거세게 반대했다(B.3.가). 이를 해소하기 위해 푸
른통영21에서는 관광의 형태로 마을 주민들을 다른 에너지 자립 마을
로 데려가 견학을 진행하고, 주민 대학 프로그램을 만들어서 와트와 재
생에너지 등 기본적인 에너지 문제에 대해 교육했다(B.2.가).

그 결과 마을 주민들은 고령이고 에너지와 관련된 지식을 접할 기
회가 적었는데도 태양광 발전의 원리와 사업 내용에 대해 상세히 알게
되었다. 인터뷰에 참여한 마을 주민들은 "태양광 발전소의 고장으로
인한 예산 손실(B.3.라)"과 "연대도에 태양광 발전소를 설치할 당시의
오류들(B.3.가)"을 정확히 지적했다. 그리고 예상 가능한 "태양광 발전
시설 고장의 원인(B.3.마)"과 "전력을 충전했다가 공급해주는 인버터
의 위치와 그 문제점(B.3.나, B.3.가)"과 같이 상대적으로 전문적인 내
용에 대해서도 서로 막힘없이 대화를 나눴다.

또한 위원회에 포함된 적이 없고 부녀회나 어촌계 등에서 활동하
지 않는 평범한 주민도 전기세의 책정 방식에 대해 설명할 수 있었으
며, 상계 처리라는 단어는 모르더라도 "한전에서 들어오는 전기도 있
고 태양광을 발전해서 만드는 전기도 있는데, 한전에서 들어오는 전기
와 태양광 발전을 상쇄(B.3.바)"시킨다는 원리를 인지하고 있었다.

에너지 전환의 규범 중 원칙에서 연대도의 주민들은 일정 부분 경

제적 이익과 재생에너지 전환 간의 조화를 추구하고 있었다. 연대도에서는 현재 적극적인 홍보와 관광 유치로 관광 인구가 점차 증대하고 있다. 마라도의 사례에서도 확인했듯이, 관광객이 증가할수록 전력 사용량이 증가하고 그에 따라 재생에너지를 활용하는 데 불편함을 느껴서 에너지 전환이 중지될 가능성이 있다. 하지만 연대도는 현재 나름의 원칙으로 원활하게 에너지 전환을 관리하고 있는 것으로 보인다. 주민들은 에코랜드와 흔들다리를 건설하면서 주말이면 몇 백 명씩 손님들이 몰려와 힘들다고 언급하면서도(B.3.다, B.3.바), 이로 인한 유익한 점에 대해 즐겁게 이야기할 뿐 전력 부족에 대해서는 불평하지 않았다. 또한 관광객이 증가하고 있는 현재에도 대다수 가구가 3~4천 원의 전기세를 유지하고 있고, 평소보다 많은 전력을 사용하여 전기세가 높아지면 주민들 간의 대화를 통해 전력 사용량을 유지하고 관리하고자 노력한다(B.2.가, B.3.가).

　물론 현재에는 상술한 인식, 가치, 원칙이 존재함에도 불구하고 거버넌스가 위기를 맞이하면서 위태로운 모습이 나타나고 있다. 그럼에도 마을 주민들의 규범이 경제 중심적인 발전에만 매몰되어 있지 않기 때문에 정부에 지속적으로 건의하면서 대화를 나누고 문제점을 해결하려 노력하고 있다. 그리고 여전히 에코 체험센터를 다 함께 관리하고 태양광 발전소의 고장에 대해 "주변의 아는 사업자에게 문의(B.3.라)" 하면서 섬의 환경과 친환경적인 여러 사업을 유지하려는 의지를 보이고 있다.

　이러한 내용을 통해 마을 주민들이 에너지의 생산자이자 관리자로서 애정을 가지고 있고, 재생에너지를 긍정적으로 평가하며, 경제적 이익에 치중하는 것이 아닌 재생에너지와 조화를 이루어 발전해나갈 수 있는 원칙을 세우고 있다는 것을 확인할 수 있다. 결과적으로 주민들이 에너지 전환에 참여하고 이해도를 높이며 경제적 이득이 주민에게 돌아갈 수 있는 구조를 형성하면서 자연스럽게 새로운 에너지 레짐을 수용할 수 있었던 것이다.

이러한 배경에는 푸른통영21이라는 중간지원조직이 존재했다. 푸른통영21은 정부 관계자와 마을 주민들에게 정보를 여러 차례 제공하고 이해도를 높이기 위한 교육을 진행했다. 마을 주민들은 "교육은 받은 적 없지(B.3.나, B.3.라, B.3.마)"라고 하면서도 푸른통영21과 "자주 마을회관에 모여서 회의하고 저녁 때 얘기하고 그랬잖냐(B.3.가)"라고 말하면서 회관에서의 회의와 저녁 시간에 했던 일상적 대화가 도움이 되었다고 언급했다. 교육이라는 직접적 용어를 접하지는 않았지만 이벤트성 만남을 통해 자연스럽게 정보와 지식을 얻었다는 것을 예상할 수 있다.

정부 관계자 역시 이해도의 중요성을 언급했는데, 특이한 점은 마을 주민뿐만 아니라 공무원들의 인식 변화를 보다 더 강조했다는 것이다. 일반적으로 교육이라고 하면 관이 민에게 주입하는 것인데, 정부 관계자는 관 역시 교육의 주체가 아닌 대상으로 간주했다.

"민관 협치라는 단어가 연대도 사업에서 가장 많이 쓰였던 거로 알고 있고. 해놓고 행정이 그냥 빠져버리면 그게 방치로 끝나요. 지속이 안 되고 그랬는데, 그런 걸 방지하기 위해서 주민들을 끌어들여서 사업에 대한 교육을 시키고, 사업 관련 시설에 대한 운영에 대한 교육을 시키고 그렇게 했던 거죠. (중략) 행정이 주도적으로 나서려고 하고 하면 틀에 박힌 채로 그 안에서만 사업을 진행하게 돼요. 그리고 빠져버리면 유지가 안 되고. 그러니까 공무원들도 공부를 하고 배워야 되는데, 그렇지 않으니까 항상 같은 틀에서만 생각하게 되고. 저는 처음

발령받았을 때, 푸른통영21 국장님 가시는 대로 다 따라다녔거든요. (약간 흥분하면서) 주변에서 바보라고 했어요. 근데 저는 (강한 어조로 변하면서) 마을 만들기나 이런 거는 따라다니면서 배우는 게 맞다고 봐요. 공무원들도 그렇게 배워야 되고, 그러면서 행정이 보조적 역할을 해줄 수 있도록 변해야 한다고 생각해요.(B.1.가)"

이 인터뷰에 따르면, 마을 주민과 공무원에 대한 교육이 중요하다는 점에 정부 관계자가 동의하고 본인의 인식 역시 변화했다는 것을 알 수 있다. 이 인터뷰는 중간지원조직이 행하는 교육이 관이 주도적으로 민에게 주입하는 위계적 형태가 아니며 관에 속한 행위자 역시 교육의 객체가 될 수 있다는 것을 보여준다. 또한 정부 관계자와 마을 주민으로 대표되는 관과 민 두 부문에 대한 동시적 교육이 중간지원조직이 수행하는 중요한 역할이라는 것을 확인할 수 있다.

결과적으로 통영의 연대도에서는 정부 관계자와 마을 주민들이 재생에너지에 대해 정확한 지식을 보유하고, 재생에너지에 대해 호의적 태도를 지니고 상대적으로 높은 가치를 두고 있으며, 경제적 이익을 위해 에너지 전환을 저해하지 않는 원칙을 공유하고 있었다. 이는 마라도와 달리 정부 관계자와 마을 주민들이 공통된 규범을 생성했기 때문이라고 평가할 수 있다. 그러므로 연대도에서는 기술, 거버넌스, 규범의 측면에서 에너지 레짐의 전환이 상대적으로 더 활발히 이루어지고 있다고 볼 수 있다.

5. 분석: 중간지원조직의 영향

사례 분석을 통해 마라도와 연대도의 에너지 전환이 어떻게 진행되어 왔는지를 살펴보았다. 사례를 분석했을 때, 마라도의 경우에는 기술의 변화는 있었지만 지속적이지 않았고 거버넌스 역시 제도적으로는 존재했지만 실질적으로는 논의나 협력이 미미했다. 그리고 규범의 변화 역시 인식, 가치, 원칙의 측면 모두 부족한 모습을 보였다. 반면 연대도의 경우에는 기술, 거버넌스, 규범의 측면에서 종합적으로 전환되어 에너지 레짐의 전환이 가능하다는 것을 보여주었다. 그리고 거버넌스가 와해된 현재에도 어느 정도의 관성을 가지고 유지되고 있는 양상을 보였다.

마라도와 연대도의 에너지 레짐 전환에서 중요한 지점은 중간지원조직의 유무와 그 역할이었다. 통영시에서 에코 아일랜드 사업이 시작되고 생태섬의 육성 조례 등을 입안한 것은 푸른통영21이 하나의 의제로서 에너지 전환 사업을 제시했기에 가능했다. 새로운 이슈와 정책에 대한 대안을 시정부에 제안한 것이다. 또한 의제를 제안하는 데 그친 것이 아니라 해당 사업을 주도적으로 이끌면서 민과 관 사이의 네트워크를 적극적으로 촉진했다. 민간 부문에서는 사업 공청회나 사업 설명회를 거듭 열어서 지속적으로 참여를 유도했고, 시정부에는 진행하는 사업과 관련하여 필요한 정책을 제시했으며, 사업을 진행하는 중에 드러난 문제점을 설명했다. 이를 통해 마을 주민들과 시정부가 서로의 오해를 줄이고 각자의 주장을 조정할 수 있는 기회를 제공했다. 중간지원조직인 푸른통영21을 통해 민관 협력이 긴밀해지고 정책 결정 과정에 정부와 시민, 중간지원조직이 참여하는 거버넌스가 형성된 것이다. 그뿐만 아니라 정부 관계자와 마을 주민들에게 정보와 교육을 지

표 8 에너지 레짐의 전환에서 중간지원조직의 역할

에너지 레짐의 전환 요소	중간지원조직의 역할	
	통영 연대도	제주 마라도
기술	재생에너지원의 소개, 새로운 에너지 기술에 대한 설명, 다양한 설치 방식의 제안	정부의 일방적인 에너지원의 선택 및 설치 방식의 채택
거버넌스	상호 간의 오해 해소 및 신뢰의 증진, 시정부와 마을 주민 간의 소통 창구 제공, 다양한 행위자의 의견 수렴	마을 주민의 의견 제시 기회의 부족, 시정부의 하향적 정책 적용, 시정부와 주민 간의 공론의 장 미미
규범	민과 관 양측에 재생에너지원과 관련된 정보와 지식의 제공, 재생에너지 생산 활동에의 적극적 참여 유도, 민과 관의 규범 변화 촉진	정부 관계자의 폐쇄적 태도로 인한 정보 및 교육 제공의 미흡, 마을 주민들에 대한 정보 제공 기회의 미흡, 재생에너지 생산 활동에의 참여 제한, 민과 관의 규범 변화 미미

속적으로 제공하면서 에너지 레짐의 전환과 관련한 규범을 공유할 수 있도록 했다. 이런 변화가 레짐의 총체적 전환으로 이어지고 이것이 결국 에너지 전환의 성공으로 연결된 것이다.

　반면 마라도의 경우에는 중간지원조직의 역할이 미미했다. 마라도의 태양광 발전 사업에 관심을 보이는 전문가가 일부 있었지만, 그들은 "제주에서의 기반이 약하고 함께 움직여줄 시민단체 등이 미흡해 무산되었다(A.2.나)"라고 설명했다. 마라도의 태양광 발전 사업을 시행하던 초기에는 일정 부분 기술적 전환을 시도했으나, 전력 사용량이 급격히 증가하면서 화석 에너지로 회귀했다. 새로운 이슈가 등장했지만, 이에 대해 적절한 정책 대안이나 의제를 발굴하는 것이 어려웠기 때문이다. 마라도의 경우에 마을 주민을 포함한 운영위원회가 존재하기는 했지만, 해당 위원회는 주민이 의견을 표출하는 통로라기보다는 관의 지침에 따라 발전소를 운영하고 관리하기 위한 모임이었다. 결국

민과 관의 네트워크는 활성화되지 못했고, 이들의 협력을 촉진할 만한 공론의 장 역시 부족했다. 또한 마라도에서는 마을 주민과 정부 관계자에게 재생에너지와 관련된 정보와 교육이 제공되지 않았고, 그로 인해 에너지 전환과 관련된 규범이 형성되지 못했다. 마라도의 주민들은 재생에너지만으로는 전력 공급이 불안정하다며 불만을 표출했고 관련된 정책에 무관심했다. 정부 관계자 역시 태양광 에너지의 한계만 탓하고 이 한계점을 보완할 수 있으면서 경제적 이익과 조화를 이룰 방안을 찾고자 노력하지 않았다.

따라서 이 두 사례를 비교하면 에너지 레짐을 전환하는 요소들이 변화했는지를 살펴보았을 때 두 지역의 에너지 레짐 전환에서 중간지원조직의 역할이 차이를 만들어낸 중요한 변수였다는 것을 확인할 수 있다.

결론적으로 중간지원조직은 에너지 레짐 전환의 요소인 기술, 거버넌스, 규범에 다양한 형태와 방식으로 영향을 미치고 있으며 그 영향력 역시 앞서 비교한 사례에서 확인할 수 있다. 그리고 그 영향이란 이슈와 정책 대안을 제시함으로써 기술과 거버넌스를 변화시키고, 가교 역할을 통해 거버넌스를 변화시키며, 정보를 제공함으로써 규범을 변화시키는 것이라고 볼 수 있다. 중간지원조직은 다양한 행위자들이 혼합적으로 모여 규범을 공유하면서 서로 소통할 기회를 형성하고 레짐의 전환을 이끌 수 있는 환경을 제공한다. 따라서 이 사례에서 중간지원조직은 에너지 레짐의 전환에 영향을 미치는 유의미한 요인이라고 할 수 있다.

6. 결론

이 장에서는 레짐의 전환을 이루기 위해서는 구조적 전환과 인식과 가치의 변화를 기반으로 한 규범의 전환이 모두 발생해야 한다는 점을 살펴보았다. 그리고 이를 추동할 수 있는 독립 변수로 중간지원조직의 역할을 상정하고 있다. 이를 도식화하면 〈그림 3〉과 같다.

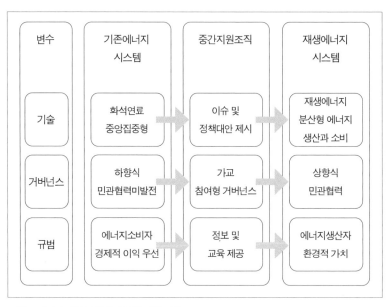

그림 3 에너지 레짐의 전환과 중간지원조직

에너지 레짐의 전환을 위한 중간지원조직의 역할을 규명하기 위해 연대도와 마라도의 사례를 비교하면서 발견한 중요한 결론은 두 가지이다.

첫째, 레짐의 전환이란 단순히 제도적 혹은 기술적 변화만이 아니라 레짐 내에서 구성원의 역할을 하고 있는 개인과 집단의 규범의 변화까지 포함하는 총체적 개념이다. 기술적 전환만을 꾀했을 때 그것을 운영하고 유지하는 데 비용이 많이 들 뿐만 아니라 주민들이 에너지 사용자에 그칠 수밖에 없다. 에너지와 관련된 결정에 참여하거나 생산자로의 전환이 쉽지 않게 되는 것이다.

둘째, 레짐의 전환을 촉진하는 요소는 개인 및 사회의 규범과 거버넌스의 변화에 영향력을 행사할 수 있는 중간지원조직의 존재와 역할이다. 중간지원조직을 통해 민과 관이 특정 영역에서 인정받는 지식을 공유하고 정책을 결정하는 데 견해를 피력할 수 있는 네트워크를 형성한다면, 이는 인식 공동체의 발현으로 이어진다고 해석할 수 있다. 특히 인식을 변화시키기 위한 교육이 필수적이다. 주민들이 에너지 전환의 주체가 되기 위해서는 중간지원조직이 교육에 대해 노력할 필요가 있다. 에너지 전환의 필요성과 효용을 공유할 때 에너지 레짐의 전환이 가능한 것이다.

중간지원조직의 역할이 레짐의 전환에 미치는 영향은 연대도의 최근 상황에서도 확인할 수 있다. 현재 연대도는 민과 관 사이에서 공동의 소통 장소를 제공하던 조직의 역할이 약화되면서 거버넌스를 지속하는 데 어려움을 겪고 있다. 푸른통영21의 주요 인력이 와해되면서 마을 주민의 요구가 정부로 전달되지 않고 정부의 입장도 마을 주민에게 전달되지 않으면서 서로 불편함이 증대되고 있기 때문이다. 따라서 중간지원조직의 공론장을 제공하는 역할은 레짐의 전환과 거버넌스의 지속에 중요한 부분이라고 볼 수 있다. 레짐의 전환이 단편적인 결과가 아닌 지속적인 과정이라는 측면에서 거버넌스의 관리가 중요하다는 것이다.

그러나 이 장에는 여러 한계점이 존재한다. 우선 소수 사례를 다루고 있어서 일반화가 어렵다는 한계가 있다. 해당 사례 중에서 연대도의 사례에서는 레짐의 전환을 이끌어내는 중간지원조직의 역할과 민관 협력이 상대적으로 뚜렷하게 확인되지만, 여타 에너지 전환의 사례에서는 유사한 현상을 확인할 수 없을 가능성이 존재한다. 따라서 향후 더 다양한 사례를 비교하여 확인할 필요가 있다. 그럼에도 불구하고 특정 사례를 통해 새로운 분석 요인과 시각을 제공함으로써 일반화는 어려울지라도 여타의 문제의식에 대해 설명한 연구로 의미를 갖는다고 여겨진다.

또한 규범의 경우에 문서나 2차 자료에서 입증할 수 있는 수준이 제한적이므로 현장 연구와 심층 면접을 사용하여 1차 자료를 통해 규범의 전환을 증명하려고 노력했다. 이 경우에 연구 참여자의 주관이나 인터뷰할 당시 연구자의 주관이 반영되어 1차 자료의 객관성이 훼손되었을 가능성이 존재한다. 그러나 이 장에서는 중간지원조직으로 인해 변화하는 주민과 정부 관계자의 인식과 가치의 변화를 확인하고자 했으므로, 주관이 일정 정도 개입했다고 하더라도 인식과 가치를 증명하는 데 크게 왜곡되지 않았다고 판단한다. 인식과 가치로부터 영향을 받아 개인의 주관과 시각이 형성되기 때문이다. 또한 레짐의 전환을 연구할 때 이렇게 면접을 통해 1차 자료로 인식의 변화를 확인하는 것은 흔치 않은 시도이므로, 이를 통해 연구의 주제와 질문을 입증하고자 한 것에 의의가 있다고 볼 수 있다.

여러 한계점에도 불구하고 에너지 전환을 레짐의 전환으로 분석하려는 시도에 의의가 있으며 중간지원조직에 대한 연구에 시작점이 될 수 있다는 점에서 이 연구의 장점이 있다고 본다. 이론적으로는 레짐 전환의 요소를 도출하고 중간지원조직의 정의와 역할을 재차 환기했다는 점에서 의의가 있다. 또한 향후에 에너지 정책을 실행할 때 정책 효과를 끌어올릴 수 있는 방법을 제시한다는 측면에서 정책적 함의가 있다고 본다. 그리고 마을은 작은 단위에 불과하지만 동시에 개인과 정치적 구조가 만나는 가장 작은 접합점이라고 볼 수 있다. 따라서 작은 단위인 마을의 에너지 전환 양태를 비교하고 심층 면접과 현장 연구를 활용했다는 점에서 실증적인 함의가 있을 것이다.

참고문헌

고재경·주정현. 2014. "유럽에너지자립마을 중간지원조직 역할과 특징 연구."『환경정책』 22(2): 101-135.

권용덕·김덕주·허종구·안점판. 2012. "농촌형 에너지자립마을 추진방안."『정책포커스』62: 1-72.

김호기. 2007.『한국 시민사회의 성찰. 도서출판 아르케.

나주몽. 2012. "한국의 커뮤니티비즈니스정책 추진과정과 지역차원의 과제."『지역개발연구』 44(1): 141-160.

남제주군. 2001.『자연친화적 마라도 종합발전계획』. 제주발전연구원.

산양읍지편찬위원회. 2013.『산양읍지』. 산양읍지편찬위원회.

서울연구원. 2013. "정책리포트 제149호 서울시 가정용 전력소비의 변화요인과 저감 방안 보도자료(최종)." 서울연구원 안전환경연구실.

안정배·이태동. 2016. "도시의 에너지전환 분석: 서울시의 원전하나줄이기 정책을 중심으로." 2015년 한국정치학회 하계 학술대회: 1-25.

윤미숙. 2015.『춤추는 마을 만들기』. 남해의 봄날.

윤순진. 2008. "한국의 에너지체제와 지속가능성-지속불가능성의 지속에 대한 분석을 중심으로." 제4회 STS아카데미: 111-139.

이유진·이승지·김희선. 2007. "한국의 에너지 자립 마을 만들기 사례와 발전방향." 재생가능에너지자립섬 마을만들기 국제 심포지움: 98-130.

이정필·한재각. 2014. "영국 에너지전환에서의 공동체에너지와 에너지시티즌십의 함의." 『환경사회학연구 ECO』18(1): 73-112.

이차희·탁영란·김민서·손용훈. 2014. "농촌체험관광 중간지원조직 역할에 관한 근거이론적 분석."『농촌계획』20(3): 75-88.

조경근. 2001. "국제레짐이론: 개념논쟁."『국제정치연구』4(1): 1-16.

한승욱. 2013. "부산시 마을만들기 지원체계 구축에 관한 연구." 한국지방정부학회 2013 춘계학술대회 발표집: 21-35.

충청남도청. 2013. "에너지자립섬마을 시범조성 연구용역." 충청남도청.

서귀포시청. 2015. "마라도 자가발전소 현황. 서귀포시청 업무보고서: 1-2.

통영시청. 2010. "연대도 태양광발전시설 설치 문제점 보고." 통영시청 업무보고서: 1-3.

_____. 2012. "통영 에코아일랜드 조성현황." 통영시청 업무보고서: 1-7.

산업통상자원부 홈페이지(http://www.motie.go.kr/)

자치법규정보시스템 홈페이지(http://www.elis.go.kr)

통계청 홈페이지(http://kostat.go.kr/)

박은지. "저탄소 녹색마을 조성사업 '초라한 성적표'." 전기신문. 2013년 5월 20일, 9면.

위성욱. "경남도, 가구 당 연 2억 버는 보물섬 더 만든다." 중앙일보. 2015년 5월 27일, 23면.

이현모. "〈기획〉가파도, 청정 녹색섬 꿈꾼다(9) – '전봇대, 자동차 없는 섬으로' 정부 차원 저탄소 녹색섬 가꾸기 본격 착수." 서귀포신문. 2011년 10월 4일. http://www. seogwipo.co.kr/news/quickViewArticleView.html?idxno=72957 (검색일: 2015. 3. 6).

좌용철. "마라도 골프카트 운행중단 U턴하나? 주민청원." 제주의소리. 2013년 5월 14일. http://www.jejusori.net/news/articleView.html?idxno=129384(검색일: 2015. 5. 23).

Aylett, Alex. 2013. "Networked urban climate governance: neighborhood-scale residential solar energy systems and the example of Solarize Portland." *Environment and Planning C: Government and Policy* 31: 858-875.

Esman, Milton J., and Norman T. Uphoff. 1984. *Local Organizations: Intermediaries in Rural Development*. Ithaca and London: Cornell University Press.

Finnemore, Martha and Kathryn Sikkink. 1998. "International Norm Dynamics and Political Change." *International Organization* 52-4: 887-917.

Haas, Ernst B. 1980. "Why Collaborate? Issue-Linkage and International Regimes." *world Politics* 32-3: 357-405.

Krasner, Stephen D. 1982. "structural causes and regime consequences: regimes as intervening variables." *International Organization* 36-2: 185-205.

Liberson, Stanley. 1991. "Small N's and Big Conclusions: An Examination of the Reasoning in Comparative Studies Based on a Small Number of Cases." *Social Forces* 70: 308-320.

Lee, Taehwa, Taedong Lee, and Yujin Lee. 2014. "An experiment for urban energy autonomy in Seoul: The One 'Less' Nuclear Power Plant Policy." *Energy Policy* 74: 312-313.

Meyer, Arthur S. 1960. "Function of the Mediator in Collective Bargaining." *Industrial and Labor Relations Review* 13-2: 159-165.

Monstadt, Jochen and Annika Wolff. 2015. "Energy transition or incremental change? Green Policy agendas and the adaptability of the urban energy regime in Los Angeles." *Energy Pollicy* 78: 213-224.

Okereke, ChukWumerije, Harriet Bulkeley, and Heike Schroeder. 2009. "Conceptualizing Climate Governance Beyond the International Regime." *Global Environmental Politics* 9-1: 58-78.

Young, Oran R. 1967. *The Intermediaries: Third Parties in International Crises*. Princeton, New Jersey: Princeton University Press.

제6장 커뮤니티 에너지 전환:
다중이해당사자의 목적 합치성

1. 서론

최근 서울시에서 진행하고 있는 '원전 하나 줄이기' 정책은 도시 내의 에너지 수요 관리 및 기후변화 대응 정책으로 도시 에너지 전환의 방향을 보여준다(서울특별시 2012). 이 장의 관심은 '도시'라는 에너지 다소비 지역에서 어떻게 에너지 수요를 관리할 것인가에 대한 전환의 탐색에서 시작된다. 사례로 살펴본 '에너지를 나누는 이로운 공간(이후 에누리)' 사업은 전환의 구체적인 시도이다. 에누리 사업은 '공간'을 매개체로 상점과 소비자가 서울시의 '원전 하나 줄이기' 정책이 제시하는 에너지의 가치에 대한 인식과 실천을 확대하는 것을 목적으로 한다. 여기에서 한 가지 주목할 점은 에누리 사업에 서울시라는 지방정부뿐만 아니라 상점들, NGO, 학생단체, 그리고 일반인까지 다양한 거버넌스 당사자가 존재했다는 점이다. 에너지 절약 사업은 특성상 관의 주도로 이루어지는 것이 아니라 다양한 행위자의 참여와 실행을 필요로 한다. 이 장에서는 공공 관리자의 관점에서 '도시 에너지 전환의 참여자들과 함께 어떻게 정책 목표를 효과적으로 달성할 것인가?'에 대한 질문을 던진다(Hoppe and van Bueren 2015). 서울시는 전반적인 에너지 수요 관리와 에너지 전환 프로그램을 진행했지만, 참여한 NGO, 학생단체, 특히 상인과 일반인은 다른 목적으로 해당 캠페인에 참여했을 가능성이 높다. 이 장에서는 이 점을 주목하여 2014년에 진행된 에누리 사업과 캠페인을 참여자별로 인터뷰를 통해 분석하고 도심의 상업 지역 내에서 이루어진 에너지 프로그램의 거버넌스를 이해하고자 한다. 왜냐하면 다양한 주체들의 이해관계가 담겨 있는 거버넌스 속에서는 참여자가 공유하는 목적과 효과적인 프로그램에 대한 설계와 운영이 있을 때 지속 가능하기 때문이다.

2. 에누리 사업을 중심으로 살펴본 도시 에너지 거버넌스

에누리 사업을 중심으로 살펴본 도시 에너지 거버넌스의 다중이해당사자(multi-stakeholder)에 대한 분석은 '도시 상업 지역의 에너지 전환 프로그램의 다양한 이해당사자(stakeholders)는 어떤 목적을 가지고 참여하는가?'와 '거버넌스 내의 다른 목적(낮은 목적 합치성)은 참여 인식(의지)에 어떻게 작용하는가?'에 대한 연구 질문에 답해준다. 추가적으로는 다른 목적을 가지고 있는 것이 이해당사자의 프로그램에 대한 만족도에 어떻게 영향을 미치는지를 살펴보고자 한다. 이는 상업 지역에서 이루어진 도시 에너지 전환 프로그램의 성과를 진단하고 추후에 성공적으로 운영하기 위해 필요하다. 거버넌스 프로그램을 운영할 때는 시작과 동시에 다양한 참여자를 모으는 것도 중요하지만 당사자의 지속적이고 적극적인 참여를 통해 프로그램을 운영하는 것도 요구되기 때문이다. 전반적인 거버넌스 프로그램의 참여를 분석하는 것은 지방정부와 NGO의 공공 관리자가 프로그램을 운영하고 디자인하는 데 정책적 시사점을 제공한다.

　이 장의 구성은 다음과 같다. 첫째, 기존의 공급 중심의 에너지 정책과 다른 도시의 에너지 수요 관리 및 재생에너지 중심의 에너지 전환 정책과 프로그램을 소개한다. 이와 동시에 에너지 전환 정책에서 거버넌스 프로그램이 갖는 의미를 국내외의 문헌 연구를 통해 살펴볼 것이다. 둘째, 다중이해당사자 거버넌스에서 참여와 그 안에서의 참여 목적 합치성이 실제 이해당사자의 참여 의지와 만족도에 중요하다는 점을 설명할 것이다. 그 이후에 도시 에너지 프로그램에 대한 참여 목적을 분석하기 위해 다중이해당사자 거버넌스의 시각을 바탕으로 프로그램의 참여 수준에 대한 분석 틀을 제시할 것이다. 셋째, 인터뷰를 통해 수집된 질적 사례 연구(qualitative case study) 데이터를 중심으로 앞서 제시된 분석 틀을 활용하여 에누리 사업 참여자의 목적 합치성을 밝히고 참여 의지와 만족도에 미친 영향을 밝힌다. 마지막으로, 다중이 해당사자 거버넌스의 시각과 인터뷰 자료에 대한 분석을 통해 얻어낸 결과로 시사점을 밝힐 것이다.

3. 도시 에너지 전환 프로그램

한국은 에너지원의 많은 부분을 해외에 의존하면서 에너지를 많이 사용하고 있는 나라이다. 그렇기에 기존의 한국의 에너지 정책은 석유나 천연가스와 같은 에너지원의 원활한 공급에 초점을 맞추었고, 비교적 최근까지 국가 중심의 에너지 정책이 시행되었다. 하지만 최근에 이러한 공급 중심의 국가 단위 에너지 정책에 많은 변화가 생기고 있다. 늘어나는 에너지 소비에 효과적으로 대처하기 위해 더 많은 발전소를 건설하기보다는 에너지를 효율적으로 사용할 것을 강조하고 있으며, 이를 위해 많은 이해관계자들이 에너지 정책에 관심을 가지고 참여하고 있다(Kim et al. 2011).

국내의 에너지 문제에 많은 사람이 참여하게 된 것은 최근에 에너지 분야의 중요성이 증대하고 있으며 신재생에너지 기술과 스마트 그리드와 같은 전력망과 관련된 기술의 발달에 기인한 면이 무엇보다 컸다. 기술이 발달하면서 기존의 에너지 소비자들이 에너지 생산자가 되었고, 에너지 수요 관리 정책에서는 에너지 소비자가 적극적으로 에너지 절감의 필요성을 인식하고 실천하는 것을 강조했다.

최근에는 지방정부나 지역의 커뮤니티 수준에서도 에너지 정책에 대한 변화가 이루어지고 있다(Lee et al. 2014; Mattes et al. 2015).
특히 도시 에너지 전환 정책에서는 도시가 갖는 사회, 문화, 경제
의 중심지적 특성과 인적 자원이 집약된 공간이라는 장점을 살려
서 적극적으로 에너지 전환을 꾀하고 있다. 에너지 전환은 "더욱 지
속 가능(sustainable)하고 효과적인(effective) 에너지의 공급과 사용
(provision and use of energy)을 통해 공급 주도적, 중앙집중적, 시장
의존적 관리에서 수요 관리 중심, 지역 분산적, 시민 참여형 지역 에너
지 거버넌스를 통해 관리되는 변화"를 뜻한다(Rutherford and Coutard
2014; 이태화 2016). 에너지 전환은 기후변화에 대한 대응, 지역 자립
적인 에너지 구조, 재생에너지를 비롯한 에너지 기술의 발달과 더불어
정책적으로 국가와 지방정부 단위에서 많이 시행되고 있다(Loorbach
2007; 김병윤 2008; 이정필·한재각 2014; 이태화 2016; 안정배·이태동
2016). 지금까지 도시의 에너지 연구들에 대해서는 다양한 범주화가
가능하지만(Rutherford and Coutard 2014), 이 장에서는 사회정치적
함의를 갖는 도시의 에너지 전환 프로그램의 운영 형태로 거버넌스와
에너지 전환의 관계를 밝히고자 한다(Hoppe and van Bueren 2015).

　에너지 전환의 움직임으로서 도시 내의 에너지 정책 기조는 거버
넌스 프로그램과 함께 작동하는 경우가 많다. 이는 에너지 전환과 커
뮤니티의 관계에서 비롯된다. 에너지 전환은 아래에서 위로 인식이 변
화하거나 참여하는 것을 기본으로 하는 경우가 많다. 에너지 전환과 자
립의 움직임은 에너지 자립 마을 등으로 일컬어지는 아래로부터의 변
화(이유진·진상현 2015)와 협동조합(윤순진·심혜영 2015) 또는 중간지
원조직(고재경·주정현 2014; 강지윤·이태동 2016)을 이용한 전환과 숙
의 접근 방식(deliberative approaches) 등과 연관된다(이정필·한재각
2014).

위에서 언급한 에너지 전환의 정의에서도 알 수 있듯이, 도시에서 에너지 전환은 에너지 공급의 변화와 에너지 사용의 변화라는 두 부분으로 나뉜다. 첫째, 전자는 도시의 에너지 자립적인 구조를 위해 재생 에너지를 생산하고 에너지의 효율적 사용으로 전환하는 것과 같은 공급 중심의 기술적(technical) 변화에 방점이 있는 경우가 많다.

둘째, 에너지 전환 중 수요 관리(demand-side management)에서 커뮤니티의 참여와 관련 거버넌스의 관리인 문제는 핵심 요소이다. 에너지 수요 관리는 국가 단위 차원에서는 부하 관리, 전략적 소비 절약을 위한 정책이 주가 되지만, 도시 단위의 에너지 전환에서는 개인의 수요 관리에 대한 참여를 위한 공동체(커뮤니티)의 활성화나 개인의 동원(mobilization) 또는 이를 위한 구체적인 인센티브 및 규제가 주된 연구 주제이다(Carley 2012). 공동체의 활성화와 개인의 동원을 바탕으로 하는 거버넌스는 참여와 의사결정, 그리고 행태의 변화를 기반으로 하는데, 실제로 에너지 거버넌스 프로그램에 참여하는 것은 에너지 전환에 기여한다(박종문·윤순진 2016).

특히 도시의 에너지 수요 관리 정책은 도시마다 그 장소적 특성과 이해당사자의 모습에 따라 다양하게 나타나는데, 각각에 대한 정교한 정책이 요구된다. 예를 들어, 같은 에너지 절약 또는 시민의 실천 문화를 창출하기 위한 정책이라고 하더라도 그 에너지 전환과 지역 거버넌스(김형양 2006)에 대한 구체적인 방법은 도시 구획별로 다르게 나타난다. 이는 근본적으로 두 구획 간의 이해당사자에게 차이가 발생하기 때문이다. 도시의 대표 구획인 거주 지역(이유진·진상현, 2015)에서는 거주민을 중심으로 참여한다면, 상업 지역에서는 상점, 고객, 건물주와 같은 새로운 이해당사자가 부각된다. 두 지역의 차이에서 알 수 있는 점은 도시 구획별로 주요 이해당사자가 달라진다는 것이고, 그렇기에 각각의 이해당사자의 생각에 맞는 에너지 전환 정책과 이를 확인할 수 있는 관련 실험이 요구된다는 것이다. 이 장의 사례 분석은 기존의 거주 지역에서의 거버넌스보다는 상업 지역에서의 거버넌스를 보여준다는 점에서 의미가 있다.

4. 다중이해당사자 거버넌스에서의 목적 합치성과 참여

다중이해당사자 거버넌스(multi-stakeholder governance)는 다양한 관련 당사자들이 지속 가능한 개발을 위한 책임감 있는 사회적·환경적 관리 행위를 실행하기 위해 제안되었다(Vallejo and Hauselmann 2004). 거버넌스에 대한 논의에서는 국제정치 영역에서 지속 가능한 개발을 위해 새로운 형태의 글로벌 거버넌스로 다중이해당사자 협력(partnerships)이 나타났는데, 이는 기존의 국가 중심인 다국가 간(multilateral) 협약의 과정을 넘어서서 시민사회, 정부, 민간 영역에서 다양한 행위자의 네트워크와 거버넌스를 협력할 필요성이 대두되어 왔기 때문이다(Bäckstrand 2006. c.f. UNDP 2011). 이해당사자는 일반적으로 특정 결정에서의 이익(interest)에 관심이 있는 개인 또는 그룹의 대표자를 말하는데, 다중이해당사자 거버넌스 과정에서는 이러한 이해당사자들이 상당수 존재하고 이들은 지속 가능한 공동의 목표(common call)를 위해 다양한 합의 과정과 시행착오를 겪게 된다.

지속 가능한 발전과 다중이해당사자 거버넌스에서 행위자의 참여(participation)는 중요한 주제이다(Meadowcroft 2004). 이해당사자이지만 거버넌스 구조 속에서 참여하지 않거나 참여가 미약하다면 공동의 목표 달성은 본질적으로 흔들릴 수 있기 때문이다. 참여는 모든 민주적 구조의 정당성의 기초가 된다. 다중이해당사자 거버넌스에서 참여는 다양한 이해당사자의 각기 다른 목적이 합치하는 거버넌스 구조를 확보하는 것을 통해 가능하다.

〈그림 4〉는 다중이해당사자 거버넌스의 시각에서 제시하는 하나의 분석 틀로, 다중이해당사자 간의 목적 합치성 여부와 프로그램의 영향력이 실제로 참여 수준에 어떤 영향을 미치는지를 살펴본다. 이 그림은 공동의 목표를 달성하기 위한 목적의 일치 정도와 프로그램의 영향력, 그리고 실제 이해당사자의 참여 관계를 보여준다. 이해당사자의 입장에서는 프로그램을 통해서 각자가 참여할 당시에 생각했던 본래의 동기와 참여 목적을 달성할 수 있는 정도를 프로그램에서 파악한 후에 지속적인 관심과 수행을 뜻하는 참여의 의지(willingness)와 프로그램에 대한 참여 정도(commitment)를 결정한다. 하지만 이러한 의지와 참가 정도는 단순히 이해당사자의 능력에서만 비롯되는 것이 아니라 프로그램의 영향력에 크게 좌우된다. 프로그램의 영향력이란 다양한 기제(규범, 인센티브, 규제 등)를 통해 프로그램 참여자의 행태를 변화시킬 수 있는 정도를 의미한다. 이는 프로그램의 고안자와 관리자의 역량에 영향을 받는 부분이기도 하다. 프로그램을 통해 참여 목적을 달성할 능력이 낮은 이해당사자라고 하더라도 프로그램의 영향력이 크다면 참여에 긍정적인 영향을 미칠 것이다. 〈그림 4〉의 구체적인 설명과 적용은 다음 절의 사례 분석에서 다룬다.

〈그림 4〉의 X축은 다중이해당사자 간의 목적 합치성 정도에 따라 이해당사자들의 참여 수준에 차이가 있음을 보여준다. 여기에서 목적 합치성(goal consensus)은 프로그램 안에 다양한 이해당사자 간의 참여 목적에 대한 인식이 일치하는 정도를 나타낸다. 목적 합치성은 특히 이해당사자 각자의 목적이 실제 참여 정도에 차이를 줄 것이라는 점을

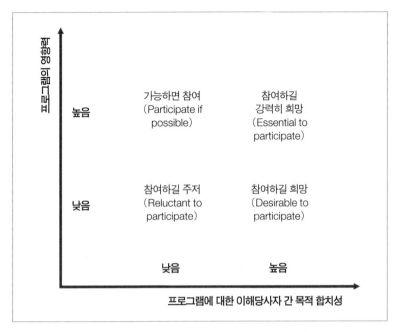

그림 4 다중이해당사자의 목적 합치성과 프로그램의 영향력에 따른 참여 수준
자료: Vallejo와 Hauselmann(2004, 4)의 그림을 바탕으로 저자가 수정하고 재구성했다.

강조한다는 면에서 다중이해당사자 거버넌스의 운영 원리를 이해하는 중요한 요소이다(Bulkeley and Mol 2003). 또한 프로그램의 효율성 측면에서도 목적 합치성이 낮은 경우에 거버넌스의 운영도 동상이몽 격일 수 있다. 이 연구에서 관심을 가지는 참여 정도는 각 이해관계자가 거버넌스에의 참여를 통해 원하고자 하는 조직의 목표를 달성할 수 있는지의 여부에 따라 달라진다(Provan and Kenis 2008, 239-240). 각기 다른 이해당사자가 인식하는 목적이 서로 다른, 즉 목적 합치성의 수준이 낮은 경우에 거버넌스의 이해당사자는 일반적으로 '참여하기를 주저(reluctant to participate)'하게 된다. 그럼에도 프로그램의 영향력이 크다면, 참여자들은 '가능하다면 참여'하기를 원할 것이다.

Y축에서는 프로그램의 영향력을 낮음과 높음으로 구별하고 있다. Y축은 참여 당사자 간의 목적 합치성 외에도 프로그램이 갖는 영향력에 따라 다중이해당사자의 참여 정도가 달라질 수 있음을 보여준다. 프로그램의 관리자가 적극적으로 제도를 설계하고 운영 관리(management)하는 것 등을 통해서 프로그램 자체의 능력과 역량을 증가시키면 '참여하기를 주저'하던 당사자도 '가능하면 참여'하게 되고 '참여하기를 희망(desirable to participate)'하는 당사자는 '참여하기를 강력히 희망'하게 된다. 또한 참여에 대한 전반적인 규범뿐만 아니라 참여할 때의 혜택(인센티브) 혹은 참여하지 않을 때의 불이익(규제)을 규정한다면 프로그램의 영향력이 커진다는 것을 의미한다. 이는 지방정부와 NGO의 다양한 공공 관리자의 역량을 강조하는 지점이다. 프로그램의 영향력을 참여 수준을 결정하는 변수로 고려하는 것은 목적 합치성 여부와 함께 이해당사자의 참여 수준을 결정하는 다른 수준의 변수가 존재한다는 것을 보여준다.

5. 사례 분석: 신촌의 에누리 사업

1) 에누리 사업에 대한 개괄

에누리(에너지를 나누는 이로운 공간) 사업은 2014년 6월에 시작되어 현재에도 진행 중으로, 서울시의 상업 지역인 신촌 지역에서 펼쳐졌다. 사단법인 한국로하스협회(Korea LOHAS Association)가 서울시의 '에너지 절약 실천 지원 공모사업'에 신청해서 선정되어 진행되었다.

에누리 사업은 '원전 하나 줄이기'라는 에너지 전환 정책의 일부로 시작되었다. 서울시는 해당 사업의 두 가지 측면에 주목했다. 첫째, 도시의 상업 지역에서 이루어졌다는 점이다. 서울시는 '원전 하나 줄이기' 정책에서 많은 실험을 진행했고, 가정의 에너지 사용량을 성공적으로 줄였다고 판단했다. 그러나 상업 지역의 에너지 전환이 더디게 진행되자 에누리 사업을 통해 에너지 소비가 많이 이루어지는 서비스업 중심의 상업 지역으로 에너지 전환의 지리적 확장(broadening)을 시도했다.

둘째, 서울시는 에누리 사업이 공간 프로젝트라는 점에 주목했다. 서울시가 에누리 사업의 에너지 거리 조성을 주목한 이유는 해당 시도가 공간을 활용하는 전략, 문화 요소를 중심으로 했기 때문이다. 공간에는 사람과 활동, 에너지 생태계가 존재한다. 에너지 문제를 해결함으로써 유기적 관계가 형성되는 공동체가 가능해지는 것이다. 이는 사업의 지속성과 관련이 있기 때문에, 서울시는 한국로하스협회가 제안한 안의 취지에 동감했다. 공간을 중요하게 여긴다는 것은 에너지를 나누는 이로운 '공간'이라는 사업명에서도 알 수 있다.

한국로하스협회는 에누리 사업의 공공성과 매출의 증대, 소비자에 대한 혜택을 강조했는데, 주된 취지는 '공간'과 관련이 있었다. 협회는 단순히 '원전 하나 줄이기'에 대한 인식과 실천을 확대함으로써 에너지 수요를 관리하기 위해 절약하는 것뿐만 아니라 '공간'을 매개로 하여 소비자와 상점이 에너지 거리를 조성하도록 이끄는 것을 에누리 사업의 취지로 삼았다. 이는 신촌 "에너지 거리 조성을 위한 업무협약"이라는 양해각서의 제목에서도 알 수 있다(한국로하스협회 2014a).

에누리 사업의 구체적인 내용은 다음과 같다. 한국로하스협회는 시작 단계로 신촌의 상업 지역에 에누리 공간을 선정하고 현판을 부착했으며 이후 에너지 진단을 했다. 이는 서울시의 에너지 정책과 연계하여 진행되었다. 그 후 연중 과제로 상점 내의 백열등 이용, 개문 영업의 금지, 대기전력의 감축을 목표로 정하여 실행했다. 하지만 한국로하스협회는 이러한 활동보다는 도시, 특히 서비스업 중심의 상점에서 전력 사용이 가장 많은 여름철에 할인 혜택을 주고 방문객의 에너지 절약을 유도하는 방식(방문객의 가정 내 전기 절약 인증샷, 여름철의 장소 공유를 통한 에너지 절약 등)을 통해 에너지를 함께 '나누'는 측면에 방점을 두었다. 이는 '원전 하나 줄이기' 정책에 동참하기를 원하는 '에누리인(人)'의 선정, 에너지의 날 행사, 도심 내의 캠페인 등과 함께 도시의 상업 지역에 '에너지'의 가치에 목적을 둔 에너지 네트워크를 형성하는 것과 관계가 있었기 때문이다(한국로하스협회 2014b).

에누리 사업은 서울시의 신촌이라는 공간에서 진행되었다. 신촌 지역은 서울시의 다른 도심 지역과 비슷한 특성을 지니고 있어서 실험 공간이 될 수 있고 어느 정도 대표성도 있다. 실제로 서울시는 앞으로의 정책을 통해 다른 도심 지역에 확대해 적용하는 것을 고민하고 있었다. 추가적으로 신촌 지역의 주변에는 3개의 큰 종합대학(연세대학교, 이화여자대학교, 서강대학교)이 있는데, 한국로하스협회는 이들의 역할을 기대하면서 실제로 협약을 맺을 때 연세대학교와 이화여자대학교의 총학생회를 중요 행위자로 생각했다. 학교가 상가를 가장 많이 이용하는 학생들에게 영향을 주어서 적극적으로 참여를 이끌어낼 수 있다고 판단했던 것이다.

이 장의 사례 분석에서는 도시 구획상 상업 지역에 해당하는 장소에서의 거버넌스를 살펴본다. 거주 지역을 중심으로 하는 에너지 전환 정책에서는 거주민을 프로그램에 참여시킨다는 목적이 주된 관심사이지만(Alyett, 2013), 상업 지역에서는 상점으로 대표되는 주체의 참여와 전환에 대한 의지가 더욱 요구된다. 전자에서는 당사자의 에너지 전환에 대한 인식의 부재가 큰 문제가 되지만, 후자의 경우에는 인식의 부재뿐만 아니라(McMakin et al. 2002) 다른 가치와의 충돌까지 고려해야 한다는 점에서 더 복잡성을 띤다. 즉, 상업 지역에서 프로그램을 주최하는 주관자로서 거버넌스 참여자의 목적과 상점 같은 프로그램의 참가자로서 거버넌스 참여자의 낮은 목적 합치성이 더 나타나며 사회경제적 동기는 더욱 복잡하게 작용하는 것이다.

2) 다중이해당사자 거버넌스로서의 에누리 사업

위에서 자세하게 언급된 에누리 사업은 에너지 전환의 구체적인 프로그램으로 볼 수 있으며, 다양한 행위자가 참여했다는 점에서 다중이해당사자 거버넌스의 시각에서 살펴볼 수 있다. 구체적으로 분석하기 위해서 에누리 사업의 이해당사자인 한국로하스협회, 서울시, 신촌의 상점을 대상으로 인터뷰가 실시되었다. 인터뷰는 총 8회에 걸쳐서 진행되었는데, 각각 주최자와 주관자의 입장인 서울시와 한국로하스협회에 한 번씩 사업에 참가한 것으로 볼 수 있는 서로 다른 상점 6곳에 대한 인터뷰가 진행되었다. 2014년 8월 현재 에누리 사업에 참여하고 있는 상점은 77곳인데, 그중 에너지의 가치를 인식하는 정도에 차이가 있을 것으로 생각되는 서로 다른 상점 6곳을 선정하여 실시했다.

예상 결과는 서울시가 에너지와 기후변화 도시 에너지 전환 정책인 '원전 하나 줄이기' 사업의 하나로서 에누리 사업을 이해하고 참여하고 있으며 한국로하스협회는 에너지 공간을 확대함으로써 신촌 지역에서 시스템을 변화하는 기반을 다지기 위해 거버넌스에 참여하고 있다는 것이었다. 상점들의 본래 목적이 마케팅 효과와 같은 상점의 직접적 이익이지만 추가적으로 상점 자체가 환경의 가치, 공동체에 대한 인식, 사회적 참여와 같은 공익적인 가치를 얼마나 담고 있는지에 따라 그 목적의 방점이 달라질 수 있다고 판단했다. 즉, 경제적 효과와 마케팅 효과를 부가적인 것으로 보고 공익적 가치를 중심에 두고 참여한 상점들도 있을 것으로 판단했다. 이에 기존에 에너지와 공동체에 대한 인식을 많이 나타낸 상점인 체화당, 거북골 마을사랑방과 사회적 가치를 담고 있는 협동조합인 연세대학교 생활협동조합을 인터뷰의 대상으로 선정했다. 그래도 에누리 사업의 대상은 다른 비슷한 에너지 전환 프로그램의 참여 목적과 같이 처음에는 가치를 공유하고 있는 지인을 소개하면서 참여하므로(Mattes et al. 2015), 대부분의 상점은 에너지의 가치에 대해 어느 정도 인식을 공유할 것으로 판단했다. 질문 선정 단계에서 그 목적은 크게 네 가지로 나타날 것으로 예측했다. ① 에너지의 가치 및 인식 공유, ② 에너지 절약, ③ 공동체의 가치 및 인식 공유, ④ 마케팅 효과의 범주 안에 복합적으로 존재할 것으로 판단했다. 이후 연구의 인터뷰 질문을 통해 에누리 사업에 대한 평가와 만족도를 살펴보았다. 이는 앞의 〈그림 4〉에서 제시된 분석 틀을 사용할 때 '이해당사자 간의 목적 합치성'과 참여 의지와 만족도의 관계를 파악하는 데 필수적인 과정이다.

상이한 이해당사자가 프로그램에 참여한 목적은 "에누리 사업을 무엇이라고 생각하시나요? – 취지를 중심으로", "에누리 사업에 참여한 이유는 무엇인가요? – 참여 동기와 목적을 중심으로"라는 질문을 통해 파악했다. 반면 에누리 사업의 지속적인 참여 의지와 만족도를 파악하기 위해서 "에누리 사업이 성공적이었다고 생각하시나요?", "에누리 사업에 계속 참여할 것인가요?"라는 질문을 한 후에 구체적으로 추가 질문을 하면서 프로그램의 현재 참여 정도를 파악하고 참여를 저해하는 요인을 중심으로 참여 의지와 만족도를 살펴보았다.

사업에 참여했다고 하더라도 실제로 프로그램에 대해 기대하는 목적과 그에 따른 참여 의지와 만족도는 다르다. '에누리 사업에 대한 참여 의지 및 만족도'는 '에누리 사업에 대한 참여 목적을 중심으로 하는 인식'을 우선 봄으로써 다중이해당사자의 목적 합치성 여부를 파악했다. 만약 합치성 여부가 낮다면, 서로 다른 참여 목적과 실제 사업을 통한 해당 이익의 달성 여부가 에누리 사업의 평가와 참여 의지, 그리고 실제의 만족도와 지속성에 영향을 미칠 것이라는 점을 밝히려고 했다. 커뮤니티 및 지역 동원(community/local mobilization)을 위한 참여 의지는 참여 여부보다 지속성의 측면에서 더 중요하기 때문이다 (Xu 2007).

인터뷰의 질문에 대한 참여자의 대답을 분석한 결과는 다음과 같다. 우선 '이해당사자의 참여 목적에 대한 인식'의 결과는 큰 그림에서는 연구 전의 예상과 일치했지만 세부적으로는 상이했다.

에누리 사업의 다중이해당사자의 참여 목적은 인터뷰의 질문 설정에서 판단했던 것처럼 크게 네 가지의 범주(① 에너지의 가치 및 인식 공유, ② 에너지 절약, ③ 공동체의 가치 및 인식 공유, ④ 마케팅 효과) 안에 복합적으로 나타났다. ①은 에누리 사업을 통해서 지역 내에 전반적인 환경 보호 및 지속 가능성과 관련된 에너지 가치를 공유하며 확대하는 것을 의미한다. ②는 사업에 참여함으로써 실질적인 에너지 절약을 실천하며 결과를 얻는 것을 말한다. ③은 거버넌스의 운영에서 비롯되는 구성원 간의 연대 추구를 의미한다. ④는 사업에 참여함으로써 실제로 직간접적으로 조직에 경제적 도움을 주는 것을 포함한다. 이러한 분석은 지속 가능한 개발을 위해 사용하는 다중이해당사자 거버넌스의 시각을 통해 가능한 분류화 과정이었다.

구체적으로 서울시의 경우에 '원전 하나 줄이기'를 목표로 했기에

① 에너지의 가치 및 인식 공유와 ② 에너지 절약의 목표를 중심으로 참여 목적을 설정했으며 부수적으로 ③ 공동체의 가치 및 인식 공유의 목적도 갖고 있었다. 다만 ③에 대해서는 용어를 사용하는 데 조심스러운 입장이었다. 서울시의 인터뷰에 따르면, 에누리 사업은 '원전 하나 줄이기' 정책 아래 시행된 사업의 일부이며, 사업의 목적상 에너지 자립 마을 사업과 같이 '공동체 사업'의 기준에는 부합하지 않지만 궁극적으로는 사람, 활동, 에너지 생태계가 존재하고 에너지 문제가 유기적 관계가 형성되는 공동체의 한 모습을 만들 수 있다고 보았다. ④ 마케팅 효과에 대해서는 일련의 언급이 없었다.

한국로하스협회의 경우에 에누리 사업을 ① 에너지의 가치 및 인식 공유를 기반으로 하는 ③ 공동체의 가치 및 인식을 공유하는 사업으로 보았다. 특히 한국로하스협회는 그 단체의 성격상 단순히 에너지 가치와 환경적 가치를 중요하게 생각하는 것뿐만 아니라 지속 가능한 라이프스타일을 강조하기 때문에 공동체적 가치에 방점을 두었다. 특히 인터뷰에 따르면 한국로하스협회는 사업을 구성하는 단계에서 신촌이라는 지역의 공동체에 대해 고민했다고 밝혔다. 대학가라는 지역성을 바탕으로 상점이 밀집해 있고 젊은 층이 모이는 신촌이라는 장소가 소비 지향적인 장소로만 나타나는 것에 대해 아쉽다고 인식한 것이다. 이에 사업의 지속성을 고려하기 위해 대학가와 상점을 기초로 두었다. 그렇기에 상점의 참여를 이끌어내기 위해 ④ 마케팅 효과도 상점의 입장에서 고민했고 이를 에누리 사업 프로그램의 목적이라고 밝혔다.

한국로하스협회는 에누리 사업이 공공성과 매출의 증대, 소비자 혜택이라는 점을 강조했는데(한국로하스협회 2014b), 공공성은 크게 에너지 가치의 공유와 공동체 가치의 공유로 나눌 수 있고 매출의 증대와 소비자 혜택은 가게의 마케팅 효과와 관련이 있을 것이다. 물론

협회는 에너지 감소량의 결과를 분석하는 등 ② 에너지 절약도 염두에 두었다. 하지만 이것이 1차적 목적은 아니고 ①과 ③의 결과로 인식했다. 1차 목표는 에누리 공간이라는 에너지 인식을 지닌 공간과 공동체의 확대라는 사회적 시스템을 만드는 것이었다.

상점의 경우에 ① 에너지의 가치 및 인식 공유를 기반으로 하여 ④ 마케팅 효과와 ② 에너지 절약을 사업의 목적으로 두었다. 한 가지 흥미로운 점은 연구 질문을 설정하는 단계에서는 같은 상점이라고 할지라도 공익적 가치를 담고 있는 상점의 경우 ① 에너지의 가치 및 인식 공유를 ② 에너지 절약을 하는 것과 ④ 마케팅 효과보다 더 중요하게 생각할 것으로 보았지만 연구 전의 예상과는 상이한 결과가 나타났다는 것이다. 공익적 가치를 담고 있는 상점이라고 하더라도 역시 마케팅 효과나 에너지 절약을 통한 경제적 이익에 더욱 방점을 둔 것이다. 물론 두 가지 목표가 항상 상충되는 것은 아니지만, 뒤에서 자세하게 언급하듯이 이런 목표에 대한 인식은 직접적으로 참여 수준과 만족도에 영향을 주었다.

> "취지나 가치에 공감하기 때문에 이번 에누리 사업에 참여하게 되었어요. 요즘 환경 문제가 심각하잖아요. (중략) 그래서 에누리 에너지를 나누고 절약하는 등의 일은 굉장히 좋은 일이라고 생각하고, (중략) 사업을 하는 입장에서도 보면 에너지 비용이 들어가기 때문에 에너지를 절감하기 위한 많은 노력들은 항상 해야 한다고 생각해서 참여하게 되었어요."
>
> (홍익문고 2015. 5. 21.)

위의 인터뷰와 같이 대부분의 상점들은 인터뷰 초반에 했던 질문인 목적과 취지를 중심으로 한, "에누리 사업을 무엇이라고 생각하시나요?"라는 물음에 대해서는 에너지의 가치를 고려한 프로그램으로 파악하고 그것을 참여 목적으로 밝혔다. 하지만 전체의 인터뷰를 종합한 결과, 지속적으로 참여하기 위해서는 마케팅 효과나 에너지 절약을 통한 경제적 이득이 중요하다는 것을 알 수 있었다.

> "형식적이지 않고 현실적으로 실현 가능한 정책을 실행해야 할 것 같습니다. (중략) 또한 에너지(사용)를 줄인다면 이로 인한 경제적 효과도 함께 있어야 할 것 같아요."
>
> (우리은행 신촌지점 2015. 5. 27.)

> "많은 사람이 동참할 계기를 만들어야 하고 말로만 하는 것보다는 (에너지 절약을 실천할 수 있는 경제적) 유인책도 있어야 하지 않을까요?"
>
> (홍익문고 2015. 5. 21.)

위의 언급에서와 같이 "에누리 사업이 성공하기 위해서 가장 중시해야 할 가치가 무엇이라고 생각하시나요?"에 대해서는 ②의 목적에 대해서도 역시 경제적 이익을 위한 노력으로 생각하거나 그 자체를 에너지의 가치와 연관지어 생각하기보다는 목적 자체로 판단했다. 같은 범주에 대해서도 다른 면을 강조하고 있었다. '에너지 절약'은 특히 같은 범주 내의 목적의 낮은 합치성을 단적으로 보여준다. 물론 구체적인 참여 목적에 대해서는 대부분의 상점들이 연구 질문의 설정에서 고려한 크게 세 가지 ①, ②, ④ 내에서 참여 목적을 갖고 있었다. 하지만 에누리 사업 프로그램에 대한 참여 목적을 ③ 공동체의 가치 및 인식 공유로 인식한 경우의 수가 부족했다. 다만 인터뷰 대상이 된 상점 중 그

공간 유형이 독특한 거북골 마을사랑방이나 체화당에서는 ③에 대해서 공간 네트워크에 대한 인식을 공유했다.

> "처음에 로하스가 에누리 프로젝트 작업을 시작할 때 그 팀과 함께 만나게 됐고, 당연히 체화당은 그런 공간 네트워크가 있었으면 한다고 생각하고 있었습니다. (중략) 평소에도 에너지 관련 공간 네트워크가 있어야 한다고 생각하고 있었구요. (중략) 체화당 자체도 실은 그러한 고민을 하고 있는 공간이기도 합니다. (중략) 서울시의 '원전 하나 줄이기'에서 에너지 자립 마을 프로젝트의 거점 공간으로 선정되기도 했습니다."
>
> (체화당 2015. 5. 27)

프로그램의 참여 목적을 묻는 것과 더불어 "에누리 사업의 참여 의지 및 만족도"를 알기 위한 인터뷰 질문을 분석함으로써 에누리 사업의 참여 목적을 통해 밝힌, 이해당사자별로 다르게 나타난 목적이 실제로 다중이해당사자의 참여 정도와 프로그램의 만족도에 어떤 영향을 미치는지를 알 수 있었다.

지금까지 에누리 사업 초기의 주관 측인 한국로하스협회가 어느 정도의 마케팅 효과를 인지하고 고려를 했음에도 불구하고 그 효과는 잘 드러나지 않았다. 효과적이지 못했던 이유는 사업이 시작된 지 얼마 안 되었고 협회 역시 1차 목표를 공간의 확대로 삼았던 점 등 다양하게 존재한다. 하지만 상점들은 대부분 실제로 참여 의지를 보이지 않고 있다. 이는 사업에 대해 주최 측과 상이한 참여 목적과 그 사업 안에서 자신들의 목적을 달성할 능력이 낮다는 점을 인식한 데에서 비롯되었다. 이와 더불어 일부 상점들이 인터뷰를 통해 상점 간의 공동체 형성 자체에 대해 회의적이거나 구체적인 프로그램이 부족하거나 가시적 효과가 부족하다는 점 등은 앞으로의 참여 정도에도 영향을 미칠 것 같다고 말했다.

> "(에누리 사업은) 에너지 사용을 줄이려는 것으로 알고 있어요. (중략) 다른 가게는 모르겠지만 우리 가게는 효과가 없었어요. (중략) 에누리의 가장 핵심적인 가치는 (단순히) 에너지 사용 줄이기에 있었던 것 같아요."
>
> (엘피스 2015. 5. 20.)

실제로 엘피스는 에누리 사업에 경제적 효과와 마케팅 효과가 없다는 이유로 참여하기를 그만두었다. 그들 역시 에누리 사업의 핵심 가치가 에너지 절약 및 에너지 가치라는 점을 언급했지만, 그런 참여 목적에도 불구하고 실제로 에너지 절약과 같은 경제적 효과나 마케팅 효과가 없었다고 판단한 것이다. 대부분의 상점들은 처음에 참여하기로 결정했더라도 실제로 진행할 때는 참여 의지가 낮았다는 것을 보여주었다. 또한 체화당과 거북골 마을사랑방과 같이 공간 네트워크에 대한 인식을 공유한 상점 역시 앞으로 적극적으로 참여할 것을 주저했으며, 상이한 목적을 줄이려는 시도가 앞으로 적극적으로 참여하는 데 중요하다고 밝혔다.

즉, 앞의 〈그림 4〉에 적용해서 생각해보면, 대부분의 상점은 여전히 프로그램 거버넌스 안에서 참여 목적의 합치성을 낮은 정도로 인식하며 상점에 대한 프로그램의 영향 역시 낮은 '참여하기를 주저'하는 상태이다. 반면에 서울시와 한국로하스협회는 이해당사자 간의 목적 합치성을 높게 인식하지만 프로그램의 영향력은 낮은 범주인 '참여하기를 희망'하는 상태이다.

또한 "에누리 사업이 성공적이었다고 생각하시나요?", "왜 그렇다고 생각하시나요?"의 질문은 다중이해당사자의 상이한 만족도를 보여주었다. 인터뷰에 따르면, 주최 측에 속하는 서울시와 한국로하스협회는 각각 '시도 자체는', '출발 자체는'이라는 수식어를 붙이기는 했지만 스스로 성공했다고 파악한다. 에누리 사업을 시작한 것 자체가 에누리 사업의 목적을 어느 정도 달성했다고 보았기 때문이다. 반면에 상점의 경우에 6곳 모두 성공했다고 직접적으로 규정하지 않았다. 대부분의 경우에 판단을 유보했고 우리은행의 경우에는 '실패'했다고 언급했다. 우리은행의 경우에 실패의 이유로 실제로 홍보가 부족했고 서울시의 참여도 부족했다고 지적했다. 이는 근본적으로 에너지 절약의 성공 여부로 에누리 사업의 성공 여부를 판단했기 때문이라고 생각된다. 즉, 마케팅 효과가 아니더라도 에너지 절약 자체를 에너지에 대한 인식과 공유의 결과로 파악하기보다는 단순히 사업의 목적 자체로 삼았던 것이다.

에누리 사업은 에너지 전환 정책의 일환으로 지속성의 측면에서 공동체의 형성이 무엇보다도 중요한데, 참여 상점들이 지닌 목적에서는 찾기 힘들었다. 이는 실제로 단기적인 결과에도 영향을 미쳤다. 공공조직의 거버넌스 프로그램을 평가하기는 매우 어렵다. 하지만 매코널(McConnell)이 정의한 정책 성공(policy success)의 정의에 따르면(McConnell 2010), 명시적으로 공표한 목표 달성 여부와 동시에 해당 프로그램에 대한 (다른 참여자 또는 외부의) 평가 역시 중요한 요소로 여겨진다. 이런 점에서 본다면 에누리 사업을 완전한 실패로 보기는 어렵지만 완전한 성공으로 보기도 어렵다고 할 수 있다.

6. 결론 및 시사점

2014년 여름철에 시작된 에누리 사업은 거시적인 에너지 정책이 아닌 에너지 전환의 시도로서 의미가 있었다. 도시의 상업 지역이라는 공간에서 '에너지 저소비 실천 시민문화 창출'의 일환으로 시도했다는 의의에도 불구하고 현재까지 시행착오를 겪는 중이다. 이 장에서는 이해당사자의 동학을 효과적으로 보여주는 도시 에너지 거버넌스의 다중이해당사자 분석을 통해 이해당사자별로 다른 참여 목적이 지니는 영향을 그 원인으로 지적했다. 해당 분석은 이에 머무르지 않고 앞으로 관련 사업을 진행하는 데 시사점을 제공한다.

이 장의 분석에서는 상점들로 대표되는 '참여하기를 주저'하는 이해당사자를 '가능하면 참여', '참여하기를 희망'하거나 '참여하기를 강력히 희망'하는 상태로 변화시키기 위한 방안을 제시해준다. 다중이해당사자의 거버넌스 참여를 통해 에너지 전환의 효과를 향상하기 위해서 크게 ① 이해당사자 간의 목적 합치성을 높이는 방안과 ② 프로그램의 영향력을 증대하는 방안을 제시한다. ①의 과정에는 크게 각각 이해당사자에 따라 세 가지 방안이 존재한다. 우선, 서울시는 참여한 이해당사자의 에너지 공간과 관련된 마케팅 목적을 더 고려해야 한다. 큰 방향에서의 에너지 전환과 정책적 일관성은 중요하지만 각 참여자의 이익과 목적을 고려하는 정책적 유연성이 필요하다. 둘째, 로하스의 경우에는 참여자들에게 실질적인 에너지 절약 방안을 제시하는 것이 상점의 목적을 달성하는 데 도움을 줄 수 있다는 점을 상기할 필요가 있다. 서울시와 상점이 원하는 에너지 절약에 대한 강조를 프로그램에 적극적으로 반영할 때 목적 합치성이 커지고 그로 인한 만족도도 높아질 수 있다. 셋째, 상점의 경우에 자신의 이익을 에너지 절약과 마케팅을 통해 극대화하려는 목적도 중요하지만 에너지 공동체로서의 가치를 공유하는 것이 장기적인 측면에서 도움이 될 수 있음을 알아야 할 것이다.

이는 참여에 소극적인 이해당사자(상점)의 목적이 변화하는 것을 장려함으로써 가능하다. 구체적으로 현재의 에누리 사업에서는 마케팅 효과나 에너지 절약 자체를 목적으로 하는 상점의 사업 목적을 에너지 절약과 전반적인 에너지 전환을 연결 짓는 교육이나 인식을 통해 변화시키려고 시도함으로써 가능할 것이다. 하지만 이런 방안은 현실적으로 아주 어렵다. 상점들은 아직 에너지 전환 정책에 익숙하지 않으며, 에너지 전환 정책과 마케팅 효과가 항상 상충되는 것은 아니지만 경제적 이해관계를 쉽게 변화시키기 힘들기 때문이다. 그렇지만 상점 간의 공동체를 형성하려는 노력은 여전히 가능하다(McKenzie-Mohr 2000). 이는 에너지 전환과 공동체의 관계를 생각할 때 중요하다.

프로그램의 영향력을 증대하는 방안은 실제로 경제적 효과와 마케팅 효과라는 목적을 중심으로 에누리 사업 프로그램에 참가하고 있는 상점들의 이해관계를 유지하면서 프로그램 내에 상점의 목적에 부합하는 다양한 시도를 함으로써 프로그램의 영향력을 변화시키는 것이다. 인센티브나 규제를 통한 정책으로 변화를 이끌어낸다는 측면이다. 실제로 인터뷰에서 다양한 프로그램의 부재가 개선해야 할 점으로 제시되었는데, 이와 같이 프로그램 차원에서의 개선은 현실적이며 바로 적용할 수 있는 것이다.

부가적으로 주최 측이 다양한 프로그램을 개발하는 것 외에도 참여자에게 기존의 프로그램을 홍보하고 자발적으로 노력하는 것 역시 가능하다. 인터뷰에 따르면, 상점들은 프로그램에서 제공된 혜택을 적극적으로 이용하려는 시도가 부족했다. 에너지의 가치와 인식을 공유하는 일부 상점들에서도 주체적으로 의지를 갖고 에누리 사업을 적극적으로 이용하려고 하지 않았다. 실제로 에너지와 관련된 이슈를 다루는 프로그램을 진행하는 예산이 편성되어 있었으나 참여자들 중에서 이용한 행위자는 거의 없었다.

또한 에누리 사업과 같은 여러 가지의 에너지 전환 실험이 서울시와 신촌 지역 내에 이루어진다면 궁극적으로 도시와 지역 전체에 에너지의 가치와 커뮤니티 만들기 정신이 확립되는 데 도움이 된다. 에너지 전환에 대한 인식의 바탕이 지역 내에 확산된다면 상점을 비롯한 모든 이해당사자가 그 정책에 참여할 수밖에 없는 구조가 되고, 실제적으로 여러 실험의 상승작용과 개인들의 참여를 통해서 모두에게 이득이 되는 구조가 만들어지는 것이다. 이는 장기적이고 규범적인 프로그램의 영향력이라고 할 수 있다. 신촌의 예를 통해 보면 에너지 전환에 대한 인식의 확산은 실제로 시 및 구의 정책을 통해 상점에 직접적 지원이 늘어날 수 있다는 것을 의미한다. 에너지를 주제로 하는 브랜드화가 신촌 지역 내에 가능하다면, 상점의 마케팅 효과와 같은 현재의 고민 역시 긍정적으로 해결될 수 있다.

이 장에서는 특히 에누리 사업에 참여하고 있는 각기 다른 이해당사자(지방정부, NGO, 상점)의 낮은 목적 합치성이 참여 수준과 인식에 어떤 영향을 미치는지를 살펴보았다. 사례를 분석한 결과에 따르면, 프로그램에 참여하고 있는 이해당사자의 목적에 대한 '동상이몽(同床異夢)'은 실제로 프로그램에 대한 참여 의지뿐만 아니라 만족도에도 부정적인 영향을 미쳤다. 거버넌스의 이해당사자로서 지방정부와 NGO의 공공 관리자는 거버넌스의 형성뿐만 아니라 효과성과 지속적인 운영이라는 궁극적인 정책 목표를 달성하기 위해서 신경을 써야 한다는 점에서 이 장에서 제시한, 다양한 방향에서 소극적 참여자의 참여를 장려하는 방안을 고려할 수 있을 것이다. 특히 상점 안에서도 구체적으로 목적이 합치되지 않은 부분이 있다는 점을 고려할 때, 목적 합치성을 높일 수 있는, 참여 목적 당사자 맞춤형(tailor-made) 프로그램이 제시된다. 또한 하나의 프로그램에 대한 목적을 홍보하고 통일성 있게 진행하는 것의 중요성에 대해서도 생각할 수 있다.

이 장에서의 시도는 추가적으로 크게 두 가지 측면에 공헌한다. 첫째, 에너지 전환에서 상업 지역에서의 거버넌스를 살펴봄으로써 특히 상업 지역에서 펼쳐진 도시 에너지 전환 프로그램의 과정을 보여주었다는 점이다. 이는 특히 서울시의 '원전 하나 줄이기' 정책에서 에너지 사용량과 변화의 가능성 측면에서 많은 가능성과 어려움이 혼재되어 있는 상업 지역의 에너지 전환 시도를 실제적으로 탐색했다는 점에서 하나의 실험 분석으로서의 의미가 있다. 에누리 사업에 대한 연구는 도시 에너지 프로그램을 상업 지역에 적용한 전반적인 과정을 보여주었다. 둘째, 다중이해당사자 거버넌스의 시각을 통해 에너지 전환에 대한 시도를 분석했다는 점에서 의의가 있다. 이런 분석은 신촌 지역의 에누리 캠페인 전반에 대한 성과를 진단하고 시사점을 제공하는 판단의 근거가 되었다. 해당 시도는 단순한 사례 진단을 넘어서 다중이해당사자 거버넌스의 시각을 적용하는 것과 유사 에너지 전환 사업에 시사점을 줄 수 있을 것이다.

최근에 공동체를 강조하는 지방정부 정책의 기조는 에너지 전환을 위한 다양한 거버넌스 프로그램과 관련이 깊다. 이 장에서 이 부분에 대해서 깊이 다루지는 못했지만, 앞으로 두 영역을 동시에 고려하는 제도의 설계 및 운영, 이해당사자의 참여 방안 등은 상업 지역을 포함한 다양한 지역에서 상승작용의 가능성을 담고 있다.

참고문헌

강지윤·이태동. 2016. "중간지원조직과 에너지 레짐 전환: 한국 에너지자립마을의 사례 비교."
　　『공간과 사회』 55: 139-176.
고재경·주정현. 2014. "유럽 에너지자립마을 중간지원조직의 역할과 특징 연구." 『환경정책』
　　22: 101-135.
김상구. 2003. "정부와 Ngo 간의 관계유형에 관한 실증적 연구." 『지방정부연구』 7: 75-91.
김형양. 2006. "로컬 거버넌스(Local Governance) 형성의 영향요인에 관한 연구."
　　『지방정부연구』 10: 181-203.
박종문·윤순진. 2016. "서울시 성대골 사례를 통해 본 도시 지역공동체 에너지
　　전환운동에서의 에너지 시민성 형성 과정." 『공간과 사회』 55: 79-138.
서울특별시. 2012. "에너지 수요절감과 신재생에너지 생산확대를 통한 원전 하나 줄이기
　　종합대책."
윤순진·심혜영. 2015. "에너지 전환을 위한 전략적 틈새로서 시민햇빛발전협동조합의
　　가능성과 제도적 한계 – 서울시 사례를 중심으로." 『공간과 사회』 51: 140-178.
안정배·이태동. 2016. "도시의 에너지 전환 분석 – 서울시의 원전 하나 줄이기 정책을
　　중심으로." 『환경사회학연구 ECO』 20(1): 105-140.
이유진·진상현. 2015. "에너지자립마을의 사회적 자본에 관한 연구." 『지방정부연구』 19: 153-
　　176.
이재완. 2014. "서울시 마을공동체 사업의 주민참여 결정요인에 관한 연구: 정책인지도를
　　중심으로." 『지방정부연구』 17: 409-437.
이정필·한재각. 2014. "영국 에너지전환에서의 공동체에너지와 에너지시티즌십의 함의."
　　『환경사회학연구 ECO』 18: 73-112.
이태화. 2016. "에너지 전환–다양한 차원에서의 실험적 모색." 『공간과 사회』 55: 5-11.
한국로하스협회. 2014a. "신촌, 원전하나줄이기 공간확대 프로젝트." 로하스A플렉스 대강당.
　　　　. 2014b. "에누리 사업 (에너지 거리, 공간 프로젝트)." 한국로하스협회 편.
한상연·김순영. 2012. "사례분석을 통한 도시개발사업의 네트워크 거버넌스 연구."
　　『국토계획』 47: 133-158.
서울특별시청홈페이지 http://www.seoul.go.kr/main/index.html
에너지 살림도시 서울 홈페이지 http://energy.seoul.go.kr/seoul/energy/city
한국로하스협회 홈페이지 http://www.lohaskorea.or.kr

Alyett, Alex. 2013. "Networked Urban Climate Governance: Neighborhood-Scale
　　Residential Solar Energy Systems and the Example of Solarize Portland."
　　Environment and Planning C: Government and Policy 31: 858-875.
Bäckstrand, Karin. 2006. "Multi-Stakeholder Partnerships for Sustainable Development:
　　Rethinking Legitimacy, Accountability and Effectiveness." *European Environment*

16: 290-306.

Bulkeley, Harriet and Arthur P. J. Mol. 2003. "Participation and Environmental Governance: Consensus, Ambivalence and Debate." *Environmental Values* 12: 143-154.

Carley, Sanya. 2012. "Energy Demand–Side Management: New Perspectives for a New Era." *Journal of Policy Analysis and Management* 31: 6-32.

Hemmati, Minu. 2002. *Multi-Stakeholder Processes for Governance and Sustainability: Beyond Deadlock and Conflict*. Routledge.

Hoppe, T. and E. van Bueren. 2015. "Guest Editorial: Governing the Challenges of Climate Change and Energy Transition in Cities." *Energy, Sustainability and Society* 5.

Hyman, James B. 2002. "Exploring Social Capital and Civic Engagement to Create a Framework for Community Building." *Applied Developmental Science* 6: 196-202.

Kim, Hoseok, Eui-soon Shin, and Woo-jin Chung. 2011. "Energy Demand and Supply, Energy Policies, and Energy Security in the Republic of Korea." *Energy Policy* 39: 6882-6897.

Lee, Taehwa, Taedong Lee, and Yujin Lee. 2014. "An Experiment for Urban Energy Autonomy in Seoul: The One 'Less' Nuclear Power Plant Policy." *Energy Policy* 74: 311-318.

Loorbach, Derk. 2007. *Transition Management: New Mode of Governance for Sustainable Development*. Dutch Research Institute for Transitions(DRIFT).

Mattes, Jannika, Andreas Huber, and Jens Koehrsen. 2015. "Energy Transitions in Small-Scale Regions – What We Can Learn from a Regional Innovation Systems Perspective." *Energy Policy* 78: 255-264.

McConnell, Allan. 2010. "Policy Success, Policy Failure and Grey Areas in-Between." *Journal of Public Policy* 30: 345-362.

McKenzie-Mohr, Doug. 2000. "Promoting Sustainable Behavior: An Introduction to Community-Based Social Marketing." *Journal of social issues* 56: 543-554.

McMakin, Andrea H, Elizabeth L Malone, and Regina E Lundgren. 2002. "Motivating Residents to Conserve Energy without Financial Incentives." *Environment and Behavior* 34: 848-863.

Meadowcroft, James. 2004. "Participation and Sustainable Development: Modes of Citizen, Community and Organisational Involvement." In *Governance for Sustainable Development: The Challenge of Adapting Form to Function*. Ed. William Lafferty. 162-190.

_____. 2009. "What About the Politics? Sustainable Development, Transition Management, and Long Term Energy Transitions." *Policy Sciences* 42: 323-340.

Provan, Keith G. and Patrick Kenis. 2008. "Modes of Network Governance: Structure, Management, and Effectiveness." *Journal of public administration research and*

214 제2부 에너지 전환의 정치 사례

Rutherford, Jonathan and Olivier Coutard. 2014. "Urban Energy Transitions: Places, Processes and Politics of Socio-Technical Change." *Urban Studies* 51: 1353-1377.

UNDP. 2011. "Undp Practitioner's Guide: Capacity Development for Environmental Sustainability." In *Secondary Undp Practitioner's Guide: Capacity Development for Environmental Sustainability*, Ed. Secondary Reprint.

Vallejo, Nancy, and Pierre Hauselmann. 2004. *Governance and Multi-Stakeholder Processes* International Institute for Sustainable Development.

Xu, Qingwen. 2007. "Community Participation in Urban China: Identifying Mobilization Factor." *Nonprofit and Voluntary Sector Quarterly* 36: 622-642.

제3부   에너지 전환의 효과

제7장   재생에너지 정책,
         에너지 전환과 녹색 일자리

1. 서론

에너지 전환에 대한 노력은 일자리 창출에 어떤 영향을 미치는가? 재생에너지와 에너지 효율화를 위한 규제와 인센티브 정책은 녹색 일자리의 창출에 긍정적으로 작용하는가? 이에 답하기 위해 이 장에서는 에너지 전환과 녹색 일자리를 주제로 미국의 주정부에서 시행한 에너지 전환 정책의 녹색 일자리 창출 효과를 실증적으로 검토한다.

'녹색 일자리', '청정 경제', 그리고 '녹색성장'은 정부가 에너지 안보와 환경보호에도 기여하는 경제성장을 위한 전략을 추진하는 데 따라 나타난 용어들이다(Barbier 2011). 환경과 경제가 상호 이익이 된다는 발상이 새로운 것은 아니지만, 이는 2009년에 미국의 회복 및 재투자법(American Recovery and Reinvestment Act: ARRA)이 시행되면서 국민적 주목을 받기 시작했다. ARRA는 오바마 행정부의 초기 전략 중 하나로, 일자리 창출과 경제성장을 촉진하기 위해 청정에너지 산업을 위한 577억 달러 규모의 금전적 인센티브를 제시하는 정책이다. 미국의 연방정부와 주정부 모두 청정에너지 산업 부문과 그에 따른 녹색 일자리의 증가를 촉진하기 위해 노력하고 있지만, 상대적으로 관할상의 역량이 더 크고 이전에 에너지 정책을 경험한 주들은 ARRA 에너지 프로그램의 자금을 사용하는 데 더 수월한 것으로 밝혀졌다(Carley et al. 2014).

ARRA는 연방정부 차원의 청정에너지에 관한 첫 번째 중대한 시도이지만, 에너지 정책과 관련된 연방의 기후변화 정책에서 항상 청정에너지를 지지하는 입장은 아니었다. 조지 부시(George W. Bush) 행정부 시절에 연방정부는 주(state)정부와 지방정부의 기후 및 재생에너지 정책과 그에 상응하는 일자리 창출과 충돌할 수 있는 화석연료 또는 원자력 에너지 중심의 기술을 채택했다(Byrne et al. 2007). 이것은 녹색 일자리의 창출을 목표로 청정에너지 정책을 오랫동안 추구해온 주정부들과 갈등을 일으켰을지도 모른다(Rabe 2004; Wei et al. 2010). 1980년대 초까지 소수의 주들에서는 RPS, 에너지공급자 효율향상 의무화제도(Energy Efficiency Resource Standards: EERS) 또는 전력요금 인하제도를 수립했고, 2000년 이후에는 이러한 제도를 채택하는 주가 증가했다. 하지만 이렇게 주정부에서 청정에너지 정책이 오랫동안 시행되었고 최근 일자리를 창출하기 위한 도구로 확대되고 있는데도 기존의 주정부 정책의 고용 효과를 평가하는 연구는 거의 이루어지지 않고 있다. 대부분 주의 청정에너지 정책의 목적은 에너지 효율이나 재생에너지의 생산을 증진하는 데 있었으며, 경제성장은 이를 뒷받침하는 근거로 제시되었다. 이러한 이유 때문인지 지금까지 주의 청정에너지 정책에 대해 수행된 경험적 연구의 대다수는 에너지의 다양화와 발생에 대한 영향을 평가한다(Menz and Vachon 2006; Carley 2009; Delmas and Montes-Sancho 2011). 청정에너지와 고용의 관계를 분석한 대다수의 연구들에서는 향후 다양한 정책의 일자리 창출 가능성을 예측하고 있지만(Frondel et al. 2010; Wei et al. 2010; Singh and Fehrs 2011; Hall and Link 2015), 기존의 정책들에 대한 사후 평가는 실시하지 않았다. 지금까지의 연구들에서는 재생에너지에 대한 투자(Dvoráka et al. 2017), 배치(Böhringer et al. 2013; Pahle et al. 2016), 그리고 환경 친화적인 기술 혁신이 녹색 일자리의 성장에 미치는 영향을 조사해왔다. 그러나 에너지 정책이 녹색 일자리의 창출에 미치는 영향을 검토하는 연구는 거의 없다. 주목할 만한 예외로, 이(Yi)는 미국의 대도시 361개 지역의 일자리 데이터를 활용한 횡단면분석(cross-sectional analysis)을 통해 주정부와 지방정부의 청정에너지 정책이 녹색 일자리에 어느 정도 긍정적인 영향을 미친다는 것을 발견했다(Yi 2013). 반면 보웬(Bowen) 등은 주의 재생 가능 포트폴리오 표준 정책을 구체적으로 살펴보고 이 정책의 존재나 지속 기간이 주 내의 녹색 일자리 수에 대한 중요한 예측 변수가 되지 않았다는 것을 발견했다(Bowen et al. 2013). 하지만 무엇이 '녹색 일자리'의 정의를 구성하는지에 대한 다양한 정의와 관련 정책 때문에 이와 관련한 지식상의 간극이 두드러지게 존재하고 있다. 게다가 기존의 연구들은 주로 재생에너지 및 에너지 효율 정책에 대해 포괄적으로 고려하기보다는 몇 가지 에너지 정책(예를 들어, 에너지 의무할당제)에 초점을 맞추고 있다.

이 장은 기존의 청정에너지 정책과 다양한 정책 도구의 고용 효과에 대한 기존의 연구를 바탕으로 전개된다. 주의 정책들을 목표(즉, 에너지 효율화 또는 재생에너지의 촉진)와 메커니즘(즉, 규제 또는 인센티브)에 따라 네 가지 범주로 분류하고, 이를 채택한 주에서 생성된 녹색 일자리에 대한 영향을 경험적으로 평가하기 위해 미국의 전국 패널 데이터를 활용한다.

다음 절에서는 녹색 일자리의 정의 및 측정과 관련된 이슈를 논의한다. 이어서 미국에서 시행된 주 차원의 청정에너지 정책의 개요와 이 정책이 어떻게 에너지 생산에 영향을 미쳤는지에 대한 기존의 연구들을 검토한다. 이는 주요 정책 도구의 특성에 대한 간략한 검토와 함께 녹색 일자리의 창출에 대한 그 영향의 가설을 세우는 데 사용된다. 그런 다음에 경험적 방법과 데이터를 설명하고 결과를 제시하고 논의한다. 마지막 절에서는 연구의 잠재적 함의와 한계, 그리고 후속 연구의 방향을 제시한다.

2. 녹색 일자리의 정의와 측정

연방정부와 주정부는 현재의 경기침체를 벗어나기 위한 방법으로 녹색 일자리를 다루어왔다. 또한 녹색 일자리는 일반적으로 '좋은 일자리'로 간주되기도 하는데 이는 녹색 일자리의 중간 연봉이 다른 전형적인 직업과 비교했을 때 약 13% 더 높게 나타났기 때문이다(Muro et al. 2011). 그러나 녹색 일자리에 대한 일관적이지 못한 정의 때문에 미국에서 녹색 일자리는 77만 개(Pew 2009)에서 310만 개(BLS 2012)로 추산되고 있다.

미국 의회는 2010년에 노동통계국(BLS)에 790만 달러를 지원하여 녹색 일자리의 유효한 정의를 분석적으로 발전시키고 이러한 일자리에 대한 정보를 수집하도록 했다. 노동통계국에 따르면, 녹색 일자리는 "환경에 유익하거나 천연자원을 보존하는 서비스를 제공하는 직업 또는 천연자원을 적게 사용하거나 생산 과정이 친환경적인 일자리"(BLS 2012)이다. 이 정의를 통해 노동통계국은 미국에 310만 개의 녹색 일자리가 있으며 그중 73%는 민간 부문에 있고 5%는 연방정부, 7%는 주정부, 15%는 지방정부에 있다고 추산했다(Pollack 2012). 녹색 일자리에 대한 협의적 정의를 사용하는 퓨 자선기금에 따르면, 청정에너지에 중점을 둔 기업의 민간 부문 일자리만이 녹색 일자리에 포함되는데 2007년 미국의 녹색 일자리는 77만 개로 추산되었다(Pew 2009).

녹색 일자리의 수를 계산하거나 미래의 성장을 예측하거나 정책이 일자리의 창출에 미치는 영향을 평가할 때, 각각의 정의적 측면에 대한 결정은 녹색 일자리의 범위와 결과에 크게 영향을 미칠 수 있다. 하지만 녹색 일자리에 대한 다양한 정의와 범위에도 불구하고 다음과 같은 일관적인 내용은 존재한다. 녹색 일자리는 미국의 50개 주에 모두 존재하며 널리 분포되어 있고, 일자리의 수가 지난 10년 동안 꾸준히 증가하고 있으며, 기존의 직업군보다 높은 임금을 받을 잠재성이 있는 것으로 나타났다. 특히 낮거나 중간 수준의 숙련 근로자들에게도 높은 임금을 제공한다는 것이다(Pew 2009; BLS 2012; Pollack 2012; Bowen et al. 2013; Yi 2013).

3. 청정에너지 정책 도구

일부 학자들은 정책이나 단체에서 변화를 야기하기 위하여 정부의 접근 방식이 주요 분석 단위가 되어야 한다고 주장한다(Salamon 2002; Carley 2011). 규제, 정보, 인센티브 또는 서비스와 관계없이 각 정책 도구는 정치경제, 즉 특정한 기술 요건, 전달 메커니즘, 규칙, 기대와 관련이 있다(Darnall and Kim 2012). 마찬가지로 정책 도구는 특정 행동의 원인을 다르게 가정하고 변화시키기 위해 다른 메커니즘을 활용한다. 이는 효과적인 정책 설계의 핵심이 '도구를 목적의 성격에 맞추는 것'이라는 주장과 맥을 같이한다(Salamon 2002, 406).

    그렇다면 청정에너지 정책의 '목적'은 무엇인가? 케얼리(Carely)에 따르면, 주정부 차원의 에너지 정책은 광범위하게 정의되고 '탈탄소화, 다변화, 지방분권'이라는 목표에 의해 형성된다(Carely 2011, 266). 라베(Rabe) 역시 청정에너지와 기후 정책으로 인해 발생할 수 있는 공공의 경제적인 이익을 강조하고 일부 주들이 이러한 결과에 주의를 기울이기 위해 사용하는 전략적인 틀을 관찰한 바 있다(Rabe 2004). 전반적으로 이 장에서 고려하는 주의 에너지 정책은 ① 재생에너지 또는 에너지 효율의 증가와 ② 일자리 창출의 촉진이다. 대부분의 경우에 녹색 일자리의 잠재력은 긍정적인 부작용으로 간주되는데, 이는 녹색 일자리가 청정에너지 정책의 주요 목표가 되기보다는 정치적 지원을 얻기 위한 중요한 수단을 제공하기 때문이다.

실질적인 행동의 내용이 정해지면, 정책 입안자들은 행동의 변화를 일으키기 위한 메커니즘을 결정해야 한다. 전통적으로 환경과 에너지 문제는 강제성을 띠는 명령과 통제(command-and-control) 형태의 정책에 의해 다루어졌지만, 지난 수십 년간 시장 기반(market-based) 메커니즘으로 전환되어왔으며, 많은 문헌들에서 위와 같은 두 종류의 정책 수단의 경제적 효과를 검토하고 비교한 바 있다. 경제학자들은 전형적으로 시장 기반의 접근 방식을 선호하는데, 왜냐하면 이와 같은 접근 방식이 기업들에 환경을 보호하는 행동에 따르는 비용을 효율적으로 할당할 수 있을 뿐만 아니라 저비용 기술 혁신에 대한 인센티브를 제공하기 때문이다(Hsueh and Prakash 2012). 이론적으로 공급 측면에서 인센티브는 생산 비용을 절감하고 신생 기업이 진출할 수 있도록 하며 기존의 기업들이 확장할 수 있도록 한다. 이와 마찬가지로 수요 측면에서 인센티브는 소비자 가격을 낮추고 수요를 증가시켜서 경제를 활성화시킨다. 다른 한편으로, 인센티브의 제공은 시장을 확장하는 것이 아니라 투자 자원들을 재분배하는 것일 뿐이라는 비판을 받기도 한다(Feiock and Stream 2001).

그렇다면 규제는 고용에 어떠한 영향을 미치는가? 이론적으로 규제는 한계비용을 증가시키고 가격이 상승하고 매출이 감소함에 따라 노동 수요를 감소시킬 것이다. 그러나 모니터링 및 집행과 같은 규제는 실제로 노동에 대한 수요를 증가시킬 수 있다(Berman and Bui 2001). 경험적 연구들에서는 규제가 제한적인 경제적 영향을 미친다는 것을 제시하는 경향이 있다. 국가 차원에서 환경 규제는 무역의 흐름이나 공장의 배치 결정으로 측정된 바와 같이 경제적인 경쟁력에 크게 부정적인 영향을 미치지 않는 것으로 나타났으며, 지역적인 대기 질의 규제는 고용을 실질적으로 감소시키지 않는 것으로 나타났다(Berman and Bui 2001). 또 다른 연구에서는 불확실성을 줄이게 되면 규제가 실제로 긍정적인 경제적 영향을 미칠 수 있다고 주장한다. 엄격하지만 안정적인 규제는 기업들 간의 경쟁의 장을 공평하게 하고, 재산권을 보다 안전하게 보호하며, 투자 수익을 예측할 수 있게 하고, 투자 위험을 줄일 수 있게 한다(Feiock and Stream 2001). 위에서 설명된 정책 유형에 대한 연구와 이 장에서 고려된 정책 유형 간의 중요한 차이점은 실질적인 행동 내용의 방향이다. 전자가 주로 환경에 부정적인 영향을 줄이려는 목표(예를 들어, 배출, 오염)를 다룬다면, 후자는 긍정적인 환경 영향(예를 들어, 에너지 효율, 재생에너지)을 다룬다. 이는 동일한 기본 정책 도구가 다른 경제적 효과를 낳을 가능성을 시사한다.

4. 주정부의 청정에너지 정책

지난 15년간 각 주의 정부들은 재생에너지의 생산 또는 에너지 효율을 높이기 위해 다양한 유형의 에너지 정책을 입안했다. 재생 가능 포트폴리오 표준과 같은 몇 가지 규제 요소가 있지만, 상당 부분의 에너지 정책은 시장에 기반한다는 특성을 내포하고 있었다. 〈표 9〉에서는 일반적인 청정에너지 정책과 그 정책을 채택한 주정부의 빈도를 보여준다. 정책은 실질적인 목표, 재생 가능 에너지 또는 에너지 효율의 향상, 정책의 인센티브 또는 규제에 따라 사용되는 정책 도구의 유형에 따라

표 9 청정에너지 정책의 유형 및 주정부별 채택 빈도

		정책 도구	
		규제	인센티브
정책 목표	재생 가능한 에너지	1 신재생에너지 공급의무화제도(RPS)(36) 의무적인 녹색 전력 옵션(6) 녹색 전력의 구매(5) 상호 연결 표준(41) 공익기금(16) 전력요금 인하제도(43)	2 인세 인센티브(24) 재산세 인센티브(27) 법인세 인센티브(13) 소득세 인센티브(18) 판매세 인센티브(15) 산업 지원(6) 보조금(24) 채권(3)
	에너지 효율	3 에너지 효율 자원의 표준(7) 기기/장비의 표준(7) 공공 건축물의 에너지 표준(17) 공익기금(14)	4 인세 인센티브(7) 재산세 인센티브(6) 법인세 인센티브(7) 소득세 인센티브(4) 판매세 인센티브(11) 보조금(23) 채권(2)

참고: 각 정책을 채택한 주정부의 숫자는 괄호 안에 표시되었다. 각 주마다 각 범주에 여러 정책이 있을 수 있다.
출처: DSIRE(Daterbase of State Incentive for Renewables and Efficiency).

분류된다. 주정부 수준의 에너지 정책 데이터인 DSIRE(Daterbase of State Incentive for Renewables and Efficiency)에서는 네 가지 범주로 정책들을 구분하고 있다.

분류된 정책의 첫 번째 사분면은 재생에너지 생산의 증가에 중점을 두고 있으며, 목표를 달성하기 위한 주정부의 규제나 권한을 활용한다. 가장 많이 사용되고 연구된 정책 중 일부는 이 범주에 속한다. RPS는 전기 공급자가 미리 정의된 기간 내에 재생 가능한 자원으로부터 지정된 최소 전기량을 달성하도록 하기 위해 자주 쓰이는 주의 정책 수단이다. 웨이 등에 따르면, RPS는 2030년까지 전국적으로 에너지

분야에서 전통적인 화석연료 분야에서 손실될 일자리를 고려하더라도 4백만 개의 순 일자리를 창출하는 데 기여할 것이다(Wei et al. 2010). RPS 기술 중에서 태양광 발전은 에너지 생산 단위당 가장 많은 일자리를 창출할 것으로 예측된다(Wei et al. 2010; Singh and Fehrs 2011). 싱과 퍼스는 태양광 기술로 인해 발생하는 전력량이 1MW당 약 7배로 바이오매스보다 1.6~9배 더 많은 일자리가 창출된다고 추산했다(Singh and Fehrs 2011).

대부분의 평가들에서는 일자리의 창출에 미치는 영향을 추정하기보다는 에너지의 생산에 미치는 직접적인 영향을 검토한다. 여러 연구에 따르면, RPS는 총 에너지 생산량 중 재생에너지의 비율(Carley 2009)이나 전반적인 재생에너지 생산 능력을 증가시키지는 않지만(Delmas and Montes-Sancho 2011) 주 내의 총 재생에너지 발전량을 증가시킨다(Yin and Power 2010). 주의 경계 내에서 지역적으로 거래될 수 있는 엄격하지 않은 시행이나 재생 가능 에너지 크레딧(Renewable Energy Credits)의 허용은 RPS의 영향을 크게 약화시킨다(Carley 2009; Yin and Powers 2010). 보웬 등의 연구에서는 RPS 정책이 주의 녹색 일자리 수에 미치는 한계 기여도를 평가하고 정책의 존재, 지속 기간 혹은 강도가 통계적으로 유의미한 영향을 미치지 않는다는 점을 발견했다(Bowen et al. 2013).

의무적인 녹색 전력 옵션(Mandatory Green Power Options: MGPO)은 전력회사가 소비자에게 재생 가능한 전기를 구매할 수 있는 옵션을 제공해야 한다는 것이다. 전력회사는 재생 가능한 전력을 스스로 생산하거나 다른 생산자로부터 구매해야 한다. 이 옵션은 가장 최근에 생겼으며 자주 사용되지 않는 정책 도구 중 하나지만 이를 평가한 결과 주 내의 재생에너지 용량에 유의미하고 긍정적인 영향을 미치는 것으로 나타났다(Menz and Vachon 2006; Yin and Powers 2010; Delmas and Motes-Sancho 2011). 이와 관련하여 녹색 전력 구매(green power purchase)는 기업이 재생 가능한 자원으로부터 전력의 일정 최소 비율을 구매하도록 하는 정책이며 이미 소수의 주정부가 이러한 유형의 규제를 통과시킨 바 있다.

상호 연결 표준 정책에서는 분산되어 있는 발전 기술을 더 큰 그리드에 연결하기 위해 명확한 절차와 조건을 요구하고 있다. 이 정책은 전력요금 인하제도를 용이하게 하기 위해 채택되곤 하는데, 이는 분산되어 있는 발전기가 필요에 따라 그리드에 전기를 사고팔 수 있도록 하여 분산 발전기를 배치하기 위한 거래 비용을 감소시킨다. 상호 연결 표준 정책은 그 자체로나 전력요금 인하제도가 없는 경우에 재생 에너지 발전이나 일자리의 창출에 큰 영향을 미치지 않을 것으로 예상된다.

전력요금 인하제도는 규제와 인센티브의 요소를 모두 가지고 있기 때문에 다른 요소들처럼 명확하게 이 장의 정책 도구 분류 체계에 들어맞지는 않는다. 이 정책은 전력회사가 소형의 재생 가능한 전력 발전기가 그리드에 초과 전력을 판매할 수 있도록 하고 필요한 경우에 그리드에서 구매하도록 한다. 이는 전력 거래 과정에서 장애물을 제거하고 녹색 에너지의 생산자들이 경제적 이익을 증가시킬 수 있도록 하지만, 전력회사는 주의 정책에 의해 이와 같은 거래에 관여할 수 있다. 이 장에서는 연구에 대한 데이터를 얻은 DSIRE의 분류와 일치시키기 위해 분석에서 전력요금 인하제도를 규제로 분류했다. 기존의 연구에 따르면, 전력요금 인하제도의 가용성으로 인해 일부 주에서는 적격 시스템의 크기를 제한하여 상업 및 산업 고객에 대한 인센티브를 감소시킨다. 하지만, 이는 동시에 분산발전을 채택할 가능성이 더 높다는 것을 발견했다(Carley 2009).

공익기금은 전력회사에 전력 소비에 대한 수수료를 부과할 것을 요구하며, 이 자금은 리베이트 프로그램, 대출 프로그램, 소비자 교육, 재생에너지의 연구 및 개발에 사용된다. 일부 공익기금은 특히 재생에너지를 목표로 하지만, 대부분의 연구에서는 에너지 효율과 수요 측의 관리에 미치는 영향에 중점을 두고 있다(Carley 2011). 또한 재생 가능 에너지 중심의 공익기금에 관한 몇 가지 관련 연구에서는 최소한의 영향력이 있다고 제시하고 있다(Menz and Vachon 2006).

대체로 RPS와 MGPO에 대한 정책 결과를 고려할 때, 재생에너지의 규제에 대한 선행 연구들을 바탕으로 재생에너지 규제 정책이 주의 녹색 일자리 수를 증가시킬 것이라는 가설을 도출했다.

〈표 9〉의 두 번째 사분면에는 재생에너지의 생산을 장려하기 위해 재정적 인센티브를 활용하는 정책이 포함되어 있다. 이 범주에는 가장 다양한 정책 도구들이 포함되어 있다. 각기 다른 목표 대상과 전달 메커니즘을 가진 다양한 유형의 세금 인센티브가 주에서 재생에너지를 촉진하기 위해 채택되었다는 것을 알 수 있다. 너무 각기 다른 성격을 가지고 있기 때문에 재생에너지에 대한 세금 인센티브의 효과에 대한 경험적 연구는 거의 없다. 경제적인 인센티브는 전력회사의 연료 혼합 비율에 큰 영향을 미치지 않는(Delmas and Montes-Sancho 2011) 대신 다른 정책 수단에 대한 보완책으로 작용할 수 있어서 소규모 재생 가능 에너지 프로젝트를 촉진하는 데 적합할 수 있다는 점을 시사한다(Carley 2011).

요약하면 경제적 인센티브는 다른 정책을 보완하고 주로 소규모의 분산된 발전 프로젝트를 증가시킬 것으로 예상된다. 이로 인해 장비의 설치 및 유지 보수에 중점을 둔 직업이 증가할 것으로 보인다. 태양

전지판이나 풍차와 같은 분산형 발전 프로젝트 장비를 생산하는 데 따른 일자리는 주의 경계 내에 머물지 않을 것으로 예상된다. 따라서 재생 가능한 전력에 대한 인센티브는 주 내의 녹색 일자리 창출에 작은 증가를 가져올 것이라는 가설을 도출했다.

〈표 9〉의 하위 2개의 사분면은 에너지 효율을 높이기 위한 규제와 인센티브를 보여주고 있다. 에너지 효율 자원 표준은 전력회사에 대한 에너지 절약 목표를 설정하고 있는데, 이는 고객 에너지 효율 프로그램보다 효율적인 에너지의 생산 또는 전달을 통해 충족되어야 한다. 다른 에너지 효율 정책은 개인, 상업, 산업의 이익이나 정부기관을 포함한 다양한 목표 대상을 가지고 있다. 이전의 연구에 따르면, 규제나 인센티브에 의해 유도된 에너지 효율 노력에 따른 대부분의 일자리 혜택은 자금을 재투자함으로써 가능한 기회의 형태로 나타난다(Roland-Holst 2008). 에너지 효율 제품을 구매하고 설치하는 것이 초기 고용 수요에 기여하지만, 대부분의 편익은 에너지 비용을 절감함으로써 발생할 수 있는 지출 패턴이 변화하면서 비롯된다. 실제로 기존의 연구들에서는 에너지 효율로 인한 순 일자리의 90% 이상이 절약과 재지출에서 비롯된다고 추정했다(Wei et al. 2010). 게다가 건물이나 가전의 효율을 향상시키기 위한 표준이나 인센티브는 새로운 것과 반대되는 '다른' 일자리를 만들 가능성이 높고, 가전제품을 생산하는 경우에 일자리는 반드시 주 내에서 발생할 수 있다. 이 장에서는 보수적으로 서술한 녹색 일자리의 특성(직접적이고 성과 지향적)을 고려할 때 규제이든 인센티브 기반이든 에너지 효율을 장려하는 주의 정책은 녹색 일자리의 수에 크게 영향을 미치지 않을 것이라고 가정한다.

5. 데이터

청정에너지 정책이 고용에 미치는 영향을 평가하기 위해 관련이 있는 2개의 종속변수가 분석에 사용되었다. 첫 번째 종속변수는 주민 1천 명당 각 주의 민간 부문에서의 녹색 일자리 수이다. 두 번째 종속변수는 주 전체의 녹색 일자리의 비율이다. 각각의 변수는 1998년부터 2007년까지 50개 주와 컬럼비아 특별구를 포함하고 있다.

녹색 일자리 데이터는 퓨 자선기금의 보고서인 「미국 전역의 일자리, 사업 및 투자의 증진」에 기반한 것이다. 퓨 자선기금은 녹색 일자리의 수를 계산하기 위해 국가 설립 시계열(National Establishment Time Series: NETS) 데이터베이스와 여덟 자리의 표준 산업 코드(Standard Industrial Codes: SIC)를 사용하여 청정에너지 경제 기업을 선별했다. 퓨 자선기금은 NETS와 SIC 데이터를 통해 에너지의 절약, 천연자원의 절약 및 재활용, 오염 및 폐기물의 감소 및 재생 가능 에너지와 관련된 범주로 기업들을 분류했다. 퓨 자선기금의 연구진들은 기업들의 사업 활동과 직원 수를 확인하고 수동으로 검증했다.[1] 녹색 일자리에 대한 데이터의 이점은 모든 주에서 상대적으로 10년이라는 기간의 데이터를 가지고 있다는 것이다. 그러나 위와 같은 데이터베이스는 친환경적인 사업에만 초점을 맞출 뿐이고 전통적인 기업(예를 들어, 마이크로소프트의 지속 가능 경영자)이나 공공 부문의 환경 관련 일자리는 포함하지 않는다. 또한 경직된 특성을 갖는 표준 산업 코드의 경우에 녹색

1 　자세한 설명은 Pew(2009, 14)와 부록 B를 참조하라. 퓨(PEW)는 청정에너지 경제가 다섯 가지 범주, 16개 세부 부문으로 나뉜다고 정의한다. 청정에너지(에너지 발전, 전달 및 저장), 에너지 효율, 친환경 생산(건설, 농업, 에너지 생산, 첨단 재료, 운송 및 제조/산업), 보존 및 오염 완화(대기 및 환경, 재활용 및 폐기물, 물 및 폐수), 교육 및 지원(연구 및 변호, 비즈니스 서비스, 금융 및 투자).

창업이나 중소기업의 친환경적인 활동을 포함하지 못할 수도 있다. 게다가 이 데이터는 퓨 자선기금이 제공할 수 있는 기간의 유일한 데이터이다. 하지만 이러한 한계에도 불구하고 퓨 자선기금의 데이터는 '하한' 추정치를 제공하는데, 이는 재정적으로 제약이 있는 정부의 정책 효과를 평가하는 데 활용하기 좋다.

이 장의 주요 독립변수는 에너지 효율성과 재생에너지를 촉진하는 주의 청정에너지 정책의 존재 유무이다. 녹색 일자리의 창출과 서로 다른 유형의 주 정책들 간의 관계를 평가하기 위해 DSIRE의 데이터를 활용하여 각 주의 청정에너지와 관련된 정책을 분류하고 정리했다. DSIRE의 정책 기준에 따라 ① 재생에너지 규제 정책, ② 재생에너지 인센티브 기반 정책, ③ 에너지 효율에 대한 규제 정책, ④ 에너지 효율에 대한 인센티브 기반 정책의 네 가지 범주로 분류했다(정책 목록은 〈표 9〉를 참조).

위와 같이 네 가지의 독립변수를 지수(index)와 주어진 연도마다 각 주에서 시행되는 관련 정책의 수로 조작화했다. z값(표준점수)을 평균화하는 지수는 일반적으로 사용되는 정책의 빈도를 측정한다. 또 다른 측정치인 각 정책의 누적 수는 정책을 동일하게 취급하며 엄격성이나 빈도에 따라 정책을 구분하지 않는다. 이러한 점은 명백한 한계이다. 그러나 목표나 정책 시행 메커니즘 및 인센티브 유형을 포함하여 여러 차원에서 정책들을 비교할 때 상대적인 수준의 엄격성을 비교하고 평가하려고 하면 추가적인 오류가 발생할 수 있다. 채택되거나 시행된 정책의 수에 대한 추가적인 측정은 서로 다르지만 유사한 정책을 검토하는 지속 가능성 문헌에서 일반적으로 사용된다(Krausse 2012; Bae and Feiock 2013). 이 접근법은 RPS와 같은 개별 정책의 평가에만 국한되지 않고 〈표 9〉에 나타난 이론적으로 중요한 정책 그룹들의 영향에 대한 평가를 가능하게 한다(Carley 2009; Yin and Powers 2010; Bowen et al. 2013; Yi 2013).

〈표 10〉은 주들과 컬럼비아 구의 순위를 나타내며, 주 내의 민간 부문 전체의 녹색 일자리 수, 주민 1천 명당 녹색 일자리 수, 위에서 분류된 네 가지의 에너지 정책을 포함한다. 제시된 표를 통해 종속변수와 주요 독립변수의 분포를 알 수 있다.

주 정책의 영향을 확실히 구분하기 위해서 주 내의 녹색 일자리 수에 영향을 미칠 수 있는 네 가지 통제변수를 활용한다. 첫 번째 통제변수는 전반적인 주의 경제를 나타내는 경제적 요인에 관한 것이다. 각 주의 1인당 국민총생산(GDP)은 전체 경제의 규모와 활력을 나타내는 데 사용되어 녹색 일자리가 성장하는 토대가 된다. 두 번째 요소는 실업이다. 실업률이 높으면 소비자의 가처분소득이 감소하는 경향이 있어서 재생에너지 제품과 관련 일자리에 대한 수요도 감소할 가능성이 높다(Yi 2014). 각 주에서 지출되는 연방자금의 양은 전반적인 경제 건전성을 나타내는 데 사용되는 세 번째 요소이다. 연방자금의 이전 중 상당 부분이 복지 후생 계획, 빈곤 및 재해 구제 프로그램과 연결되어 있기 때문에 취약한 경제를 반영할 수 있다(Berry et al. 2010).

두 번째 통제변수는 정치적인 것과 관련이 있다. 공적 당파심, 주지사의 소속 정당, 그리고 주 내의 환경 시민단체들이 녹색 일자리에 미치는 잠재적 영향을 통제한다. 환경 활동에 대한 하위 국가적 공약을 기록한 문헌을 바탕으로(Lee and Koski 2012) 1996년, 2000년, 2004년 선거에서 민주당 대통령 후보에 투표한 주민의 비율을 통해 주의 당파심을 통제한다. 정치적 당파성을 규명하기 위해 사용되는 또 다른 방법은 주 정부 지도자들의 소속 정당이다(May and Koski 2007). 공화당 소속일 경우에 0, 민주당 소속인 경우에 1로 코딩된 이분법 변수를

표 10 녹색 일자리 수 및 청정에너지 정책(2007)에 따른 상위 5개 주와 하위 5개 주의 순위(2007)

	1천 명당 녹색 일자리 수	녹색 일자리의 비율	재생에너지 규제	재생에너지 인센티브	효율성 규제	효율성 인센티브
1	컬럼비아 특별구(9.1)	오리건(1.3)	캘리포니아(9)	애리조나(7)	뉴욕(4)	뉴욕(5)
2	오리건(5.2)	워싱턴 DC(1.2)	애리조나(7)	뉴욕(7)	메릴랜드(4)	메릴랜드(4)
3	메인(4.6)	메인(1.2)	미네소타(7)	몬테나(7)	오리건(4)	펜실베이니아(3)
4	매사추세츠(4.1)	캘리포니아(0.9)	오리건(7)	메릴랜드(7)	버몬트(4)	몬테나(3)
5	미네소타(3.9)	알래스카(0.9)	하와이(7)	매사추세츠(5)	뉴저지(4)	델라웨어(2)
47	웨스트 버지니아(1.7)	아칸소(0.4)	미주리(1)	테네시(1)	미주리(1)	미시시피(0)
48	아칸소(1.6)	오클라호마(0.4)	미시시피(0)	미주리(1)	앨라배마(1)	앨라배마(0)
49	오클라호마(1.5)	플로리다(0.4)	오클라호마(0)	앨라배마(0)	네브래스카(1)	네브래스카(0)
50	네바다(1.4)	미시시피(0.3)	웨스트 버지니아(0)	네브래스카(0)	미시시피(1)	미시시피(0)
51	미시시피(1.1)	네바다(0.3)	앨라배마(0)	미시시피(0)	사우스 다코타(0)	사우스 다코타(0)

참고: 인구 1천 명당 녹색 일자리, 녹색 일자리의 비율, 채택된 관련 정책의 수 등은 괄호 안에 표시되었다.

사용하여 주지사의 소속 정당을 조작화했다. 마지막으로, 각 주에 있는 환경 시민단체들의 수를 녹색 일자리의 성장에 영향을 미칠 수 있는 요소로 간주했다(Daley 2007; Yi 2014). 환경 시민단체들은 환경 문제에 대한 조직화된 행동의 광범위한 문화를 반영할 수 있는데, 이는 관련 사업이나 직업과 연관이 있기 때문이다.

세 번째 통제변수로는 에너지와 관련된 변수가 포함되었다. 각 주의 재생 가능 에너지 생산량에서 연료 에탄올, 지열 에너지 및 수력, 태양 및 풍력 에너지 생산량은 10억 영국 열량 단위(British thermal unit: btu)로 측정한다. 왜도를 줄이기 위해 변수를 로그화(logged)했으며,

표 11 변수의 설명, 출처, 기술 통계(1998~2007년)

변수	설명(출처)	평균 (표준 편차)
종속변수		
녹색 일자리	인구 1천 명당 민간 부문의 녹색 일자리(Pew Center)	2.69(1.20)
녹색 일자리 백분율	민간 부문의 녹색 일자리의 비율(Pew Center, 미국 인구조사)	0.66(0.20)
독립변수		
정책적 요소		
에너지 효율 인센티브 지수	에너지 효율에 대한 표준화된 인센티브 정책 수: 소득세, 재산세, 판매세, 산업 지원, 보조금, 채권(DSIRE)	0.007(0.57)
재생 가능 에너지 인센티브 지수	재생 가능한 에너지에 대한 표준화된 인센티브 정책 수: 소득세, 재산세, 판매세, 산업 지원, 보조금, 채권(DSIRE)	0.004(0.58)
에너지 효율 규제 지수	에너지 효율에 대한 표준화된 규제 정책 수: 에너지 효율 표준, 가전제품 표준, 공공건물 에너지 표준(DSIRE)	0.001(0.58)
재생 가능 에너지 규제 지수	재생 가능 에너지에 대한 표준화된 규제 정책 수: 에너지 효율 표준, 가전제품 표준, 공공건물 에너지 표준(DSIRE)	0.001(0.50)
경제적 요소		
1인당 GDP	로그화된 1인당 국가 GDP(미국 인구조사)	10.49(0.26)
실업률	로그화된 주별 총 실업자 수(미국 인구조사)	12.27(1.00)
연방정부 지출	각 주의 연방정부 지출 총액(미국 인구조사)	78.12(73.42)
정치적 요소		
당파성	1996년, 2000년, 2004년 대통령 선거에서 민주당 후보에게 투표한 주의 주민 비율(미국 인구조사)	46.5(9.8)
주지사의 소속 정당	주지사의 소속 정당: 공화당일 경우 0, 민주당일 경우 1 (미국 인구조사)	0.42(0.49)
환경 시민단체	각 주의 총 환경 NGO 수(National Center for Charitable Statistics)	0.81(0.91)
에너지 요소		
석탄 발전	각 주에서 석탄 발전으로부터 얻는 전력의 비율(미국 에너지정보국(EIA))	49.3(43.1)

재생 가능 에너지	로그화된 재생에너지 생산(연료 에탄올, 지열 에너지, 수력 발전, 태양광 및 풍력 에너지), 10억 Btu(주 에너지 데이터 시스템, EIA)	10.95(1.44)
전기세	주 평균 전기세, 센트/KW/h(EIA)	7.67(2.62)
사회인구학적 요소		
대학 졸업 인구	주 거주민 중 25세 이상 대학 졸업자 비율(미국 인구조사)	25.90(5.29)
인구	로그화된 주 인구(미국 인구조사)	15.03(1.03)

재생에너지의 생산량이 증가할수록 재생에너지 시설의 용량이 커진다. 이는 기존의 일자리와 녹색 일자리의 더 많은 숫자와 관련이 있을 수 있다. 에너지와 관련된 두 번째 변수는 각 주에서 석탄으로부터 발생하는 전기의 비율이다.[2] 미국의 전기의 약 50%는 석탄에서 발생하는데, 주마다 비율은 다양하다(예를 들어, 웨스트 버지니아는 98%, 아이다호는 0.9%의 수력 발전으로 전기를 생산한다). 석탄 발전이 전체 발전량에서 높은 비율을 차지하는 주들의 경우에는 화석연료 기반의 에너지 공급 구조와 민간 이익단체의 영향력이 강화됨에 따라 녹색 일자리가 줄어들 것으로 예상된다(Lee and Koski 2012). 또한 분석할 때 전기 가격을 통제했다. 전기 가격이 낮은 국가는 재생에너지를 더 많이 채택할 수 있는 여지가 있으며, 따라서 더 많은 녹색 일자리를 만들 수 있다(Yi 2014).

마지막으로, 교육과 전체 인구라는 2개의 사회 인구통계학적 요소를 통제하는데, 둘 다 주의 녹색 일자리 수와 긍정적인 연관이 있을 것으로 예상된다. 특히 녹색 건축, 에너지 효율 및 재생에너지 기술과

---

2 재생에너지와 석탄 발전이 대체재로 간주될 수 있다는 점이 우려된다. 그러나 재생 가능 에너지의 생산과 석탄 발전 간의 상관계수는 상대적으로 낮아(-0.03) 모델에서 두 변수를 모두 포함한다.

같은 많은 신흥 녹색 일자리에는 더 높은 교육 수준이 요구되기 때문에 대학을 졸업한 25세 이상의 주민 비율을 교육 통제변수로 사용한다. 내생적 성장에 관한 문헌에서 지식의 축적은 기술로 이어질 수 있으며, 이는 경제성장과 일자리의 창출로 이어진다(Romer 1994; Koski and Lee 2014). 전체 주의 인구는 노동력의 기본 공급량을 나타내는데, 마찬가지로 중요한 통제변수이다(YI 2013). 〈표 11〉에는 각 변수와 관련된 요약과 출처, 기술통계가 나와 있다. 평균 및 표준편차는 1998년부터 2007년의 기간 동안 계산된다.

6. 분석과 결과

청정에너지 정책이 민간 부문에서의 녹색 일자리 창출에 미치는 영향력을 알아보기 위해 1998년부터 2007년까지 50개 주의 녹색 일자리 수에 대한 균형 패널 데이터(balanced panel data)를 활용한다. 역인과 관계의 문제를 방지하기 위해 모든 독립변수들에 1년의 시차를 주었다. 패널 데이터 분석은 개체 간의 변화와 시간에 따른 변화를 모두 고려하여 종속변수에 대한 독립변수의 영향력을 추정한다.

　패널 데이터 분석의 표준오차는 데이터의 각 기간이 그 이전의 기간에 대해 독립적이지 않기 때문에 조정할 필요가 있다(Cameron and Trivedi 2010). 이 장에서는 이러한 계열상관성(serial correlation)을 확인하기 위해 울드리지(Wooldridge)의 자기상관관계(autocorrelation) 테스트를 시행했다(Drukker 2003). 검정 결과로 계열 상관성이 없다는 귀무가설(F값=96.48, 확률>F=0.0001)은 기각되었다. 따라서 PCSE를 사용한 4개 모델의 결과를 자기상관 교란항(AR1)으로 보고한다. 백

(Beck)과 카츠(Katz)가 설명한 것처럼(Beck and Katz 1995) PCSE는 패널 데이터 오차의 동시 상관 문제를 다루는 시계열-횡단면 모델에서의 추정값이다.[3]

〈표 12〉의 PCSE 결과는 주 에너지 효율의 인센티브가 적은 수의 녹색 일자리와 관련이 있으며, 재생에너지를 촉진하는 규제는 약간 더 큰 숫자와 관련이 있다는 것을 보여준다.[4] 구체적으로 각각의 추가적인 재생에너지 규제 지수는 정책에 따라 주의 주민 1천 명당 0.21개의 녹색 일자리를 창출하고 주 전체로 보았을 때 108개(와이오밍주)에서 7,674개(캘리포니아주)의 일자리를 창출한다.

지연된 종속변수를 포함하는 모델 2는 시간에 따른 녹색 일자리 수의 변화를 보여준다. 계수, 방향, 계수의 크기가 약간 바뀌었음에도 불구하고 기본 모델의 결과와 유사하다는 것을 알 수 있다. 위의 두 결과는 재생에너지에 대한 규제 정책이 중요하고 녹색 일자리의 수에 긍정적이라는 점에서 유사하다는 것을 알 수 있다.

모델 3은 도구변수(instrumental variable)의 접근 방식에 대한 잠재적인 내생성 문제를 고려한다. 2단계 최소 제곱(two-stage least square)을 사용하는 도구변수 접근법은 내생성을 통제하는데, 이 경우에 녹색 일자리가 이미 있는 주가 더 많은 에너지 정책을 펼칠 가능성이 높다. 패널 데이터 분석의 결과에 근거하여 도구변수는 재생에너지 규제 정책과 상관관계가 있지만 녹색 일자리와는 상관관계가 없는 재

---

3 고정효과 모형(Fixed-effect models)은 잠재되어 있거나 관찰되지 않은 상태 수준의 변수를 통제한다. 그러나 이 모델은 주 내의 불변하는 변수의 영향을 추정하는 데 적합하지 않을 수 있다(Cameron and Trivedi 2010). 따라서 모델 2에 지연된 종속변수를 포함시켰다.

4 또한 모델 1의 잔류를 테스트하고 구성했다. 잔류 분표는 꼬리가 두꺼운 정규 분포에서 크게 벗어나지 않았으며, 이에 대한 그림은 요청하면 제공할 수 있다.

생 가능한 에너지 생산이다. 네 가지 정책 변수 중에서 재생 가능한 에너지에 대한 규제를 도구변수로 선택했을 때 역시 재생 가능한 에너지 규제가 녹색 일자리의 수에 대해 긍정적이고 통계적으로 유의미한 결과를 나타냈다.

모델 4는 전체 직업의 수에서 녹색 일자리의 수를 백분율로 나타냈다. 다른 측정으로 인해 계수의 크기가 달라지는 반면, 연계의 방향과 통계적 유의성은 일관성을 유지하고 있다. 대체 사양(alternative specification)과 함께 다양한 강건성 검사(robustness check)를 사용한 모든 모델에서 재생 가능 에너지에 대한 규정은 녹색 일자리의 수 또는 그것의 백분율과 일관되고 긍정적으로 연관이 있는 것으로 나타났다. 이러한 결과는 이전의 경험적 연구의 결과와 일치하며, 재생 가능 에너지 규제 정책 중 하나인 재생 가능 포트폴리오 표준이 녹색 일자리 및 사업의 성장에 긍정적인 영향을 미친다는 것을 보여준다(Yi 2013; 2014). 즉, 에너지 효율에 대한 규제는 녹색 일자리의 성장과 긍정적이고 중요한 상관관계를 나타낸다.

모델에서 통제변수는 종속변수 중 하나 이상에 통계적으로 유의미한 것으로 나타났다. 예상대로 1인당 GDP는 1천 명당 더 많은 녹색 일자리와 관련이 있고, 실업률이나 1인당 연방정부 자금의 이전은 녹색 일자리의 수에 큰 영향을 미치지 않는다.

주의 당파성을 나타내는 정치적 변수 중 어느 것도 주의 녹색 일자리 수에 영향을 미치지 않았다. 대통령 선거에서 더 많은 민주당 유권자들은 더 많은 일자리와 연관이 있었다. 하지만 민주당 소속의 주지사는 더 적은 수의 일자리와 상관관계가 있었다. 이는 주목할 만한 결과인데, 두 변수는 서로 다른 구성을 나타낸다고 할 수 있다. 10년이라는 데이터의 기간 중 8년은 조지 부시 대통령이 백악관에 있었을 때를

표 12 녹색 일자리의 추진 요인에 대한 패널 데이터 분석

변수	모델 1: 녹색 일자리(1천 명당)	모델 2: 녹색 일자리(시차가 적용된 종속변수)	모델 3: 녹색 일자리(도구 변수)	모델 4: 전체 일자리 중 녹색 일자리의 비율(%)
정책적 요소				
재생 가능한 규제	0.21(0.08)**	0.20(0.08)**	0.92(0.43)*	0.04(0.02)**
재생 가능한 인센티브	-0.03(0.05)	-0.01(0.05)		-0.01(0.01)
효율성 규제	0.10(0.05)*	0.12(0.05)**		0.03(0.013)*
효율성 인센티브	-0.19(0.05)**	-0.20(0.05)**		-0.04(0.012)**
경제적 요소				
로그화된 1인당 GDP	0.78(0.22)**	0.69(0.20)**	0.60(0.26)	0.02(0.05)
로그화된 실업률	0.11(0.29)	-0.36(0.24)	-0.79(0.65)	0.05(0.07)
1인당 연방정부 지출	-0.002(0.002)	-0.002(0.002)	-0.01(0.01)	0.001(0.001)
정치적 요소				
민주당 유권자	0.01(0.006)	0.01(0.005)	0.01(0.01)	0.001(0.001)
주지사의 소속정당	0.02(0.03)	0.04(0.03)	0.03(0.05)	0.009(0.007)
시민단체	0.82(0.26)**	0.81(0.25)**	0.80(0.24)**	0.20(0.06)**
에너지 요소				
석탄 발전 전기(%)	0.001(0.001)	0.001(0.001)	-0.001(0.001)	-0.001(0.001)
재생 가능 에너지 생산	0.029(0.036)	0.070(0.036)*		0.01(0.01)
전기세	-0.05(0.01)**	-0.05(0.01)**	-0.1(0.02)**	-0.009(0.003)**
사회 인구학적 요소				
대학 졸업자	0.02(0.007)**	0.02(0.007)**	0.04(0.01)**	0.004(0.001)**
인구	-0.23(0.28)	-0.26(0.24)	0.62(0.60)	-0.09(0.071)
시차가 적용된 종속변수		0.04(0.006)**		
R^2	0.68	0.72	0.29	0.68
N	441	392	441	441

참고: 유의수준은 **$p < 0.01$; *$p < 0.05$로 표시했다. 괄호 안의 숫자는 표준오차이다.

포함한다. 따라서 주지사의 당파성은 소속 정당이 아닌 집행 여당과의 일관성에 의해 주도되는 것으로 해석될 수 있다. 즉, 두 변수의 결과에 대한 역학은 완전히 설명되기 힘들다. 환경 시민단체의 수는 예상대로 녹색 일자리의 수와 유의미하고 긍정적인 결과를 보이고 있다. 환경 시민단체는 환경에 대한 조직화된 관심을 나타내는데, 이는 녹색산업을 정치적 및 경제적 관점에서 보다 실용적으로 만들 수 있다.

　석탄으로부터 발생하는 에너지에 대한 의존도는 녹색 일자리와 관련이 없는 것으로 나타났다. 재생 가능한 에너지의 생산은 2개의 일자리 대책과 관련이 없었는데, 자금의 사용이 주 경제에 전반적으로 지장을 줄 수도 있음을 시사한다. 마지막으로, 인구통계학적으로 볼 때 한 주에서 대학 졸업자들이 많을수록 녹색 일자리의 수가 증가했다. 이는 지식 수준과 주의 소득 성장을 연계한 인구에 해당된다(Bauer et al. 2012). 대학 졸업자의 비율은 녹색 일자리의 증가와 1인당 소득을 설명하는 요인이라고 할 수 있다.

7. 결론 및 정책적 함의

일자리의 창출과 보호는 국가들의 주요 과제이다. 환경의 질을 개선하고 화석연료 의존을 줄이는 경제성장을 통한 일자리 창출은 여러 담론과 정책들을 통해 추진되어왔다. 이 장에서는 청정에너지 정책이 직업의 수에 얼마나 영향을 미치는지를 검토하고, 구체적으로 미국의 민간 부문의 녹색 일자리에 초점을 맞추어 연구를 진행했다. 청정에너지 정책의 경제적 영향에 대한 대부분의 이전 연구들에서는 정책의 존재, 엄격성, 재량, 불이익 제도 또는 하나의 특정 정책의 지속 기간에 대해 평가했다(Carley 2009; Bowen et al. 2013; Fischlein and Smith 2013). 이 장에서는 관련된 정책을 행동을 촉진하기 위한 메커니즘(규제와 인센티브)과 그 실제적인 영역(재생에너지 또는 에너지 효율성)에 따라서 네 유형으로 나누었다. 경험적 분석에 따르면, 재생에너지에 대한 조치를 규정하는 규제는 국가의 민간 부문의 녹색 일자리 수를 증가시키는 것으로 나타났으며, 에너지 효율에 대한 인센티브는 약간의 부정적인 영향을 미치는 것으로 나타났다.

연구 결과는 정책 도구의 이해와 사용, 그리고 일자리 창출의 관계에 대한 함의를 나타낸다. 미국의 여론은 복잡하고 심지어는 모순된 관계를 드러내는 수많은 경험적 연구에도 불구하고 환경 규제를 '일자리 죽이기'로 낙인찍어왔다(Berman and Bui 2001; Feiock and Stream 2001). 재생에너지에 대한 주의 규제가 민간 부문의 녹색 일자리의 성장에 긍정적인 영향을 미친다는 것을 발견한 이전의 연구들은 명확한 지침과 달성 가능한 의무 목표를 가진 규제가 사업의 불확실성을 감소시키고 민간 부문의 투자와 일자리를 증가시킬 수 있음을 시사한다(Feiock and Stram 2001). 이 결과의 타당성을 높이기 위해서는 독립 변수에 포함되는 각기 다른 규제 정책들에 대해 구체적인 후속 연구가 필요할 것이다.

반면에 인센티브는 주의 녹색 일자리 수와 부정적인 관계를 보이고 있다. 놀라운 결과처럼 보이지만, 이는 종종 기기 또는 장비 기반의 주 인센티브 정책의 특성 때문일 수도 있다. 이 경우에 기기나 장비를 구매하거나 사용하지 않고 생산할 때 노동 수요가 증가할 수 있을 것이다. 예를 들어, 에너지 효율적인 조명 시스템을 구매하는 데 대한 세금의 인센티브는 제품이 설치된 장소가 아닌 해당 제품이 제조되는 곳의 일자리 수에 더 큰 영향을 미칠 수 있다. 게다가 가전제품이나 장비를 설치하는 일부 직업은 환경적 목표가 없는 전통적인 회사에 포함되기 때문에 퓨 자선기금의 녹색 일자리 데이터에 포착되지 못했을 수도 있다. 또한 에너지 효율에 대한 투자 부분에서는 유도된 일자리에서 더 긍정적인 결과가 있는 것으로 관찰되었다(Wei et al. 2010). 전반적으로 에너지 인센티브는 재생에너지를 채택하거나 에너지 효율을 증가시킨다는 목표를 촉진할 수 있지만, 민간 부문의 녹색 일자리에서 일자리를 증가시키기 위한 도구로서의 기능은 성공적이지 못한 것으로 보인다.

연구를 경험적으로 분석한 결과는 정책의 메커니즘과 초점에 따라 청정에너지 정책이 녹색 일자리를 창출하는 데 영향을 미칠 수 있다는 것을 보여준다. 청정에너지 정책을 설계하고 채택하는 동안 특정 정책의 일자리와 관련한 상호 이익이나 비용을 고려해야 하지만, 일자리의 창출이나 경제침체에 대한 여론은 과장된 것으로 보인다. 그럼에도 불구하고 관련 규제가 녹색 일자리에 미치는 긍정적인 영향은 정치적인 수용력을 높이고 단기적으로 정책의 채택을 촉진하는 데 도움이 될 수 있다.

이 연구는 주별 에너지 정책과 일자리 창출 간의 관계에 대한 연구에 진전을 가져왔지만 후속 연구에서 보완해야 할 한계를 포함하고 있다. 첫째, 모든 인센티브와 규제 정책은 대상이 다르고 정책의 시행과 투자의 정도에도 차이가 있지만 동일하게 취급되거나 정책을 채택하는 빈도에 따라 가중되어 취급되었다. 그러나 25개의 다른 재생에너지 또는 에너지 효율과 관련된 인센티브 및 규제 정책 중 RPS와 특정 또는 일부 정책이 녹색 일자리를 창출하는 데 특정한 영향을 미친다는 것을 합리적으로 설명하기는 어려울 것이다.[5] 둘째, 이 연구의 추정값들은 데이터의 질에 달려 있다. PEW 데이터의 수집 방법에서 '녹색 일자리'를 구성하는 요소에 대한 세부사항은 여전히 논쟁의 여지가 있다. 특히 지방정부의 지속 가능성 코디네이터나 주, 지방 및 연방 정부의 환경 모니터링과 시행을 담당하는 업무와 같은 공공 부문의 일자리는 PEW 데이터에 포함되지 않았다. 이와 같은 공공 부문의 일자리는 광범위한 정의에 따르면 녹색 일자리의 총 27%를 구성한다(Pollack 2012). 녹색 일자리의 정의에 관해 일관적으로 동의하더라도 이를 수치화하는 것은 어렵다. 또한 2007년 이후 녹색 일자리의 성장과 정책개발에 대해 검토하는 것은 그 관계를 이해하는 데 도움이 될 것이다. 이를 위해서 주 내의 녹색 일자리 증가에 대한 포괄적인 최신 데이터를 수집하는 것이 중요할 것이다. 위와 같은 한계와 비판은 녹색 일자리에 대한 기존의 대부분의 연구에 공통적이며(Morriss et al. 2009), 이를 보완하여 후속 연구를 위한 지침으로 활용해야 할 것이다.

연구 결과에 따른 정책적 함의는 주정부가 잘 설계된 정책 도구를 통해 청정경제와 관련된 일자리의 창출을 촉진할 수 있다는 것이다(Yi 2014). 이는 주정부가 지원을 받지 않거나 심지어 연방정부로부터 벗어난 상태에서도 주정부 차원의 청정에너지 정책, 경제 및 녹색 일자리의 창출을 주도할 수 있다는 것을 의미한다(Rabe 2004; Byrne et al. 2007). 또한 청정에너지 정책과 경제 발전의 상대적으로 짧은 역사를 고려했을 때 '잘 설계된 정책'이 명확한 목표와 의무, 절차, 불확실성을 줄이기 위한 타임라인을 보여줄 수 있음을 제시한다. 이러한 규제 정책은 경제적 인센티브보다는 투자, 사업, 녹색 일자리의 성장을 촉진할 수 있다.

---

5   주 에너지 정책 그룹이 녹색 일자리와 어떻게 연관되어 있는지 이론화하고 테스트하였지만, RPS와 같은 특정 에너지 정책이 녹색 일자리 성장에 미치는 영향도 테스트하였다. 그러나 녹색 일자리 수와 정책 사이의 통계적으로 유의미한 연관성을 보여주지는 않으며, 요청 시 결과를 제공할 수 있다.

참고문헌

Bae, J. and R. Feiock. 2013. "Forms of government and climate change policies in US cities." *Urban Studies* 50(4): 776-788.

Barbier, E. 2011. "The policy challenges for green economy and sustainable economic development." *Natural Resources Forum* 35(3): 233-245.

Bauer, P. W., M. E. Schweitzer, and S. Shane, 2012. "Knowledge matters: The long-run determinants of state income growth." *Journal of Regional Science* 52(2): 240-255.

Beck, N. and J. N. Katz. 1995. "What to do (and not to do) with time-series cross-section data." *American Political Science Review* 89(3): 634-647.

Berman, E. and L. Bui. 2001. "Environmental regulation and labor demand: Evidence from the south coast air basin." *Journal of Public Economics* 79(2): 265-295.

Berry, C. R., B. C. Burden, and W. G. Howell. 2010. "The president and the distribution of federal spending." *American Political Science Review* 104(4): 783-799.

BLS. 2012. "The BLS green jobs definition." In *Bureau of Labor Statistics*. Ed. BLS. Available at https://www.bls.gov/green/

Böhringer, C., A. Keller, and E. V. D. Werf. 2013. "Are green hopes too rosy? Employment and welfare impacts of renewable energy promotion." *Energy Economics* 36: 277-285.

Bowen, W. M., S. Park, and J. A. Everly. 2013. "Empirical estimates of the influence of renewable portfolio standards on the green economies of states." *Economic Development Quarterly* 27(4): 338-351.

Byrne, J., K. Hughes, W. Rickerson, and L. Kurdgelashvili. 2007. "American policy conflict in the greenhouse: Divergent trends in federal, regional, state, and local green energy and climate change policy." *Energy Policy* 35(9): 4555-4573.

Cameron, A. C. and P. K. Trivedi. 2010. *Microeconometrics Using Stata*. College Station, TX: Stata Press.

Carley, S. 2009. "State renewable energy electricity policies: An empirical evaluation of effectiveness." *Energy Policy* 37(8): 3071-3081.

_____. 2011. "The era of state energy policy innovation: A review of policy instruments." *Review of Policy Research* 28(3): 265-294.

Carley, S., S. Nicholson-Crotty, and E. J. Fisher. 2014. "Capacity, guidance, and the implementation of the American Recovery and Reinvestment Act." *Public Administration Review* 75(1): 113-125.

Daley, D. M. 2007. "Citizen groups and scientific decision making: Does public participation influence environmental outcomes?" *Journal of Policy Analysis and Management* 26(2): 349-368.

Darnall, N. and Y. Kim. 2012. "Which types of environmental management systems are related to greater environmental improvements?" *Public Administration Review* 72(3): 351-365.

Delmas, M. A. and M. J. Montes-Sancho. 2011. "US state policies for renewable energy: Context and effectiveness." *Energy Policy* 39(5): 2273-2288.

Drukker, D. M. 2003. "Testing for serial correlation in linear panel-data models." *Stata Journal* 3: 168-177.

Dvoráka, P., T. S. Martin, D. V. D. Horst, L. B. Frant, and K. Turecov. 2017. "Renewable energy investment and job creation: A cross- sectoral assessment for the Czech Republic with reference to EU benchmarks." *Renewable and Sustainable Energy Reviews* 69: 360-368.

Feiock, R. C. and C. Stream. 2001. "Environmental protection versus eco- nomic development: A false trade-off?" *Public Administration Review* 61(3): 313-321.

Fischlein, M. and T. M. Smith. 2013. "Revisiting renewable portfolio standard effectiveness: Policy design and outcome specification matter." *Policy Sciences* 46(3): 277-310.

Frondel, M., N. Ritter, C. M. Schmidt, and C. Vance. 2010. "Economic impacts from the promotion of renewable energy technologies: The German experience." *Energy Policy* 38(8): 4048-4056.

Gagliardi, L., G. Marin, and C. Miriello. 2016. "The greener the better? Job creation effects of environmentally-friendly technological change." *Industrial and Corporate Change* 25(5): 779-807.

Hall, M. J. and A. N. Link. 2015. "Technology-based state growth policies: Yhe case of North Carolina's Green Business Fund." *Annals of Regional Science* 54: 437-449.

Hsueh, L. and A. Prakash. 2012. "Incentivizing self-regulation: Federal vs. state level voluntary programs in US climate change policies." *Regulation & Governance* 6(4): 445-473.

Koski, C. and T. Lee. 2014. "Policy by doing: Formulation and adoption of policy through government lLeadership." *Policy Studies Journal* 42(1): 30-54.

Krause, R. M. 2012. "The impact of municipal governments' renewable electricity use on greenhouse gas emissions in the United States." *Energy Policy* 47: 246-253.

Lee, T. and C. Koski. 2012. "Building green: Local political leadership addres- sing climate change." *Review of Policy Research* 29(6): 605-624.

May, P. and C. Koski. 2007. "State environmental policies: Analyzing green building mandates." *Review of Policy Research* 24(1): 49-65.

Menz, F. C. and S. Vachon. 2006. "The effectiveness of different policy regimes for promoting wind power: Experiences from the states." *Energy Policy* 34(14): 1786-1796.

Morris, A. P., W. T. Bogart, A. Dorchak, and R. E. Meiners. 2009. "Green jobs myths."

Missouri Environmental Law & Policy Review 16: 326-751.

Muro, M., J. Rothwell, and D. Saha. 2011. *Sizing the Clean Economy: A National and Regional Green Jobs Assessment*. Washington, DC: The Brookings Institution.

Pahle, M., S. Pachauri, and K. Steinbacher. 2016. "Can the green economy deliver it all? Experiences of renewable energy policies with socio-economic objectives." *Applied Energy* 179: 1331-1341

Pew. 2009. *The Clean Energy Economy*. Washington, DC: The Pew Charitable Trusts.

Pollack, E. 2012. *Counting up to Green*. Washington, DC: Economic Policy Institute.

Rabe, B. G. 2004. *Statehouse and Greenhouse: The Emerging Politics of American Climate Change Policy*. Washington, DC: Brookings Institution Press.

Roland-Holst, D. 2008. *Energy Efficiency, Innovation, and Job Creation in California*. Berkeley, CA: Center for Energy, Resources, and Economic Sustainability.

Romer, P. M. 1994. "The origins of endogenous growth." *The Journal of Economic Perspectives* 8(1): 3-22.

Salamon, L. M. 2002. *The Tools of Government: A Guide to the New Governance*. New York, NY: Oxford University Press.

Singh, V. and J. Fehrs. 2011. *The Work that Goes into Renewable Energy*. Washington, DC: Renewable Energy Policy Project.

Wei, M., S. Patadia, and D. M. Kammen. 2010. "Putting renewables and energy efficiency to work: How many jobs can the clean energy industry generate in the US?" *Energy Policy* 38(2): 919-931.

Yi, H. 2013. " Clean energy polices and green jobs: An evaluation of green jobs in US metropolitan areas." *Energy Policy* 56: 644-652.

_____. 2014. "Green businesses in a clean energy economy: Analyzing drivers of green business growth in US states." *Energy Policy* 68: 922-929.

Yin, H. and N. Powers. 2010. "Do state renewable portfolio standards promote in-state renewable generation?" *Energy Policy* 38(2): 1140-1149.

제8장   에너지 전환을 통한 남북한 에너지
                협력 방안 연구

에너지 전환은 전 세계적인 흐름이다. 에너지 전환의 정치는 한국에 머무르는 것이 아닌, 남북한 협력에도 적용될 수 있다. 이 장에서는 남북한 에너지 협력이 왜, 어떤 방향으로, 어떻게 진행되어야 하는가 하는 질문에, 남북한의 경제와 인프라 협력의 근간으로서의 에너지 협력이 현재 한국에서 진행되고 있는 재생에너지원 중심의 분산형 시스템 연계의 에너지 전환을 확대해야 한다고 주장한다. 에너지 전환을 통한 남북한 에너지 협력은 핵 에너지의 미사용으로 인한 핵 안보 위기 문제의 저감과 평화의 증진, 기후변화 온실가스의 저감, 미세먼지의 저감과 청정개발체제의 활용과 같은 환경적 이익, 재생에너지 중심의 기술 혁신과 일자리 창출 등의 경제적 이익, 에너지 섬인 한국의 동북아 에너지 그리드와 연계하는 등의 이익을 가져다줄 수 있다. 기능주의의 측면에서 볼 때, 이러한 환경적이고 경제적인 이익은 안보적 위기를 줄일 수 있는 요인으로 작용할 것으로 기대한다. 이를 위해 에너지 전환 협력을 위한 재원 마련, 북한 도시의 에너지 전환과 남한과 연계한 시범사업, 에너지 전환을 가능하게 하는 거버넌스의 구성이 필요하다는 것을 제안한다.

1. 서론

북한이 핵 개발을 시작한 계기는 표면적으로는 당면한 심각한 에너지난이었다. 북한은 에너지의 부족한 공급으로 인한 산업의 발전과 식량 공급의 악화 등의 악순환을 타개하는 방안으로 핵에너지를 개발하겠다고 주장했다(백원광 1998). 그리고 핵에너지를 개발하는 과정에서 핵폐기물을 재처리하여 핵무기의 원료로 사용했고 이는 결국 핵무기

의 개발로 이어졌다. 이는 핵에너지가 기술이나 경제 문제인 동시에 안
보의 문제라는 것을 보여준다. 현재까지 북한의 핵 문제는 한반도뿐만
아니라 아시아태평양 지역의 평화와 안보를 위협하는 요소로 작용하
고 있다. 남북한의 통합 과정에서 에너지 협력은 수많은 경제, 문화, 사
회의 교류와 함께 중요한 인프라 구축의 일환이다. 도로, 철도 등의 인
프라가 연결을 위해 필요하다면, 전력망을 비롯한 에너지 인프라의 연
결은 남북 교류에 필요한 에너지를 순환시키는 데 필요하다. 이 과정
에서 어떤 에너지원과 에너지 시스템을 비전으로 추구해야 하는가? 왜
그런 에너지원과 시스템이 필요하고 어떻게 실현할 수 있을 것인가?

　이 장은 북한의 에너지 전환을 통한 평화와 지속 가능성을 구축할
가능성을 탐색하는 것을 목적으로 한다. 북한의 에너지 전환은 아직 벌
어진 일이 아니기 때문에 경험적으로 분석하기보다는 앞으로 남북 에
너지 협력의 방향과 비전을 제시하는 데 초점을 맞춘다. 남북한의 협력
을 통한 한반도의 에너지 전환은 에너지의 공급을 핵에너지와 화석연
료 중심에서 재생에너지원과 지역 분산형 에너지 시스템으로 전환하
는 것이다. 남북한의 에너지 전환 협력을 통해 향후 북한의 에너지 시
스템을 재생에너지원으로 전환하며 이는 핵발전소에서 배출될 수 있
는 핵폐기물과 폐기물을 재처리한다. 이를 통해 핵무기의 재료를 생성
하는 것을 원천적으로 차단할 수 있다. 동시에 장기적인 관점에서 남북
한의 에너지 협력을 통해 한반도에 지속 가능한 에너지 공급을 할 수
있다.

　남북한의 통일 과정에서 에너지 통합은 반드시 선행되어야 하기
때문에 어떤 방향으로 에너지 협력을 해야 할지 논의할 필요가 있다.
이때 원칙적으로 북한이 원하는 에너지 시스템과 필요(needs)가 무엇
인지 확인해야 한다. 또한 에너지 협력을 할 때 어떤 비전을 가지고 어

떤 시스템을 추구해야 하는지에 대한 합의를 할 필요가 있다. 이 장에서는 기능주의 이론을 바탕으로 남북의 에너지 협력에서 지속 가능성과 재생에너지 중심의 에너지 전환 시스템이 왜 중요한지, 어떻게 가능한지를 논의한다.

이 장은 다음과 같이 구성되었다. 2절에서는 평화적으로 남북한의 에너지 전환 협력을 하기 위한 이론적 틀로 신기능주의적 접근을 제시한다. 3절에서는 남북한의 에너지 협력의 필요성, 역사와 장애물을 논의한다. 4절에서는 이 장의 주제인 에너지 전환의 의미와 적용, 한국에서의 에너지 전환에 대한 노력을 소개한다. 5절에서는 남북한의 에너지 전환 협력의 거버넌스와 방안을 제시하고, 6절의 결론에서는 연구에서 제시된 방안을 정리하고 정책적 함의를 제시한다.

2. 기능주의 이론과 에너지 협력

2018년에 열린 남북 정상회담에 이은 북미 정상회담은 다양한 분야에서 남북한 협력의 가능성을 타진하는 중요한 계기로 여겨진다. 재생에너지 기반의 에너지 수급 구조를 갖추는 에너지 전환에 관한 논의는 남북한의 정치적 상황이 경색 국면을 벗어나 우호적 관계를 맺는다는 조건이 성립될 때 더 원활하게 이루어질 수 있다. 분산화된 지역 기반 에너지 시스템을 이루는 일이나 에너지 파이프/계통 라인의 연계를 통해 장기적인 동북아 에너지 협력을 구축하는 등 에너지 협력을 통한 일련의 작업은 남북관계의 진전이라는 전제가 있을 때 가능한 얘기이다. 그러나 정치적 상황의 안정성이라는 큰 틀에서의 배경이 보장된 뒤 경제협력이 원활히 이루어질 수 있는 위로부터 아래로의 방식과 비교해서, 활발한 경제협력과 다양한 교류를 통해 정치 국면을 풀어가는 아래로부터 위로의 방식도 문제 해결에 효과적이라고 할 수 있다. 다자간 경제협력의 규모와 대상이 확대되고 국가들 사이에 연계된 사업들이 지속됨으로써 전쟁의 위험성을 낮추고 평화적 관계를 수립하는 방향으로 나아갈 수 있기 때문이다. 이는 기능주의 이론의 주요 내용으로, 비정치적인 분야에서의 협력이 궁극적으로 국가 간의 공통 관심사와 이익을 공유하게 함으로써 기존에 존재했던 갈등 관계를 불식시키고 통합적 형태로 나아가게 한다는 관점으로 이해될 수 있다(박종철 2009).

기능주의는 사회적 빈부의 격차나 사회적 여건의 차이에서 발생하는 마찰이 분쟁과 갈등 등의 이유라고 보고 그것을 해결하는 과정에서 협력을 통해 정치적 안정과 평화를 유지하는 데 효과적인 결과를 얻을 수 있다는 관점이다. 대표적인 기능주의자인 미트라니(Mitrany)의 이론에서는 기능주의의 세 가지 특징을 확인할 수 있다(김용우 외 2000). 첫 번째는 평화적 변화로, 변화하는 환경에서 지속적으로 기능하는 평화를 확립하는 것을 필수적 조건으로 하며 이 과정에서 안보를 최우선으로 고려한다. 두 번째는 기능적 활동과 수행으로, 기능주의의 목표가 국가 간의 공동 이익을 추구하는 데 있다고 보는 것이다. 이 과정에서 목표를 달성할 수 있는 수단에 주안점을 두고 협력 방안을 기능적으로 적용한다. 공동의 이익을 위한 기능이 존재하고 그 기능을 수행하는 구조와 기술이 결정된다고 본다. 세 번째는 기능 조정의 범위로, 각 분야의 개별적 활동을 기능적으로 연계하여 통합하는 방법이다(Mitrany 1966). 기능주의 학자들은 분쟁이 발생할 수 있는 정치 분야의 문제가 아닌 비정치적 분야의 협력 사업을 경험하고 국제적 수준에서의 연계 사업의 효율성을 경험하면 이것이 파급효과(spill over)를 내고 이후 정치 분야에까지 영향을 미쳐 평화를 도출해낼 수 있다고 말한다(김근식 2011).

기능적 협력이 자연스럽게 정치 분야로까지 영향을 미친다는 기능주의의 주장은 경제 중심의 협력이 정치 문제의 해결로 연결되지 않은 사례를 통해 비판에 직면했는데, 이를 수정하고 보완한 것이 신기능주의이다(김계동 2012). 신기능주의에서는 기능주의가 강조하는 교류와 협력을 통한 체제 통합이라는 설명에는 같은 관점을 갖는다. 그러나 비정치 분야에서 발생한 파급 효과가 자연스럽게 정치와 안보 분야로 연계된다는 기능주의의 논리에는 약점이 존재한다고 본다. 신기능주의자들은 집단 간에 높은 동질성을 갖는 몇몇 국가 사이의 협력이 아닌 별개의 제도적 형질을 지닌 국가들 사이의 협력은 실효성이 적다고 주장한다(김근식 2011). 또한 기능주의에서 설명하는 국가들 간의 정치적 협력은 실제적인 구속력을 갖기 위해 조약 협정이나 초국가기구 등의 제도적 틀 위에서 진행되어야 한다는 점을 강조한다(Haas 1972).

기능주의와 신기능주의의 이론적 적용은 한국 정부의 대북정책에 중요한 배경으로 작용해왔는데, 시대적 상황에 따라 기능주의와 신기능주의가 받아들여지는 정도는 달라졌다. 1990년에 한국 정부가 제안한 고위급회담을 시작으로 1991년에 기본합의서가 채택된 것은 신기능주의의 주요 요소인 관료(총리), 제도적 틀(기본합의서), 정치화(화해와 불가침)의 요건을 충족시키면서 대북정책의 전개 과정에서 중요한 역할을 했다. 그러나 기본합의서는 실질적으로 이행되지 못했고 1998년에 북한이 핵확산 금지조약(Nuclear nonProliferation Treaty: NPT) 탈퇴 선언을 하고 그에 따른 국제적 긴장감이 고조되면서 신기능주의적 접근이 과연 성공적이었느냐는 의문을 지우는 데 결과적으로 어려움이 따른다(김계동 2012). 하지만 김대중 정부 때부터 강조된 햇볕정책은 북한과의 정치적 갈등과 군사적 충돌의 가능성에도 불구하고 남북 간의 경제적 협력을 골자로 정경분리의 원칙을 강조하는 기능주의적 접근을 유지해왔으며(김근식 2011), 이후 각 정부의 정치적 성향과 국내외적 상황에 따라 경색 국면과 화해 모드를 오가는 양상을 보여왔다. 한국과 북한의 관계는 결과적으로 군사적 충돌을 지양하고 협력 지향적 관점에서 전개되는 양상을 추구해왔다고 할 수 있다. 공산권이 몰락한 이후 북한의 좁아진 국제적 입지와 경제 상황의 악화를 고려했을 때 실질적인 방안으로 기능주의에 입각한 협력체를 추구해오고 있다는 평가를 할 수 있다(김용우 외 2000). 이러한 기능주의적 맥락에서 국가 간의 협력을 통해 안보 위기를 타개하거나 공동의 안보체제를 구축하는 것이 가능해진다. 국가 간의 협력이 국가 간의 안보 협력으로 파급되는 효과를 낸 대표적인 사례는 유럽석탄철강공동체와 그 후신인 유럽연합이다. 이를 한국의 상황에 대입해볼 때 남북 간의 에너지 협력체제를 결성하는 것은 북핵 문제의 진전, 나아가 장기적인 관점에서 동북아의 이해당사국 사이의 정치·안보 다자협력체제를 구성하는 단초로 작용할 수 있다(송은희 2008).

3. 남북한의 에너지 협력

1) 남북한의 에너지 협력의 역사

남북한의 에너지 협력에 관한 논의는 2000년 12월 제4차 남북 장관급 회담에서 북한 측의 전력 지원 요청으로 처음 시작되었는데, 현 시점에서 인도적 에너지의 지원, 6자회담의 합의 이행과 관련된 남북한의 에너지 협력, 남북한의 경제협력 사업과 관련된 남북한의 에너지 협력이라는 3개 부문으로 크게 분류할 수 있다(김경술 외 2012).

개별 사업을 구체적으로 살펴보면 모두 9개의 카테고리로 구별되어 시행되어왔는데, 그것은 다음과 같다. 북한의 노후 수력의 개보수 협력 사업, 북한의 노후 화력 발전 설비의 개보수 협력 사업, 신규 석탄 화력 발전소의 건설 협력 사업, 한러 PNG(Pipeline Natural Gas) 사업이 성공적으로 전개되고 북한이 매년 배관 통과료를 천연가스로 받게되는 경우를 대비해 북한에 천연가스 발전소를 건설하는 협력 사업, 남북러의 천연가스 파이프라인 건설 협력 사업, 한러의 전력 계통 연계 사업, 북한의 송배전 설비의 현대화 협력 사업, 신재생 전원의 개발 협력 사업, 남북한의 광물자원 개발 협력 사업이 각각 논의되고 진행되었다(김경술 외 2012).

이러한 남북한의 에너지 협력 사업들은 LPG, LNG 등의 가스 파이프라인(gas pipeline), 석탄, 전력 분야에 관한 것으로, 대부분 개성 공단을 중심으로 한 에너지 협력에 국한되어 있다. 각각의 사업의 성격과 특성에 차이가 있어서 독립적인 진행 방식으로 전개되어왔는데, 관이 주도한 경우가 대부분으로 남북한 정부의 민간 부문의 협력 사업에 대한 체계적인 지원이 미흡했다는 특징이 있다(김경술 외 2012). 이와 관련해서 유상균과 최주영은 민간 부문의 협력 사업이 중요하다는 점을 강조하면서 남북의 정치적 이해관계를 벗어나 에너지 공급 지역을 확장하고 투자 주체를 확대할 수 있는 사업의 필요성을 말한다. 에너지의 성격이 태양열 에너지 사업과 같은 신재생에너지에 관련된 경우에 단순히 관 주도의 사업에서보다 높은 효율성을 얻기 위해서는 행위자들 간의 구조를 다층적으로 확장할 수 있는 민간의 참여가 필요하다는 것이다(유상균 외 2015). 이는 신재생에너지 중심의 에너지 전환에서 매우 중요한 특징으로, 그 성격과 과정에 대해서는 4절에서 보다 자세히 다룬다.

2) 에너지 협력의 필요성

기능주의적 관점에서 남북한의 에너지 협력의 필요성은 경제적, 환경적, 안보적 이익으로 나누어 설명할 수 있다. 우선 경제적 이익을 살펴보면, 남북한의 에너지 협력이 가능한 여건을 갖춘다면 한국은 육로를 통해 대륙과 연결되어 동북아의 에너지 협력과 효율성 면에서 더 효과적인 환경을 조성하게 된다. 한국은 에너지 연계에서 고립적인 섬 국가의 특성을 갖는다. 동아시아라는 더 큰 지리적 공동체의 맥락에서 볼 때 자체적인 에너지 자원과 수급이 거의 전무한 한국은 물론 중국과 일본이 위치한 동아시아 3국 모두 수입 에너지에 높은 의존도를 갖는다. 특히 중동의 원유를 수급 받는 과정에서 아시아 프리미엄으로 인해 별도의 인센티브가 꾸준히 지급되었고, 이 때문에 중동에 대한 에너지 의존도를 감소시킬 필요성 역시 제기되었다(김연규 2014).

이러한 상황에서 북한과의 재생에너지 협력은 동북아 국가들 간의 에너지 수급과 유통을 원활히 하는 기제로 작용하여 확장되고 있는 동아시아 에너지 시장의 안정성을 높이는 데 도움이 될 수 있다. 재생에너지 시스템으로 북한의 에너지 공급이 안정된다면 에너지 공급원을 분산화함으로써 수급 구조의 효율성을 높일 수 있을 뿐 아니라 거기에서 파생된 기후변화와 대기오염에 대한 대응으로 부가적인 경제 가치를 기대할 수도 있을 것이다(주성규 2010). 또한 그동안 한국의 에너지 수급 체계에서는 북한으로 인해 육로를 통한 타 국가와의 에너지 수송망을 공유하거나 연결할 기회를 갖지 못했으나, 북한과의 분산형 에너지망을 형성하는 것이 가능해진다면 동북아 에너지 시장으로의 교역을 활성화하는 것과 더불어 타 국가들과의 연계를 통해 보다 유연한 에너지 수급체계의 전환을 시도할 수 있을 것으로 예상된다. 북한과의 에너지 협력을 통해 국내 시장만을 대상으로 한 고립적 에너지 수급 체계에서 국외의 시장과 연계해 설비 투자와 수급 조정 능력을 수립할 수 있는 외부 연계형 수급 체계로 전환할 수 있는 요인을 갖게 되는 것이다(심의섭 외 2007). 특히 북한과의 재생에너지 중심의 협력은 한국의 재생에너지 기술을 향상시키고 그것과 관련된 녹색 일자리를 창출하는 데에도 도움이 될 수 있다(배성인 2010).

두 번째, 남북한의 에너지 협력은 상호 환경적인 편익을 가져올 수 있다. 특히 재생에너지 시스템이 확대되면 파리 기후협약 체제하에서 온실가스를 저감하는 데 긍정적인 역할을 할 것으로 기대된다. 북한의 에너지 정책은 기본적으로 자력갱생의 원칙을 중심으로 한 자급자족적인 성격을 띠어왔으며, 북한은 내부에서 자체적으로 공급이 가능한 석탄과 수력 발전이 에너지 체계의 거의 대부분을 점하는 구조를 갖고 있다(김상현 2006). 석탄과 수력 발전이 대부분을 차지하는 북한 내의 에너지 공급 규모는 2014년까지 80%를 웃돈다. 2015년부터 감소하는 추세를 보이고 있으나 여전히 70% 후반대에 머물러 두 부문에 대한 의존도가 여전히 큰 실정이다.

특히 석탄은 북한의 에너지 공급에서 절반의 규모를 차지하는 수준으로 유지되어왔다. 북한의 석탄 의존도는 남북한의 에너지 협력이 성공적으로 진행되는 환경이 조성되었을 경우에 탄소의 배출이 낮은 타 연료를 통해 새로운 공급 체계를 모색하는 배경으로 작용할 수 있을 것이다. 재생에너지와 같이 탄소 발생률이 낮은 연료가 석탄을 대체하고 보급되는 구조가 만들어진다면 상당 수준의 온실가스와 미세

표 13 북한의 1차 에너지 공급 추이

	2014년		2015년		2016년	
	공급(천TOE)	구성비(%)	공급(천TOE)	구성비(%)	공급(천TOE)	구성비(%)
합계	11,050	-	8,700	-	9,910	-
석탄	5,810	52.6	3,930	45.2	4,280	43.2
석유	730	6.6	1,010	11.6	1,170	11.8
수력	3,250	29.4	2,500	28.7	3,200	32.3
원자력	-	-	-	-	-	-
LNG	-	-	-	-	-	-
기타	1,260	11.4	1,260	14.5	1,260	12.7

*자료: 통계청, 북한의 주요 통계지표, 2018. 5

먼지 저감 효과를 볼 수 있을 것으로 기대된다. 석탄 중심의 에너지 기반 시설이 갖고 있는 비효율성도 개선될 것이고 한반도의 온실가스와 미세먼지 문제를 해결하는 데에도 긍정적인 역할을 할 것으로 전망된다(강광규 외 2010). 아울러 한국이 감축해야 할 온실가스를 북한에서 비용 효율적으로 감축하여 한국의 감축분의 크레딧을 인정받는 방안도 고려할 수 있다. 이는 선진국들과 개발도상국들이 공동으로 참여하는 청정개발체제(Clean Development Mechanism: CDM)를 뜻하는데, 지구 온난화 문제를 해결하기 위해 온실가스의 감축을 제도화하는 관점에서 시행하는 것이다. 북한 역시 CDM 사업을 적극적으로 추진하는 중이다. 모두 8건의 CDM 사업을 기후변화에 관한 유엔기본협약(United Nations Framework Convention on Climate Change: UNFCCC)에 공식적으로 등록해놓은 상태로, 그 규모는 연간 34.9tCO$_2$eq에 달한다(이용화 외 2016). 또한 북한은 파리 기후협정에 가입하여 2030년까지 온실가스의 배출 예상 기준치의 8%를 감축한다는 목표를 제시한 상태이다. 구체적으로는 2030년에 1억 8,773만 톤으로 예상되는 감축분을 발표했는데, 에너지 인프라에 대한 국제적인 지원이 있을 경우에 감축분을 상향시키는 방안까지도 고려하고 있다. 북한의 경우에는 에너지 수급 구조의 문제를 외부의 도움을 통해 타개하려는 시도이기도 하지만, 한국도 해결해야 할 3,830만 톤의 해외 감축분을 북한을 통해 처리할 수 있다는 장점으로 활용할 수 있다(강찬수 2018). 에너지 협력 사업이 일정 수준의 합의를 이루어 진전된다면 남과 북 모두에 시너지를 기대할 수 있는 것이다.

세 번째, 궁극적으로 남북한의 에너지 협력은 안보적인 상호 이익을 얻는 상호 이익(win-win)의 결과를 가져올 수 있다. 북핵 문제의 원인이 되는 핵폐기물을 감축하거나 동결하는 문제에 남북한의 에너지 협력이 가져다줄 효과는 유효하게 평가된다. 북한의 에너지 공급량은 일찍부터 구소련의 원조에 많은 부분을 의존하고 있었으나, 동구권과 구소련이 붕괴하기 시작한 1990년대부터 원조가 중단되고 그에 따라 경제 사정이 악화되어 2013년 기준으로 북한의 1인당 에너지 소비는 1990년의 그것과 비교할 때 36.4% 정도의 수준에 그치고 있다(김경술 2015). 고난의 행군을 기점으로 북한이 겪고 있는 고질적인 식량난 역시 근본적으로는 에너지 부족 문제에 기인한다. 이 문제의 심각성은 북한이 2007년 핵 불능화 조치를 이행하기로 합의하는 과정에서 중유 100만 톤을 요구한 사실을 통해 알 수 있다. 북한이 핵폐기물과 핵무기라는 협상카드를 통해 얻고자 하는 결과물 중의 하나가 에너지 문제의 해결이라는 것이다(윤순진 외 2010). 기능주의의 측면에서 재생에너지를 주요 에너지원으로 대체했을 때의 파급 효과는 핵 발전으로 인한 핵폐기물의 재처리 원료를 지속적으로 감소시켜서 안보 문제를 해결하고 평화적 관계를 수립하는 조건으로 작용할 수 있다. 또한 석유 등 무기 체제의 운용에 직접 쓰이는 에너지원이 아닌 전기화한 에너지의 공급은 안보 위협을 줄여주는 역할을 할 수 있다.

3) 에너지 협력의 장애요인

에너지 협력의 필요성에도 불구하고 현실적으로는 대북 제재가 강화되면서 국제적인 경색 국면이 비롯되어 남북한 에너지 협력의 가능성은 여의치 않다. 이러한 장애요인이 발생한 것은 대북 문제가 주변의 관계국들과의 국제적 협력을 필요로 하는 정치외교적인 측면, 경제제재를 법제도적으로 시행하고 이행해야 하는 차원에서의 제도적인 측면, 대북 지원이나 연계활동의 과정에서 자본의 투자가 필요한 경제적인 측면, 그리고 북한이 줄곧 유지해온 폐쇄적 사회경제체제에서 기인하는 사회적인 측면이 복합적으로 얽혀 있기 때문이다(윤순진 외 2010). 에너지의 협력 이전에 선결되어야 할 남북관계의 긴장 완화는 이러한 측면들이 모두 고려되고 진전이 이루어지지 않는 한 기대하기 어렵다.

　지금까지 북핵 문제로 인해 북한에 취해진 경제제재 조치는 유엔 차원의 제재의 경우 2006년 1차 핵실험 이후부터 가장 가까운 2018년 3월에 채택한 결의안까지 총 10여 건에 이르며, 유럽연합과 미국, 그리고 북한의 교역량의 90%를 차지하는 중국의 제재까지 모두 포함했을 때 제재의 대상과 규모는 더욱 확대된다. 역대 최고 수준으로 평가받는 안보리의 결의안들과 제재의 강도로 인해 북한 정권이 체감할 경제적 충격은 그 어느 때보다 클 것으로 예상된다. 에너지 협력 차원에서 성과가 관찰되고 협력 사업이 가장 중심적으로 이루어졌던 개성공단은 2015년에 폐쇄되었고, 핵실험과 그에 따른 국제적 긴장관계로 남북관계는 지속적인 경색 국면에 머무르고 있다. 이와 같은 긴장관계는 에너지 협력의 가장 큰 장애요인으로 작용하고 있다.

따라서 남북한의 에너지 협력 문제는 가늠하기 힘든 북한과의 핵 협상의 불확실성에 근본적으로 기인한다고 할 수 있다. 2006년 1차 핵 실험은 남북관계가 호전되었다고 평가되는 노무현 정부 시절에 발생한 사건이었으며, 이후에 지속된 핵 협상에도 불구하고 협의된 사안이 북한 당국에 의해 번복되는 사건이 꾸준히 발생해왔다. 북한의 이러한 태도는 국제사회의 대북 제재를 지속적으로 강화시켰을 뿐만 아니라 합의를 불이행함에 따라 북한과 우호관계를 맺고 있던 사회주의권 국가들로부터도 비판을 불러일으켰으며, 정치경제적으로 밀접한 중국의 제재까지 이끌어내는 수준에 이른 것이다. 최근에 성사된 4월의 판문점선언에서 종전과 비핵화가 명시되어 국내외적으로 남북관계의 발전에 긍정적 평가가 뒤따름에도 불구하고 꾸준한 비판과 실효성에 의문이 제기되는 현상은 그동안 북한이 보여준 태도와 그로 인한 불확실성에 근거한다고 할 수 있다. 이러한 국제적 긴장이 지속된다면 남북 사이의 에너지 협력은 사업이 원활히 이루어질 수 있는 토양을 보장할수 없으며, 나아가 동북아 에너지 협력에도 장기적으로 부정적인 영향을 미친다고 할 수 있을 것이다.

4. 에너지 전환: 개념과 적용

1) 에너지 전환

남북한의 에너지 협력은 어떤 비전을 공유해야 하는가? 여기에서는 한국 정부가 추진하고 있는 에너지 전환 정책을 남북한의 에너지 협력에도 적용해야 한다고 주장한다.

전환(transition)이란 기존의 대상이 새로운 대상으로 변화되는 것으로, 전환이 일어나는 상황적 배경과 새로운 대상을 선택하는 결정에 합리적인 설명이 수반되어야 한다. 무엇보다도 에너지나 자원과 같이 사회경제적으로 중요한 역할을 하는 대상의 전환은 그 배경과 과정에서 설득력을 지녀야 한다.

전 지구적인 에너지 문제를 해결하기 위해 시도되고 있는 에너지 전환은 기존의 에너지 수급 구조가 가진 한계를 극복하고 효과적인 성과를 이루기 위해 다양한 관점에서 논의되고 있다(Solomon et al. 2011). 에너지 시스템의 전환 과정에서 정치적, 경제적, 환경적 변수가 정책 입안자, 전문가, 시민사회와 같은 다양한 집단의 이해관계에 따라 고려되고 정책 과정에서 그것들이 어느 정도로 적용되는지에 따라 효과적인 전환이 이루어질 수 있는지의 여부가 결정된다. 또한 전환으로 만들어진 새로운 체계가 갖는 지속성과 그 체계의 생산물들, 그것들이 낳는 효과에 관한 논의 역시도 중요한 의제로 인식된다(Verbong et al. 2007). 따라서 에너지 전환은 에너지 시스템에서 사용되는 에너지 자체의 변화에 관한 것일 뿐만 아니라 에너지 전환이 일어나는 과정에서 나타나는 관계 당사자들 간의 지속적인 상호 교류와 협력에 관한 것이다.

이를 개념적으로 접근하여 설명한다면, 에너지 전환은 다수준 관점을 고려한 성찰적 거버넌스(reflexive governance)를 토대로 기존의 에너지 수급 시스템이 장기적으로 회복력을 갖춘 자립 구조로 변환되는 것이다(Rutherford et al 2014; 안정배 외 2016). 전환의 특성상 거버넌스를 구성하는 과정에서 행위자들 간의 접촉이 다양한 수준에서 일어나게 되는데, 이를 장기적인 계획을 수립하고 실행하는 과정에서 지

속적인 평가와 보완이 요구되는 성찰적 거버넌스로 정의할 수 있다(안
정배·이태동 2016). 다수준 관점에서의 전환은 실행 과정을 통해 반복
한 연구들에서 동력을 갖는 니치, 레짐에 영향력을 갖고 변화를 조성하
는 경관, 니치에 기회의 장을 열어주는 레짐의 변화라는 세 가지 수준
에서의 상호작용을 통해 에너지 전환이 발생하는 구조를 갖는다(Geels
et al. 2007). 다시 말하자면 전환을 가능하게 하는 정책을 수립하는 것
은 정책 수립 과정에 영향력을 가진 경관과 그것을 실험적으로 확인할
수 있는 장소가 되는 니치가 사회기술적 레짐과 상호작용하는 과정에
다수준 관점을 적용하는 것이다.

에너지 전환의 구성을 3개의 큰 축으로 나누어 설명한 밀러 등의
연구에서 살펴보면(Miller et al. 2013), 에너지 전환에서 가장 큰 역할
을 하는 3개의 축은 에너지 기반 시설(energy infrastructure), 에너지
시스템에 관한 에너지 지식(energy epistemics), 그리고 에너지 정의
(energy justice)라는 주제로 나누어 설명할 수 있다. 현대 에너지 시스
템의 물리적인 뼈대를 이루며 사회, 정치, 경제, 기술이 어떻게 집약적
으로 나타나는지를 보여주는 기반시설, 에너지 시스템의 양태를 결정
하는 의사결정 과정에서 가장 중요한 배경이 되는 관련 전문 지식, 에
너지에 대한 접근이 평등하게 이루어지는지, 그리고 생산과 분배가 공
평하게 이루어졌는지에 관한 에너지 정의를 에너지 전환에서 고려해
야 할 핵심으로 말하고 있다(Miller et al. 2013). 기존의 에너지 수급 구
조에서 전환을 거쳐 새롭게 도입될 수급 구조에 대한 전문적 지식, 그
것들이 적용된 기반시설과 함께 다양한 관계 집단을 포함한 다층적인
접근이 필수적으로 요구된다고 할 수 있다.

2) 에너지 전환의 적용

다수준 관점을 고려한 성찰적 거버넌스를 배경으로 에너지 수급 시스템을 장기적 회복력을 갖춘 자립 구조로 변환한다는 에너지 전환의 개념은, 현 시점에서 간단히 말해 직간접적으로 관련된 다양한 집단의 사람들이 꾸준한 논의를 통해 그들이 속한 공간 안에 외부에 의존적이지 않은 에너지 시스템을 갖추는 것을 뜻한다(Kern et al. 2008). 경제적으로 중앙으로부터 독립적이고 자급자족적인 에너지 구조를 갖게 되는 것이다. 에너지 자립 구조의 성격상 중요한 것은 지속 가능한 에너지 시스템(sustainable energy system)을 분산화해서(decentralize) 지역 기반으로 수립하는 것으로, 하나의 지역에서 그 지역사회에 필요한 에너지를 스스로 가동하기 위해 독립적인 에너지원을 확보하는 것이다(Muller 2011). 분산화된 에너지 시스템이란 지자체 수준에서 기존의 화석연료를 저감하고 재생에너지를 도입함으로써 에너지 자립 구조를 수립하는 것으로, 에너지의 생산과 공급, 그리고 네트워크에 대한 새로운 접근 방식이라고 할 수 있다(Wolfe 2008).

에너지 전환의 실험적 사례로 시도된 지역 연구들은 한국이 처한 환경적이고 정치적인 상황에 따라 부각되어왔는데, 에너지에 대한 수입의존도가 높고 분단으로 인한 사실상 섬 국가적인 한국의 지리적 성격이 중요한 배경으로 작용해왔다. 에너지 수급 구조에서는 원자력에 대한 높은 의존도 때문에 안전 문제와 핵폐기물의 처리 등에 관한 불안 요소도 에너지 전환에 대한 필요성을 키우는 요소로 인식되었다. 그에 따라 몇몇 지역을 선정하고 에너지 전환을 시도하는 정책이 시행되었다(Lee J.-S. et al. 2017). 그중 대표적인 것은 2012년 1월에 시작된 서울시의 '원전 하나 줄이기' 정책으로, 국내의 전체 에너지 소비량의

11%를 차지하는 높은 에너지 소비율에도 불구하고 2.8%에 머무르는 서울의 전력자급률을 해결하기 위한 방법으로 시행되었다(서울특별시 2012). '원전 하나 줄이기' 정책은 성찰적 거버넌스 측면에서 볼 때 시 정부의 여러 부서를 포함한 다양한 시민사회 집단이 논의 과정에 참여 함으로써 전환이 지향하는 목표를 이룩하는 데 합리적인 과정을 거친 것으로 평가되고 있다. 서로 다른 이해당사자들 간의 합의를 통해 이 후에 이 정책이 경기도와 같은 대도시권의 인구 밀집 지역에 적용되는 데에도 긍정적인 역할을 할 것으로 기대된다(안정배·이태동 2016).

3) 한국의 3020 에너지 전환 정책

전 지구적으로 부각된 환경 문제와 에너지 수급 구조에서 발생하는 문 제를 해결하는 일환으로 한국 정부는 재생에너지 3020 계획을 통한 에너지 전환을 강조하고 있다. 재생에너지 3020 계획이란 2030년까 지 재생에너지가 국내의 에너지 수급 구조에서 차지하는 비율을 20% 까지 확대하는 것을 골자로 삼는 것으로, 기존의 석탄과 원자력에 의 존하는 비율을 줄이고 태양광이나 풍력 발전에 기반한 에너지 시스 템을 확장하는 방안이다. 1차 단계로 2022년을 기점으로 2016년 기 준 13.3GW 정도인 재생에너지를 두 배로 확대한 뒤 2030년도에는 63.8GW로 키운다는 안이 구성되어 있다. 계획에 큰 변수가 발생하 지 않는 한 풍력과 태양광이 전체 재생에너지 구성의 85% 수준에 달 할 것으로 예상되며 풍력과 태양광의 중요성이 더욱 부각될 것이다(박 윤석 2018). 높은 수준으로 태양광을 활성화하여 협동조합과 주민들의 직접적인 참여를 통해 국민 참여형 발전 사업으로 진행한다는 방침을 기조로 삼고 있다(이재용 2018). 이러한 과정을 통해 성찰적 거버넌스가 원활히 작동하는 데 기저를 이룰 것으로 판단된다.

정책의 세부 내용에서 눈에 띄는 것은 일반 주민들의 태양광 사업에 대한 접근성을 높이기 위한 방침인, FIT와 RPS를 융합한 한국형 FIT이다. FIT는 신재생에너지를 통해 생성되는 전력의 가격이 일반적으로 전력시장의 가격을 상회하기 때문에 그 차액을 지원하여 사업자가 재정적인 안정성을 확보하는 데 도움이 되는 제도이며, RPS는 총 발전량에서 신재생에너지가 차지하는 특정 비율이 의무적으로 지정되어 사업자가 이를 따르고 신재생에너지 공급인증서(Renewable Energy Certificate: REC)를 발급 받아 사업자들 간의 REC 거래를 허가하는 제도이다(권태형 2014). 한국형 FIT는 특정 규모의 태양광 설비를 기준으로(조합 기준은 100kW, 개인사업자의 경우에는 30kW 미만) RPS의 입찰과 물량의 제한 없이 20년간 안정적으로 수익을 보장하는 것을 핵심으로 하는 제도이다. 이를 통해 정부 차원에서 태양광과 풍력 발전에 대한 민간 투자와 유치를 지원하는 것이 3020 에너지 전환의 기본 테마이다(박윤석 2018). 수급 구조를 분산화하여 개별 지역 단위에서의 자립 구조를 확립하는 일환 중의 하나로 시기적으로 나누어 단계적으로 실시한다.

에너지 전환의 시스템이 다양한 행위자들의 상호작용을 통해 이루어진다는 근본적인 개념은 결국 지역 내에 존재하는 지역공동체를 중심으로 독립적으로 이루어진다는 것이다. 정부의 관점에서는 이 개념을 공유하여 국가 단위로 활성화시키고 나아가 타 국가들과의 연계도 고려하는 방안을 필요로 한다. 에너지 전환의 기본적인 개념에 따른 지자체의 정책과 더불어 개별 지역 단위에서 수립된 에너지 시스템을 에너지의 활용성과 효율성을 높이는 정책이 필요한 것이다(임형우 외 2017). 이는 각 단위가 추진한 에너지 전환 정책과 그 성과로 나타난 결과를 공유함으로써 에너지 기반 시설을 비교 분석하여 문제점을 진단하고 개선하는 방안을 탐구하는 데 도움이 된다. 나아가 에너지 전환의 보편화에 기여할 수 있으므로 에너지 협력은 기존의 에너지 수급 체계의 문제점을 해결하는 하나의 축의 역할을 하게 되는 것이다. 다음 절에서는 에너지의 협력과 연계라는 차원에서 남북한의 에너지 협력의 필요성과 그 과정에서 요구되는 사안에 대해 논의한다.

5. 에너지 전환을 통한 평화로운 남북한 에너지 협력 방안

1) 남북한 에너지 전환 협력 거버넌스의 구축

판문점 선언의 이행사항이 북한에 의해 번복되지 않고 남북관계가 개선되며 국제적인 대북제재가 완화의 길로 접어들 남북한의 에너지 협력 문제는 공동으로 추구해야 할 비전과 더불어 구체적인 세부사항을 설정함으로써 이루어져야 한다. 전 지구적 환경 문제, 동아시아의 지역 경제 문제, 한반도의 평화 문제의 해결 방안으로 재생에너지 중심의 에너지 전환과 분산화된 에너지 네트워크 시스템을 구축하여 에너지 자립도를 갖추는 것이 에너지 협력을 통해 추구하는 이상적인 에너지 전환의 모습일 것이다.

에너지 전환의 큰 틀에서 벗어나지 않는 재생에너지 위주의 시스템 도입을 추구하면서 다양한 행위자들의 상호관계를 통해 남북한의 에너지 협력을 이루어야 한다. 그러나 하나의 정부라는 거대한 주체의 지원과 방향 아래 에너지 전환을 시도해온 일과 2개의 정부가 협력적 거버넌스를 구성하는 일의 성격은 다르다. 하나의 정부 아래에서 진행되는 정책은 각 지역 단위별로 각각의 특색을 고려하여 독립적으로 진행되는 개별성을 갖는다고 해도 정책 차원에서 적정한 일관성을 갖고 개별 단위와 기민하고 직접적인 관계를 유지할 수 있다. 그러나 2개의 정부 사이에서의 협업은 정책적 관점과 목표가 다양한 변수에 의해 상이할 수 있기 때문에 협력적 거버넌스를 구축하는 데 더 많은 절차와 시간이 걸릴 수 있으며, 사업 진행상 문제점이 발견되었을 때의 해결 과정에서 고려해야 할 요소가 많아질 수 있다. 특히 남북한의 경제적·사회적 차이를 고려했을 때 이러한 과정은 더 복잡해질 것으로 예측된다. 에너지의 수급 규모나 질적인 측면에서 한국과 북한의 에너지 격차는 매우 큰 수준이라는 것도 중요하지만, 특정 정책을 시행하는 과정에서 모든 것을 정부가 총괄하여 자발적인 참여와 효율성의 개선을 기대하기 어려운 북한의 사회적 성격 역시 매우 중요한 변수로 작용할 수 있다. 실제로 북한 내의 9대 공업지역을 운용하는 데에서 지역 단위의 자율성이 강조되는 에너지 시스템은 북한의 통제형 시스템과 맞물려 낮은 효율성을 보이고 있다(김상현 2006).

따라서 남북한의 에너지 협력에는 재생에너지로의 에너지 전환을 이루는 과정에서 어떤 거버넌스를 구축하고 결정을 내리는지가 매우 중요한 질문으로 등장하게 된다. 에너지의 수급 문제에서 신재생에너지로의 전환을 추구하는 것은 세부적인 내용은 다르더라도 결론적으로는 같은 목표를 남과 북이 공유하고 있다고 볼 수 있는데, 이는 여러 에너지 자원을 통합하여 사용하는 에너지 믹스를 통해 통합적인 목표를 설정할 수 있을 것이다. 에너지 믹스에서 신재생에너지의 비중을 늘려간다는 공통된 기조를 가지고 3020 에너지 계획의 연장선상에서 에너지 전환에 관한 관점을 남북한의 에너지 협력 과정에도 적용할 수 있을 것으로 판단된다. 그러나 여전히 북한의 사회적 체제에서 기인하

는 중앙집중형 구조가 분산화와 자급자족의 자치성을 필요로 하는 에
너지 전환에서 어떤 거버넌스를 구성하는지는 어려운 문제로 남는다.
또한 에너지 전환을 남북한의 에너지 협력의 차원으로 확대하여 진행
할 때 우려해야 하는 것은 에너지 협력이 정말로 협력의 성격에 머무
르는지에 관한 것이다. 남북한의 에너지 협력에 관한 논의에서는 '북한
의 에너지 문제를 해결해주는 남한'의 이미지를 지우기 어려우며, 이
같은 기조가 강해질수록 남북은 에너지 협력과 에너지 전환을 공동으
로 추구하는 것이 아니라 지원을 받는 입장과 그 지원을 수급하는 입
장으로 서로 다른 관계를 맺게 된다. 이는 북한을 단순히 남한의 입장
에서 에너지 사업의 투자 대상으로만 상정하는 오류를 범하게 하는 것
이다(홍덕화 2018). 남북한의 협력적 거버넌스는 이와 같은 논의를 충
분히 염두에 두고 진행되어야 한다.

2) 재생에너지원의 설치

북한의 재생에너지 개발 정책은 김정일 시대부터 지속되어왔으며 김
정은 정권에 들어서는 2014년의 신년사에서 "풍력, 지열, 태양광을 비
롯한 자연 에네르기를 이용하여 더 많은 전력을 생산해야" 한다고 밝
히면서 2044년까지 재생에너지의 발전 능력을 500만kW 확보하겠
다는 계획을 발표한 바 있다(빙현지 외 2017). 북한은 안정된 에너지
를 공급하기 위해 신에너지 개발 센터와 신재생에너지 상업화를 위
한 국가 비상임위원회를 설립하는 제도적 노력을 꾀하고 있다(배성인
2010).

북한은 풍력 개발을 국가 전략으로 선정하고 2006년부터 2020년
까지 3개의 단계로 나누어 기획하고 있다. 1단계에 해당하는 2006~

2010의 경우 1만kW의 풍력 발전 시험단지를 구성하고 인프라적인 차원에서 관련된 지식과 운영 관리 기술을 쌓은 뒤, 2011~2015년의 2단계에 국제 단체들이나 NGO와의 협력을 통해 10만kW의 풍력 발전 단지를 완성하고, 3단계인 2016~2020년에 이르러 규모를 50만kW로까지 확대한다는 방침이다(빙현지 외 2017). 북한의 서해안 지역은 대규모의 해상풍력에 좋은 조건을 갖고 있는 것으로 분석되며, 북한 내의 풍력 발전 가능 지역의 용량을 한국과 비교했을 때 1.7배 높은 효율성을 지닌다(박윤석 2018). 이는 풍력 발전이 한국에서보다 북한에서 더 중요한 역할을 할 수 있는 것을 방증하는 수치이다. 한국에 비해 생산성이 더 뛰어나기 때문에 북한 내에 재생에너지를 공급하는 데 더 강점이 있다고 할 수 있다. 남북한의 협력이 가능해지고 풍력 발전 시장이 확장될 경우에 해상풍력 발전 단지의 분야에서도 시범 발전 단지의 조성 등 기존에 어려움을 겪고 있는 한국 내의 사업에서 돌파구를 마련하는 데 도움이 될 것이다.

북한은 태양광 에너지를 개발하는 데 관심이 높고 정책적으로도 강조하고 있다. 분산형 에너지원인 태양광은 전력 인프라가 취약한 북한에 적합한 에너지원으로 활용될 수 있다. 수명이 길고 유지 보수가 비교적 용이하기 때문에, 태양광 설비를 지원하는 것은 국내의 태양광 산업을 육성하고 내수와 수출 기반을 강화하는 데 도움이 될 수 있다(임소영 외 2005).

3) 에너지 전환 시스템의 개발

북한의 에너지 전환을 위해서는 재생에너지원을 확대하는 것과 더불어 스마트 그리드, 에너지 저장장치 등의 분산 네트워크형 에너지 시스템을 설치할 필요가 있다(배성인 2010). 재생에너지 중심의 분산형 전원 공급은 에너지를 군사적 목적으로 전용하는 위험을 감소시키고 에너지 공급자와 수혜자의 불일치 문제를 완화할 수 있는 방안이다. 또한 전력의 필요에 따라 에너지 공급의 규모를 유연하게 설정하고 운영할 수 있는 장점이 존재한다(유상균 외 2015). 분산형 전원 공급은 다른 분산형 전원 공급과 연계하는 네트워크를 필요로 하는데, 이를 통해 전력의 생산과 소비의 부조화로 인한 공급 불안 문제를 해소할 수 있다. 에너지 전환과 분산형 전원 공급의 네트워크를 구성하기 위해서는 재생에너지 중심의 에너지원을 스마트 그리드와 연결하여 이를 다시 네트워크로 구성하려는 노력이 필요하다. 여기에서 스마트 그리드는 '전기 및 정보통신 기술을 활용하여 전력망을 지능화하고 고도화함으로써 고품질의 전력 서비스를 제공하고 에너지 이용 효율을 극대화하는 전력망'을 뜻한다. 스마트 그리드는 재생에너지 중심의 전력 공급과 수요를 연계하고 에너지 효율을 극대화할 수 있는 방안이다(이재협 외 2016).

4) 에너지 전환의 협력 시범 사업

개성, 해주 등 북한의 도시에서 에너지 전환의 협력 시범 사업(재생에너지, 스마트 그리드, 에너지 저장장치 등 분산 네트워크형 테스트 배드의 설치 전력망 연계)을 진행할 수 있다. 선정을 위해서는 재생에너지원의 잠재력뿐만 아니라 접근성, 경제성 등 다각적인 요소를 고려해야 한다.

지속 가능한 스마트 시티란 경제와 사회, 환경을 조화시키기 위해 정보통신기술과 에너지 기술을 활용하여 현 세대뿐만 아니라 미래 세대의 삶의 질을 고려하는 도시이다(Lee T. 2017). 결국 북한의 도시를 테스트 베드로 활용하여 남북한의 에너지 혁신 클러스터를 창출할 수 있다. 이는 앞으로 분산화된 재생에너지원 중심의 지속 가능한 스마트 시티가 남북 간의 네트워크를 통해 형성된다는 것을 의미한다.

6. 결론

에너지는 현대 사회의 모든 활동의 근간이다. 에너지가 없으면 주거나 산업, 농업, 인프라도 운영되기 힘들다. 또한 에너지 자체가 발전과 송전, 배전과 같은 인프라를 필요로 한다.

    남북한의 에너지 협력은 남북한 간의 어떤 협력 중에서도 근간이라고 할 수 있다. 이 장에서는 남북한의 에너지 협력이 나아가야 할 바를 재생에너지 중심의 네트워크 시스템, 즉 에너지 전환 시스템의 협력으로 제시했다. 구체적인 남북한의 에너지 협력, 특히 재생에너지와 관련된 에너지 전환 협력에 대한 사례가 없기 때문에, 실증적이기보다는 규범적이고 당위적인 사회적 요청을 밝히는 데 주력했다. 이는 남북한의 에너지 협력의 비전과 방향을 설정하고 논의하는 연구도 필요하다는 생각에 근거한다.

    남북한의 에너지 전환은 경제적, 정치적, 환경적 이익을 가져다준다. 한국의 에너지 전환에 대한 노력도 필요하지만, 북한과의 에너지 전환을 통한 연계는 한국을 에너지 섬의 상태에서 벗어나 동북아의 에너지 네트워크에 연결될 수 있는 단초를 제공할 수 있다. 또한 재생에너지 중심의 네트워크형 에너지 시스템은 북한의 에너지 문제를 해결하는 것과 동시에 새로운 시장을 개척하는 경제적인 이익을 가져다줄 수 있는 것으로 기대한다. 환경적으로도 남북한의 에너지 전환 협력은 기후변화에 대응하는 동시에 화석연료 발전으로 인한 미세먼지를 줄이는 방안으로 고려될 수 있다. 기후변화 국가온실가스감축목표(Nationally Determined Contribution: NDC)의 해외 활용 혹은 국내 활용으로 온실가스의 감축이 가능하다는 것이다. 아울러 남북한의 에너지 협력이 재생에너지 중심으로 진행되면 핵무기 문제의 원인이 될 수 있는 핵폐기물을 감축함으로써 평화를 가져올 수 있다. 결국 전력의 중앙집중형 발전 방식이 아닌, 재생에너지원 중심의 분산형 자립 시스템이 남북한의 에너지 네트워크로 구축될 때 에너지 전환과 남북한의 에너지 협력이라는 목표가 달성될 수 있다. 이를 위해 CDM, 분산형 전환을 스마트 그리드와 에너지 저장장치, 풍력과 태양광 발전의 효율성과 수용성의 증대라는 니치 수준으로 혁신하는 것이 실증적 사례를 개발함으로써 구현될 수 있다.

물론 남북한이 에너지 전환 협력을 하기 위해 넘어야 할 장애요소는 많다. 우선 재원을 어떻게 확보하는지에 대해서는 재생에너지 프로젝트 파이낸싱 등을 통해 재생에너지원에서 생산되는 이익을 미래에 보장받는 방법을 고려해볼 수 있다. 또한 에너지 협력이 지속적으로 진행될 수 있도록 사회와 경제, 정치의 여건을 조성할 필요가 있다. 무엇보다 남북한의 도시 간 에너지 전환 사업을 남북한의 거버넌스를 통해 합의하고 함께 계획해서 실행하는 협력의 경험도 중요할 것이다.

참고문헌

강광규·이우평. 2010. "북한 탄소시장 잠재력 추정 연구–에너지 부문을 중심으로."
　　기초연구보고서 2010(0): 1-48.

강찬수. 2018. "북한도 기후변화 몸살 "원전 지어주면 CO2 40% 감축"." 『중앙일보』. https://
　　news.joins.com/article/22922514 (검색일: 2018년 9월 22일)

권태형. 2014. "신재생에너지 시장 확대를 위한 정책수단의 비교." 『한국정책과학학회보』
　　18(2): 1-23.

김경술·홍정조·이준우·유원주·정규원·오석범·이성욱·방경진. 2012. "남북 에너지협력
　　프로젝트별 추진방안 분석 연구." 에너지경제연구원.

김경술. 2015. "북한 에너지 통계." 에너지경제연구원.

김계동. 2012. "남북한 체제통합을 위한 한국의 전략(Strategy of the Korean Government
　　for the System Integration of the Korean Peninsula)." 『통일연구』 16(1): 37-69.

김근식. 2011. "대북포용정책과 기능주의: 이상과 현실(The Ideals and Realities of
　　Functionalism and the Engagement Policy)." 『북한연구학회보』 15(1): 39-57.

김용우·박경귀. 2000. "기능주의의 관점에서 본 남북경제공동체의 건설가능성."
　　『한국정책과학학회보』 4(3): 23-52.

김상현. 2006. "북한의 에너지정책과 남북한 에너지기술협력 가능분야." 『한국태양에너지학회
　　학술대회 논문집』: 339-343.

김연규. 2014. "제3장: 글로벌 셰일혁명과 동아시아 에너지 시장/지정학 변화." 『세계정치』 21:
　　85-132.

박윤석. 2018. "장고 끝 '재생에너지 3020'… 세부방안은 뒤로 미뤄." *Electric Power* 12(1):
　　22-25.

_____. 2018. "신북방시대 풍력 블루오션 떠오른 '북한 시장'." *Electric Power* 12(8): 38-39.

박종철. 2009. "[쟁점주제논평] : 상생공영 정책과 대북포용정책의 비교: 기능주의의
　　한계와 제도주의의 실험(Research Note on Main Issus: A Comparison between
　　Policy of Mutual Benefits and common Prosperity & The Engagement Policy)."
　　『국제정치논총』 49(1): 419-426.

배성인. 2010. "북한의 에너지난 극복을 위한 남북 협력 가능성 모색–신재생에너지를
　　중심으로(Evaluation of the Possibility of Cooperation in South and North Korean
　　Energy Sector–New & Renewable Energy–)." 『북한연구학회보』 14(1): 59-90.

백원광. 1998. "핵에너지의 국가안보: 한반도내의 평화적 이용." 『전략논총』 10: 157-209.

빙현지·이석기. 2017. "북한 재생에너지 현황과 시사점." 산업연구원 2017: 295.

서울특별시 기후환경본부 원전하나줄이기 실행위원회. 2012. "에너지 수요 절감과
　　신재생에너지 생산확대를 통한 '원전하나줄이기' 종합대책." 서울특별시.

송은희. 2008. "동북아 다자에너지 협력방안에 관한 연구." 『세계지역연구논총』 26(3): 363-
　　377.

심의섭·이성인. 2007. "남북한 에너지협력 과제와 정책방향." 『동북아경제연구』 19(1): 155-183.

안정배·이태동. 2016. "도시의 에너지 전환 분석." 『환경사회학연구 ECO』 20(1): 105-141.

유상균·최주영. 2015. "민간 참여를 통한 남북 에너지협력 방안(Energy Cooperation in Korean Peninsula by the Private Sector's Participation)." 『국토계획』 50(1): 151-163.

윤순진·임지원·안정권·임효숙·조영래. 2010. "남북 재생가능에너지 협력의 필요성과 장애요인." 『환경논총』 49: 63-93.

이용화·이해정. 2016. "북한의 청정개발제제(CDM) 사업 추진 현황." 『통일경제』 2016(1): 74-87.

이재용. 2018. "재생에너지 3020 이행, 국민 참여형으로 활성화시켜야." *Electric Power* 12(4): 56-57.

이재협·이태동. 2016. "미국 하와이 주정부의 재생에너지 전환 법정책 연구." 『환경법연구』 38(1): 239-277.

임소영·허은녕. 2005. "신재생에너지 활성화를 위한 제도의 설계와 남북한 신재생에너지 협력 추진방안(System Design for Activation of Renewable Energy and Cooperative Renewable Energy Plan Between South and North Korea – Based on the Survey of Renewable Energy Experts –)." 『신재생에너지』 1(3): 24-34.

임형우·조하현. 2017. "RPS 및 FIT 제도가 신재생에너지 보급에 미치는 효과 분석." 『에너지경제연구』 16(2): 1-31.

현대경제연구원. 2014. "북한의 재생에너지 관련 사업 추진현황 – 청정개발체제(CDM) 사업을 중심으로."

홍덕화. 2018. "남북에너지협력은 이제 현실로 다가왔다." 『프레시안』. http://www.pressian.com/news/article.html?no=198775 (2018년 6월 3일).

Geels, F., and J. Schot. 2007. "Typology of sociotechnical transition pathways." *Research Policy* 36(3): 399-417.

Haas, E. B. 1964. *Beyond the nation-state: Functionalism and international organization*. Stanford, CA: Stanford University Press.

Kern, F., and A. Smith. 2008. "Restructuring energy systems for sustainability? Energy transition policy in the Netherlands." *Energy Policy* 36: 4093-4103.

Lee, J. S., and J. W. Kim. 2017. "The Factors of Local Energy Transition in the Seoul Metropolitan Government: The Case of Mini-PV Plants." *Sustainability* 9(3): 386.

Lee, T. 2017. "Are Smart Cities Sustainable? Toward the Integration of the Sustainable and Smart City." 환경정책 *Environmental Policy* 25: 129-151.

Miller, C., A. Jones, and C. Jones. 2013. "The Social Dimensions of Energy Transitions." *Science as Culture* 22(2): 135-148. doi: 10.1080/09505431.2013.786989

Mitrany, D. 1966. *A Working Peace System*. Chicago: Quadrangle Books.

Rutherford, J., and O. Coutard. 2014. "Urban Energy Transitions: Places, Processes and Politics of Socio-technical Change." *Urban Studies* 51(7): 1353-1377.

Sohn, H., and T. Lee. 2017. "Institutions for European Energy Cooperation: Dyadic Data Analysis of Electricity Network Interconnections." *The Korean Journal of International Studies* 15(3): 421-448.

Solomon, B. D., and K. Krishna. 2011. "The coming sustainable energy transition: History, strategies, and outlook." *Energy Policy* 39(11): 7422-7431. doi:https://doi.org/10.1016/j.enpol.2011.09.009

Verbong, G., and F. Geels. 2007. "The ongoing energy transition: Lessons from a socio-technical, multi-level analysis of the Dutch electricity system(1960-2004)." *Energy Policy 35*: 1025-1037.

Wolfe, P. 2008. "The implications of an increasingly decentralised energy system." *Energy Policy 36*(12): 4509-4513. doi:10.1016/j.enpol.2008.09.021

결론   에너지 전환, 기후변화에 대한 대응과
           녹색 일자리

이 책의 서론에서는 에너지 전환이 무엇인지, 누가, 왜, 어떻게 해야 하는지를 물었다. 이 질문들에 답하기 위해 각 장에서 에너지 전환 정치의 주체, 목적, 방법에 대한 논의를 진행했다.

1. 에너지 전환이란 무엇인가? 정치는 왜 필요한가?

전환(transition)은 기본적으로 방향성을 담는다. 어떤 상태로부터 어떤 상태로의 변화를 의미하기 때문이다. 이 장에서 제시하는 에너지 전환의 방향은 '네트워크된 분산형 재생에너지 시스템'이다. 집중화된 화석연료와 핵 에너지 시스템에서 분산화된 재생에너지원이 네트워크화된 시스템으로의 전환을 주장한다. 물론 집중화된 화석연료와 핵 에너지 시스템의 장점도 있다. 그것은 규모의 경제를 통해 필요한 에너지를 경제적으로 제공할 수 있다는 점이다. 그러나 장점에 비해 단점도 많다. 각 국가는 기후변화의 주범인 화석연료에 대한 의존도를 줄여가고 있다. 핵 에너지의 사용으로 인한 폐기물의 처리와 여전한 안전에 대한 우려 때문에 핵 에너지원으로부터의 전환이 요구되고 있다. 또한 재생에너지원의 발전 가격이 하락함으로써 경제성도 나아지고 있다. 그럼에도 불구하고 재생에너지원에는 치명적인 단점이 있다. 에너지 공급이 간헐적(intermittency)이라는 점이다. 즉, 바람은 항상 일정하게 불지 않고 태양도 24시간 떠 있지 않다. 이에 반해 우리는 일정하게 공급되는 에너지를 필요로 한다. 그렇기 때문에 에너지 전환에서는 재생에너지원을 확대하는 것에 더해 양방향 그리드와 에너지 저장장치가 필수적이다.

2장의 섬 에너지 전환에서 살펴본 모델이 에너지 전환이 지향해야 할 모습이다. 네트워크된 분산형 재생에너지 시스템에서의 하루는 이런 모습일 것이다. 아침에 일어나서 풍력이나 지열 발전으로 충전된 전기차(이왕이면 대중교통도 좋다)를 타고 직장으로 출근한다. 직장의 주차장에 설치된 태양광으로 전기차를 충전한다. 다시 가득 충전된 전기차를 타고 퇴근하고 집의 그리드에 전기차 배터리를 꽂는다. 이를 통해 저녁 6시 이후의 전력 사용 피크를 낮춘다. 전기차는 V2G 기술을 통해 모바일 배터리로 사용할 수 있다. 이를 위해서는 다양한 재생에너지원이 필요하고 이를 연결하는 양방향 스마트 그리드와 계측과 저장 장치(전기자동차)가 필요하다. 이러한 시스템을 확대해서 연결하는 것이다. 장거리 송배전은 여러 사회적·경제적 문제를 야기하기 때문에, 가능하면 지역에서 분산화된 전력 공급과 소비 체계로 이를 주변 지역과 네트워킹하려는 노력이 필요할 것이다.

에너지 전환의 정치는 에너지 전환이라는 목표를 이루기 위한 방안이다. 누가 가치와 자원을 배분할 것인가? 다양한 주체들의 참여를 통한 거버넌스, 정치적 리더십, 정치적 인식 공동체의 계획과 조직의 실행, 그 가운데 발생하는 이견에 대한 합치성 추구 등은 에너지 전환에서 정치가 해내야 할 것들이다. 이를 통해 에너지 전환의 정치는 녹색 일자리를 제공하고 다른 나라들과의 협력을 도모하며, 특히 남북한의 에너지 전환 공동체를 제시할 수 있다.

2. 누가 에너지 전환을 추동하고 관리하는가?

에너지 전환의 정치에서 주체는 중요하다. 이 주체가 에너지 전환을 계획하고 실행하기 때문이다. 3장에서 한국의 에너지 전환의 주체 중 하나가 정치적 인식 공동체임을 밝혔다. 원전 중심의 에너지 체제에서 재생에너지로의 전환을 계획한 것은 정치적 인식 공동체였다. 대통령의 공약에 처음으로 "원전 제로 시대"라는 문구를 넣었고 이는 에너지 전환 로드맵과 전력 계획으로 구체화되었다. 정치적 인식 공동체는 에너지 전환의 의제를 설정하고 방향을 제시한 후에 제도와 계획으로 제도화한다.

아울러 정치적 리더십의 중요성을 강조하지 않을 수 없다. 어떤 성격의 정치적 인식 공동체의 자문도 리더십의 방향 제시에 영향을 받기 때문이다. 국가의 에너지 전환뿐만 아니라 도시의 에너지 전환에서도 리더십은 에너지 전환의 주요한 요소이다. 4장에서 살펴보았듯이, 서울시가 '원전 하나 줄이기'를 모토로 도시의 에너지 전환을 지향하고 실행할 수 있었던 것은 리더십의 역할이 컸기 때문이다.

동시에 하와이나 서울의 사례에서 볼 수 있듯이, 다양한 이해관계자가 참여하는 에너지 전환의 거버넌스를 구성하는 것도 에너지 전환을 효과적으로 진행하는 중요한 요소이다. 시민들과 전문가, 기업과 정부가 참여하여 새로운 아이디어를 만들고 의제를 설정한다. 많은 경우에 다수준 거버넌스로 중앙정부, 지방정부, 의회, 기술기업, 전문가, 사용자의 협력적 참여와 파트너십을 통해 에너지 전환 과정에서 발생할 수 있는 여러 문제를 논의하고 결정할 수 있다.

특히 에너지 전환 과정을 진척시키기 위해 중간지원조직의 역할이 필요하다. 에너지 전환은 변화를 일으키기 때문에 사용자들이 그 의의나 방법을 숙지해야 한다. 5장의 통영 연대도 사례에서 볼 수 있듯이, 중간지원조직은 에너지 전환의 이슈 및 정책에 대한 대안을 제시하고 민과 관의 가교 역할을 하며 관련된 정보와 교육을 제공한다. 이를 통해 기술적, 인식적, 규범적 전환을 가져올 수 있다.

3. 어떻게 에너지 전환을 이룰 수 있는가?

첫째, 에너지 전환 시스템을 갖추는 데에는 1장에서 살펴본 재생에너지 지원과 시스템에 대한 투자가 필수적이다. 전 세계적으로 재생에너지의 생산량을 늘리고 있는 추세이다. 특히 미국과 중국, 그리고 유럽 국가들의 재생에너지 발전량은 지속적으로 증가하고 있다. 경제 위기의 시기에도 재생에너지에 대한 투자로 일자리를 창출하는 동시에 재생에너지의 발전량을 늘려왔다. 한국도 재생에너지에 투자하는 데 걸림돌은 없는지, 민간과 정부의 투자를 활성화할 방안이 무엇인지를 계획하고 시행해야 한다.

둘째, 에너지 전환을 위해 거버넌스 구조를 만든다고 항상 잘 작동하는 것은 아니다. 6장의 커뮤니티 에너지 전환에서 살펴본 에누리 사례에서는 거버넌스 다중이해당사자들 간의 목적 합치성이 중요하다는 점이 강조된다. 동상이몽이 아닌 동상동몽을 위해 거버넌스 참여자가 필요와 목적을 파악하고 조정할 필요가 있다. 거버넌스 참여자의 참여 동기와 목적이 모두 같을 수는 없다. 그러나 참여자들의 목적을 이해하고 합치시키려는 노력이 요구된다.

셋째, 선언과 계획에 이은 시행이 필요하다. 한국 정부는 2020년에 그린 뉴딜과 탄소 중립을 위한 2050 장기저탄소발전전략을 선언했다. 이 선언은 앞으로 에너지 전환의 방향을 공표했다는 데 의의가 있다. 꼼꼼한 계획과 로드맵을 제시함으로써 이 선언을 구체화할 필요가 있다. 그렇지 않으면 선언은 허언으로 그칠 수밖에 없다. 계획만 있다고 에너지 전환이 이루어지는 것은 아니다. 계획을 실행하려는 각고의 노력이 필요하다. 실행이 효과적이고 효율적으로 진행되려면 실행 과정을 면밀히 모니터하고 평가해야 한다. 모든 계획이 성공적으로 실행되기는 어렵다. 계획을 실행할 때의 성공 요소와 동시에 문제점과 애로사항을 파악하여 효과적으로 실행할 수 있도록 수정해나갈 필요가 있다.

4. 에너지 전환의 효과는 무엇인가?

에너지 전환의 효과는 첫째, 기후 위기에 대한 대응이다. 온실가스의 주 배출원인 화석연료를 줄이는 것이 에너지 전환이 추구하는 중요한 목표이다. 이 말은 에너지 전환을 위한 사업과 정책이 온실가스의 배출을 얼마나 줄일 수 있는지를 고려하고 목표로 삼아야 한다는 것이다. 각 에너지 전환 정책의 평가 요소로 온실가스의 배출 저감 정도를 제안한다.

두 번째 효과는 에너지 전환과 관련한 산업과 일자리의 창출이다. 7장에서 살펴보았듯이, 재생에너지 규제 정책은 녹색 일자리를 창출하는 데 일조할 수 있다. 규제는 때로는 혁파해야 할 대상이지만, 잘 설계된 규제는 방향을 제시함으로써 불확실성을 줄일 수 있다. RPS의 경우는 전력의 일정 비율을 언제까지 얼마나 재생에너지로 충당해야 할 것인지를 의무화한 제도이다. 즉, 2020년까지 8%, 2022년까지 10%의 전력을 재생에너지에서 얻겠다는 목표를 의무화하고 그렇지 못할 경우에 패널티를 부과한다. 에너지의 생산자 입장에서 이러한 규제는 부담이 될 수 있으나 에너지 전환의 방향과 목표를 설정하고 있어서 향후 시장에서의 불확실성을 줄이고 투자와 고용을 늘릴 수 있다.

세 번째 효과는 네트워크된 분산형 에너지 시스템이 향후 남북한의 에너지 협력의 모델로 적용될 수 있다는 점이다. 재생에너지 중심의 전환 협력을 통해 핵 에너지의 사용과 핵 안보 위기 문제의 저감과 평화, 온실가스의 저감과 미세먼지 등 월경성 대기오염의 저감 효과를 얻을 수 있을 것이다. 북한의 열악한 에너지 인프라를 고려할 때, 석탄 중심의 중앙집중적 화석연료 중심의 시스템에서 분산형 재생에너지 중심의 시스템으로 전환하기 위한 협력은 향후 통일 한국에서 에너지 시스템의 초석이 될 수 있을 것이다.

5. 향후 에너지 전환의 연구와 정책 방향

전환의 모습과 속도는 개혁적(renovation)일 수도 있고 혁명적(revolution)일 수도 있다. 하지만 에너지 전환은 혁명적이기보다는 개혁적인 형태로 나타날 가능성이 크다. 에너지는 인프라이기 때문에 급속한 변화보다는 점진적인 변화를 추구하기 때문이다. 점진적인 변화는 준비할 수 있는 시간을 준다.

이 책에서 다루지는 못했지만, 향후 에너지 전환 정치에 대한 연구와 정책에서 고려해야 할 점은 다음과 같다. 우선, 공정한 에너지 전환(Just transition)에 대한 관심과 실증적인 연구와 대책이 필요하다. 공정하거나 정의로운 전환이란 저탄소 사회로 전환하는 과정에서 기존의 화석연료 중심의 산업과 종사자 등 취약한 노동자, 지역사회, 소비자 등의 어려움을 고려하여 노동시장을 계획하고 기술 훈련 등을 지원하는 것을 의미한다. 특히 어떤 분야에서 공정하게 전환하려는 노력이 필요할지, 어떻게 공정한 전환을 계획하고 실행할지에 대한 연구와 정책이 필요하다.

두 번째, 에너지 전환의 수용성을 향상시켜야 한다. 아무리 좋은 의도와 비전, 계획이 있더라도 수용성이 낮다면 실제로 시행되어 효과를 발휘하기 힘들다. 수용성을 향상시키기 위해서는 이해당사자와 그들의 이해와 가치를 파악하고 목적 합치성의 폭을 넓혀갈 필요가 있다. 이를 위해 리빙랩(living lab) 등 사용자 주도의 혁신적인 문제 해결 방안을 고려할 수 있다(이태동 2019). 예를 들어, 학교의 옥상에 태양광을 설치한다거나 해상풍력 터빈을 건설하려고 할 때 각 이해당사자가 우려하는 부분이 무엇인지, 그 우려사항을 어떻게 기술적, 정책적, 경제적으로 해소할 수 있을지를 정하는 것이 에너지 전환 정치의 역할이다.

세 번째, 에너지 전환의 정치로 경제성장과 온실가스의 배출 간에 탈동조화(decoupling)가 가능하다는 것을 보여주어야 한다. 환경 에너지 문제에 대한 대응이 경제성장을 늦추는 것으로 여겨질 때가 있다. 그러나 재생에너지 중심의 분산형 시스템은 신산업과 녹색 일자리를 바탕으로 한 혁신적인 경제성장을 이끌면서 온실가스를 저감할 수 있다. 어떤 요인이 국가와 기업의 성장과 온실가스의 저감 간의 탈동조화를 이끄는지, 탈동조화를 이끄는 기술과 정책이 무엇인지를 밝히고 실행해야 할 것이다.

에너지 전환의 정치는 현재 진행형이다. 그리고 미래를 위한 변화의 방향이다. 그린 뉴딜과 장기저탄소발전전략에서 탄소 중립을 이루기 위해 시급한 정책이다. 정치적 리더십, 기업, 정치적 인식 공동체, 중간지원조직, 목적 합치적 거버넌스가 투자와 기술 개발, 정책 개발을 포함한 에너지 전환 계획을 행동으로 옮길 때 기후 위기에 대응하는 동시에 혁신적인 경제성장을 이룰 수 있다. 에너지 전환의 정치는 선택이 아닌 필수이다.

참고문헌

이태동 편저. 2019. 『환경 에너지 리빙랩: 사용자 주도의 미세먼지, 기후변화, 순환도시 문제 해결』. 연세대학교 대학출판문화원.

찾아보기

지은이

이태동

연세대학교 언더우드 특훈교수이자 정치외교학과 교수로 환경-에너지-인력자원 연구 센터장을 맡고 있다. 연세대학교에서 정치외교학을 전공한 후, 서울대학교 환경대학원에서 도시및지역계획 석사학위를 취득하고, 미국 워싱턴 대학(University of Washington)에서 세계도시와 기후변화(Global Cities and Climate Change: the Translocal Relation of Environmental Governance, Routledge 출판사)를 주제로 정치학박사 학위를 받았다. 주된 관심사로 도시의 기후변화와 에너지 정책을 국제관계와 비교정책의 관점에서 분석하는 연구를 하고 있으며, 환경-에너지 정치, 마을학개론, 시민사회와 NGO 정치 등의 과목을 가르치고 있다. 『마을학개론』(2017), 『우리가 만드는 정치』(2018), 『환경-에너지 리빙랩』(2019)과 같은 저서를 학생들과 함께 출판하였다. 정치 스타트업인 ㈜ 우주청: 우리들의 주민청원의 대표이사로 온라인 시민 참여 플렛폼(www.ourlocalpetition.co.kr)과 빅데이터 분석 서비스를 제공하고 있다.